하나님과
함께하는
**말씀기도
365**

하나님과 함께하는
말씀기도 365
© 생명의말씀사 2020

2020년 10월 30일 1판 1쇄 발행
2025년 2월 24일   6쇄 발행

펴낸이 | 김창영
펴낸곳 | 생명의말씀사

등록 | 1962. 1. 10. No.300-1962-1
주소 | 서울시 종로구 경희궁1길 6 (03176)
전화 | 02)738-6555(본사) · 02)3159-7979(영업)
팩스 | 02)739-3824(본사) · 080-022-8585(영업)

지은이 | 김민정

기획편집 | 서정희, 장주연
디자인 | 김혜진
인쇄 | 영진문원
제본 | 보경문화사

ISBN 978-89-04-16727-2 (03230)

저작권자의 허락없이 이 책의 일부 또는 전체를
무단 복제, 전재, 발췌하면 저작권법에 의해 처벌을 받습니다.

하나님과
함께하는
말씀기도
365

김민정 지음

들어가는 글

영원한 말씀을 더욱 붙들어야 할 때가 되었습니다

인생을 사는 일은 참 쉽지 않습니다. 한 사람이 살아가는 과정 동안 겪는 어려움은 때로 나의 잘못으로 벌어지기도 하고, 때로는 그저 환경에 의해 주어지기도 합니다. 더 기가 막히게도 불가항력적으로 모든 인류가 겪어야 하는 재난 앞에서는 더욱 무기력함을 느낍니다.

모든 것이 나쁜 쪽으로 변해가는 것과 같은 세상에서 무엇을 붙들고 살아야 평안을 누릴 수 있을까요? 결국 우리는 변하지 않는 그 무엇을 의지해야 합니다. 영원히 변하지 않는 그 무엇이 바로 삼위일체 하나님의 존재이며, 그 하나님이 우리에게 주신 말씀입니다.

그래서 올해는 말씀을 중심에 놓고 기도문을 쓰게 되었습니다. 내 생각의 흐름이 아니라 변치 않는 말씀을 기준으로 하루의 기도문을 작성했습니다. 어떤 말씀은 위로가 되고, 어떤 말씀은 힘이 됩니다. 그러나 어떤 말씀은 뜨끔하고, 어떤 말씀은 노력해도 잘 되지 않을 것 같은 불편함이 있습니다. 하지만 가감 없이 이런 말씀 앞에 서서 나를 다듬고 소망을 품으며 하루하루를 살아갈 힘을 얻었던 것 같습니다.

이제 우리는 영원한 말씀을 더욱 붙들어야 할 때가 되었습니다. 모든 것이 혼란스럽고 가변적인 세상에서 우리가 의지해야 할 영원한 것을 꼭 잡고 놓치지 않기를 소망합니다. 말씀 앞에 정직하듯 우리의 기도도 정직해야 하며, 가식 없이 나 자신을 거울처럼 바라볼 수 있는 기도가 되기를 소망합니다.

하나님만이 우리의 소망이시며, 힘이시며, 모든 것이십니다. 매일 한 구절의 말씀과 짧은 기도가 우리의 마음을 견고한 반석처럼 만들기를 기대합니다.

_ 김민정

365 DAYS OF PRAYER

하루의 첫 시간,
영원한 소망의 말씀으로
오늘을 시작합니다.

나의 계명을 지키는 자라야 나를 사랑하는 자니
나를 사랑하는 자는 내 아버지께 사랑을 받을 것이요
나도 그를 사랑하여 그에게 나를 나타내리라
_ 요한복음 14:21

이 달 의 기 도 제 목

-
-
-
-
-

01 | 01

그 땅으로 가라

> 내 종 모세가 죽었으니 이제 너는 이 모든 백성과 더불어 일어나
> 이 요단을 건너 내가 그들 곧 이스라엘 자손에게 주는 그 땅으로 가라
> (여호수아 1:2).

크신 하나님 아버지,
시간의 주인이시며 만물의 시작과 끝이 되신 하나님을 찬양합니다.
새로운 한 해를 시작하게 하신 아버지의 은혜를 찬양합니다.
무엇을 한 것도 없는 듯한데 또다시 한 해가 시작되었습니다.
이 빠른 시간 앞에 오늘도 새로운 은혜를 허락하소서.

그렇게 믿고 따르던 모세의 죽음은 너무 큰 아쉬움이었지만,
모세가 죽었기에 여호수아를 통해 새 시대를 여셨음을 믿습니다.
작년 한 해가 지나감은
하지 못한 일들, 좋았던 것들의 지나감이기에 아쉬움이 크지만
지나가야 새 시대를 열 수 있음을 믿습니다.
모세에게 머물지 말고, 여호수아의 시대를 맞이하게 하소서.
과거를 청산하고 새로운 현재를 기쁨으로 맞이하게 하소서.
모세와 함께하셨던 하나님이 여호수아와 함께하셨듯이
지난해에 함께하셨던 하나님이 올해에도 함께하실 줄 믿습니다.
사람도 가고 오고, 시간도 가고 오나 하나님은 영원하십니다.

오늘 새로운 꿈을 꾸고 새로운 기대를 품습니다.
작년보다 더 하나님을 사랑하는 기쁜 한 해를 위해 기도합니다.
올 한 해도 더 큰 아버지의 사랑을 누리며 전하며 살게 하소서.
나의 주인 되신 예수 그리스도의 이름으로 기도합니다. 아멘!

01 | 02

때를 따라 아름답게 하셨고

> 하나님이 모든 것을 지으시되 때를 따라 아름답게 하셨고 또 사람들에게는 영원을 사모하는 마음을 주셨느니라 그러나 하나님이 하시는 일의 시종을 사람으로 측량할 수 없게 하셨도다 (전도서 3:11).

놀라우신 하나님 아버지,
새해가 밝았고 저에게 커다란 도화지가 주어졌습니다.
무엇을 어찌해야 할지 알지 못하나 주님을 의뢰하며 나아갑니다.
나를 향한 아버지의 놀라운 계획이 있을 줄 믿습니다.
그래서 더 기대하고 소망합니다.

하나님이 지으신 때를 잘 분별하게 하소서.
언제나 하나님의 타이밍을 놓치고서 후회하지 말게 하소서.
올해는 하나님의 시간을 깨어서 알아차리고 순응하게 하소서.
날 때가 있고 죽을 때가 있음을 알게 하소서.
찾을 때가 있고 잃을 때가 있으며,
지킬 때가 있고 버릴 때가 있음을 알게 하소서.
내가 잡아야 할 때 놓으면 그것은 포기가 되고,
내가 놓아야 할 때 잡으면 그것은 집착이 됩니다.
잡아야 할 때 잡으면 그것은 순종이 되고,
놓아야 할 때 놓으면 그것은 믿음이 됩니다.
모든 영역에서 아버지의 뜻을 따르게 하소서.

올해는 하나님의 섭리대로 살기 원합니다.
측량할 수 없는 인생이라 기대할 수 있음에 감사하게 하소서.
나의 주 예수 그리스도의 이름으로 기도합니다. 아멘!

01 | 03

그에게 나를 나타내리라

> 나의 계명을 지키는 자라야 나를 사랑하는 자니
> 나를 사랑하는 자는 내 아버지께 사랑을 받을 것이요
> 나도 그를 사랑하여 그에게 나를 나타내리라 (요한복음 14:21).

사랑의 하나님 아버지,
이 아침에 나의 입술을 들어 주님께 사랑을 고백합니다.
아버지의 사랑으로 오늘도 눈을 뜸을 고백합니다.
아버지께서는 나의 모든 것이십니다.
나를 만드시고 인도하시는 하나님을 찬양합니다.

오늘도 하나님의 말씀을 따라 지키는 날 되게 하소서.
내가 아버지를 사랑한다고 하면서 그것이 말만 되지 말게 하소서.
오직 말씀을 마음으로 듣고 순종하며 행동하는 자녀 되게 하소서.
기도하고 부르짖으며 아버지를 보여달라 간구하기 이전에
말씀을 따라 산다면 나는 하나님을 본 것과 같음을 믿습니다.
오늘도 말씀 앞에 정직하게 하소서.
말씀의 기준을 남을 판단하는 잣대로 삼지 말게 하소서.
언제나 말씀이 나의 거울이 되게 하소서.
아버지를 사랑한다 생각할 때마다 더욱 말씀에 집중하게 하소서.
나의 삶이 아버지를 사랑함을 증명하게 하소서.

오늘도 나를 살리는 말씀 앞에 순응합니다.
말씀을 듣고 머리에 쌓지 말고 손과 발에 담게 하소서.
마음에 담고 실천하게 하소서.
나의 주 예수 그리스도의 이름으로 기도합니다. 아멘!

01 | 04

조금도 부족함이 없게 하려 함이라

> 인내를 온전히 이루라 이는 너희로 온전하고 구비하여
> 조금도 부족함이 없게 하려 함이라
> (야고보서 1:4).

인내의 하나님 아버지,
나를 사랑하셔서 나를 인내하시며
나를 구원으로 인도하시는 아버지, 감사합니다.
하나님의 사랑은 내 모든 죄를 덮고도 남음에 감사를 드립니다.
오늘도 그 하나님의 사랑을 힘입어 하루를 시작합니다.

아버지께서는 나의 힘의 근원이십니다.
오늘도 나에게 주신 인내할 많은 일을 인해 감사를 드립니다.
나의 인내함은 고통을 목적으로 하는 것이 아님을 고백합니다.
오늘 내가 인내해야 할 모든 것을 온전히 이루겠습니다.
오늘 나로 더 온전하게 만드시려는 아버지의 계획에 동의합니다.
나를 부족함이 없게 하시려는 아버지의 뜻에 순종합니다.

나의 인내가 하나님을 닮아가는 과정임을 믿습니다.
나의 당하는 시험으로 인해 기뻐하고 감사하겠습니다.
나의 믿음의 시련이 인내를 만들어낼 것을 믿습니다.
그리고 그 인내를 이룰 때 한 걸음 더 성화될 것을 믿습니다.
오늘 나에게 인내할 수 있는 마음의 강함을 허락하소서.
아버지의 지혜로 그 길을 선택해 가게 하소서.
세상의 길이 나를 유혹할 때 물리칠 수 있는 믿음을 허락하소서.
나의 주 예수 그리스도의 이름으로 기도합니다. 아멘!

나의 기업이 실로 아름답도다

> 여호와는 나의 산업과 나의 잔의 소득이시니 나의 분깃을 지키시나이다
> 내게 줄로 재어 준 구역은 아름다운 곳에 있음이여
> 나의 기업이 실로 아름답도다 (시편 16:5-6).

나의 산업과 소득이 되시는 하나님 아버지, 찬양합니다.
내가 나의 가진 것을 모두 만든 것 같으나
주님이 주시지 않은 것이 없음을 고백합니다.
내 모든 소유를 지키며 아름답게 하시는 아버지를 찬양합니다.

오늘 나의 다니는 모든 곳에 은혜를 주소서.
내가 거하는 모든 곳에 내 자리를 주신 아버지, 감사합니다.
나의 가정과 일터, 학교와 나의 거하는 모든 곳은
아버지께서 주신 구역입니다.
나의 임의대로 만든 곳이 아니라 주님이 줄로 재어주신 곳입니다.
그리고 그 모든 곳이 아름다움을 믿습니다.

내게 불화나 어려움이 있다 하더라도 인내함으로 이기게 하소서.
하나님의 선물로 주어진 가나안 땅은
아버지의 은혜 없이 살 수 없는 곳이었습니다.
하나님의 어떤 놀라운 선물도
하나님을 버리고는 선물 되지 못함을 알게 하소서.
아버지를 버리고 선물만 취할 길은 없음을 알게 하소서.
오늘도 나에게 주신 모든 것에서 아름다움을 발견하게 하소서.
그리고 감사하며 찬양하게 하소서.
나의 주 예수 그리스도의 이름으로 기도합니다. 아멘!

예수를 아는 지식이 가장 고상하기 때문이라

그러나 무엇이든지 내게 유익하던 것을 내가 그리스도를 위하여
다 해로 여길뿐더러 또한 모든 것을 해로 여김은
내 주 그리스도 예수를 아는 지식이 가장 고상하기 때문이라 (빌립보서 3:7-8상).

나의 소중한 아버지,
세상 그 무엇보다 주님이 소중함을 고백합니다.
나에게 유익하던 모든 것이 아버지를 멀리하게 한다면
그것을 버리겠습니다.

나를 위해 죽으신 하나님의 사랑만이
나에게 가장 소중한 것임을 고백합니다.
이 세상에서 누릴 수 있는 어떤 행복도
이보다 더 큰 것이 없음을 믿습니다.
그래서 오늘도 어떤 유혹에서도, 어떤 핍박에서도 이기게 하소서.

하나님을 놓아버리고 얻는 것은 어떤 유익도 없음을 알게 하소서.
내가 자랑할 것 중에 가장 좋은 것, 아니 유일한 것은
아버지이심을 고백합니다. 이 믿음으로 오늘도 살겠습니다.
세상 사람들이 자신의 스펙을 자랑하고 우월감을 느낄 때
기죽지 말게 하소서.
나의 가장 놀라운 스펙은
하나님의 자녀라는 놀라운 신분임을 기억하게 하소서.
오늘도 아버지의 옷자락을 잡고 사는 심정으로 살겠습니다.
나와 동행하여 주소서.
나의 주 예수 그리스도의 이름으로 기도합니다. 아멘!

01 | 07

사랑이 없으면 아무 유익이 없느니라

내가 내게 있는 모든 것으로 구제하고 또 내 몸을 불사르게 내줄지라도 사랑이 없으면 내게 아무 유익이 없느니라 (고린도전서 13:3).

사랑의 하나님 아버지,
내가 자고 쉬는 모든 순간에도 나를 지켜주심에 감사합니다.
하나님은 언제나 사랑으로 나를 돌보심에 감사합니다.
그 사랑을 본받아 하루를 살게 하소서.
아버지의 충만한 사랑이 나를 가득 채워 흘러가게 하소서.

나는 때로 거짓되어 말로만 사랑함을 용서하소서.
나는 때로 세뇌되어 의무로 헌신함을 용서하소서.
사랑이 없이도 헌신할 수 있음을 깨어 알게 하소서.
주님은 겉모습이 아무리 희생적이라 하더라도
사랑이 없으면 아무것도 아니라 하셨습니다.
내 삶 가운데 모든 것이 사랑의 토대 위에 세워지게 하소서.
아주 작은 배려라도 사랑에서 우러나게 하소서.
그래야 의미 있는 것이니, 의미 있는 삶을 살게 하소서.
짧은 세상을 살면서 의미 없는 일에 시간을 보내지 말게 하소서.
오늘도 주님을 향한 진실된 사랑을 드리기 원합니다.

이 세상을 살면서 내가 만나는 모든 생명을 사랑하기 원합니다.
거짓된 희생에 스스로 자만하지 말게 하시고,
참된 사랑으로 이루어지는 헌신의 삶을 살게 하소서.
나의 주 예수 그리스도의 이름으로 기도합니다. 아멘!

01 | 08

아버지께서 깨끗하게 하시느니라

> 나는 참포도나무요 내 아버지는 농부라 무릇 내게 붙어 있어 열매를 맺지 아니하는 가지는 아버지께서 그것을 제거해 버리시고 무릇 열매를 맺는 가지는 더 열매를 맺게 하려 하여 그것을 깨끗하게 하시느니라 (요한복음 15:1-2).

나의 주인 되신 하나님 아버지,
한 해의 계획을 세우고 기도하면서 가장 먼저 구해야 할 것이
주님 안에 거하는 것입니다.
내가 주님께 온전히 붙어 있을 때에만
열매 맺을 수 있음을 고백합니다.
오늘도, 내일도, 모든 순간 참포도나무에 붙어 있게 하소서.

나를 온전히 자라게 하시는 아버지를 의지합니다.
그 손에 다듬어지게 하소서.
아버지께서 나를 다루실 때 나를 깨끗케 하신다 믿게 하소서.
아프다, 힘들다 원망하지 않고,
열매 맺게 하려고 깨끗하게 다루심을 신뢰하고 따르게 하소서.
하나님의 다루심이 싫어
가지에서 스스로 떨어지는 일이 없게 하소서.
선택받지 못했다면 손도 대지 않으셨을 존재,
버림받았을 존재임을 고백합니다.

내 삶에 관여하시는 아버지를 환영합니다.
나를 위하시는 주님의 손길에 감사합니다.
아버지의 다루심을 찬양합니다.
나의 주 예수 그리스도의 이름으로 기도합니다. 아멘!

01 | 09

여호와를 찾으라

> 너희는 여호와를 만날 만한 때에 찾으라
> 가까이 계실 때에 그를 부르라
> (이사야 55:6).

나의 하나님 아버지,
무엇을 하든 하나님의 손 안에, 눈 안에 있음을 고백합니다.
나는 그만큼 작으며, 하나님은 그만큼 크십니다.
내가 자만하여 아버지를 폄하하는 일이 없게 하소서.
그래서 오늘도 무릎 꿇고 주님 앞에 기도합니다.

나의 온전하고 유일한 신이 되시는 아버지를 찬양합니다.
나의 구원자 되신 예수 그리스도의 이름을 높여 드립니다.
그 하나님이 나의 아버지 되심을 인하여 기뻐 뜁니다.
이 기쁨과 감사가 오늘 나를 주도할 것을 믿습니다.
나는 아버지께 선택받았으며 주의 자녀 되었음을 선언합니다.

오늘도 나의 부르짖음에 응답하실 주님을 찬양합니다.
나의 모든 형편과 사정을 아시는 주님께 나아갑니다.
내가 이루 말로 할 수 없는 모든 여건까지도 주도하소서.
나의 아뢰는 모든 기도가 주님의 손에 닿게 하소서.
언제나 나의 만날 만한 자리에 계시는 주의 은혜를 찬양합니다.
오늘도 주님을 찾는 날이 되게 하소서.
내가 모든 순간 주님을 가까이하는 사람 되게 하소서.
나의 머무는 모든 곳에서 주님의 임재를 느끼게 하소서.
나의 주인이신 예수 그리스도의 이름으로 기도합니다. 아멘!

01 | 10

너희는 하나님을 본받는 자가 되라

> 그러므로 사랑을 받는 자녀같이 너희는 하나님을 본받는 자가 되고
> 그리스도께서 너희를 사랑하신 것같이 너희도 사랑 가운데서 행하라
> (에베소서 5:1-2상).

지난밤도 편한 쉼을 허락하신 아버지, 감사합니다.
언제나 나를 지키시는 신실하심을 찬양합니다.
나의 머리카락까지 세신 아버지의 사랑에 감사드립니다.
나의 기도가 하나님께 올려드리는 첫 단어가 되게 하소서.

내가 사랑받음을 먼저 확신하기 원합니다.
내가 하나님께 받은 사랑이 얼마나 큰지 받아들이게 하소서.
그래서 그 가득 찬 마음으로 하루를 살게 하소서.
그 하나님의 사랑이 정말 좋아서
아버지를 닮기 위해 노력하게 하소서.
모든 순간 아버지를 생각하며 살기 원합니다.

아버지를 본받는 것은 곧 그리스도께서 나를 사랑하신
그 사랑을 행하는 것입니다.
나에게 목숨 주신 주님을 기억하며 나도 헌신하게 하소서.
나도 목숨을 버려 사랑하지는 못하겠지만,
나의 가진 작은 것이라도 버리는 마음으로 사랑하게 하소서.
못한다 핑계 대는 습관을 버리고 도전하게 하소서.
이미 나에게는 아버지께서 채워주신 사랑이 있음을 믿습니다.
다른 사람에게 손을 내미는 하루 되게 하소서.
사랑의 결정체이신 예수 그리스도의 이름으로 기도합니다. 아멘!

01 | 11

은밀한 중에 계신 네 아버지께 기도하라

> 너는 기도할 때에 네 골방에 들어가 문을 닫고
> 은밀한 중에 계신 네 아버지께 기도하라
> 은밀한 중에 보시는 네 아버지께서 갚으시리라 (마태복음 6:6).

오늘도 나의 기도를 들으시는 아버지, 감사합니다.
어제의 모든 피로를 씻어주시고 새로운 힘을 주시니 감사합니다.
새해가 시작되었음에도 너무 빨리 식상해짐을 용서하소서.
언제나 작심삼일이 되어 좋은 것은 너무 빨리 포기하고,
나쁜 것은 너무 오래 지속함을 용서하소서.

올해는 주님 앞에 머무는 시간이 길어지기를 소망합니다.
내가 하는 모든 일 중 제일 중요한 일이 무엇인지 알게 하소서.
하나님을 미룰 만큼 세상에서 중요한 일이 무엇이 있겠습니까.
아버지를 미룰 만큼 내가 교만해졌음을 용서하소서.
너무 세상적으로 변해버린 나를 벗어버리고 주님께 나아갑니다.
골방을 찾게 하소서.
모든 순간 기도한다는 이유 때문에
너무 방만하게 기도했음을 용서하소서.
핸드폰을 내려놓고 아버지께 집중하고 주님을 바라보게 하소서.

기도하는 시간의 나의 모든 산만함과 조급함을 버리게 하소서.
이 세상 무엇과도 바꿀 수 없다 하면서
모든 것과 바꾸는 삶을 청산하게 하소서.
내 삶의 가장 중요한 존재이신
예수 그리스도의 이름으로 기도합니다. 아멘!

01 | 12

내 어여쁜 자야 일어나서 함께 가자

나의 사랑하는 자가 내게 말하여 이르기를
나의 사랑, 내 어여쁜 자야 일어나서 함께 가자
(아가 2:10).

신선한 아침을 주신 아버지, 감사합니다.
하나님의 선하심으로 나를 이끄심을 찬양합니다.
아버지께서는 천지를 만드시고 나를 만드셨습니다.
이 아침에 주님이 나의 창조주이심을 고백합니다.

하잘것없는 나를 선택하셔서 사랑하심에 감사합니다.
오늘 아침에도 나를 향하여 손 내밀어주심에 감사합니다.
"어여쁜 자"라 부르시고 동행하기 원하시니 감사합니다.
내가 오늘도 주님을 찬양하며 아침을 시작하게 하소서.
하나님의 사랑을 노래하며 하루를 살게 하소서.

나의 입술에서 원망과 저주가 나오지 말게 하소서.
주님을 원망하면서 동시에 찬양할 수 없음을 알게 하소서.
내 입술에서 쓴물과 단물이 한꺼번에 나오는 일이 없게 하소서.
하나님을 사랑해야
하나님을 생각하면 기쁠 수 있음을 고백합니다.
일평생 진심으로 주님을 사랑하는 삶을 살게 하소서.
아버지의 존재 자체를 기뻐하기 원합니다.
아버지를 즐거워하기 원합니다.
의무가 아닌 기쁨으로 주님을 향해 달려갑니다.
나의 소망이 되시는 예수 그리스도의 이름으로 기도합니다. 아멘!

01 | 13

사람으로 측량할 수 없게 하셨도다

> 하나님이 모든 것을 지으시되 때를 따라 아름답게 하셨고 또 사람들에게는 영원을 사모하는 마음을 주셨느니라 그러나 하나님이 하시는 일의 시종을 사람으로 측량할 수 없게 하셨도다 (전도서 3:11).

한없는 은혜로 오늘도 새로운 날을 주신 아버지, 감사합니다.
추운 날씨에 움츠러들지 않고 용기를 내 하루를 시작하게 하소서.
아버지의 능력 앞에 어제의 모든 짐을 내려놓고 시작합니다.
걱정과 근심, 책임과 의무를 어깨에서 내려놓습니다.

나의 무능함을 아시는 주님이 나의 힘이 되어주소서.
모든 것이 때가 있음을 믿습니다.
아무리 좋은 것도 때를 맞추지 못하면 아름다울 수 없습니다.
오늘 아버지의 때를 따라 순응하는 삶을 허락하소서.
나의 때가 아니라 주님의 때를 분별하게 하소서.

내 마음 가운데 사라질 것들을 갈망하는 마음을 버리게 하소서.
아버지를 향한 갈망이 일평생 나를 주도하기 원합니다.
세상 것을 오래 바라봄으로 그것에 물들지 말게 하시고,
주님을 바라봄으로 영원에 물들게 하소서.
내 머리로 헤아릴 수 없는 주님의 깊고, 크고, 넓으심을 신뢰합니다.
오늘도 하늘에서 내려오는 지혜로 판단하게 하시고
아버지께로부터 오는 사랑으로 행하게 하소서.
나의 주님의 발자국을 따라가는 오늘 되게 하소서.
나의 주 예수 그리스도의 이름으로 기도합니다. 아멘!

01 | 14

그의 노염은 잠깐이요 그의 은총은 평생이로다

> 그의 노염은 잠깐이요 그의 은총은 평생이로다
> 저녁에는 울음이 깃들일지라도 아침에는 기쁨이 오리로다
> (시편 30:5).

나의 하나님 아버지, 나의 첫 목소리로 주님을 찾습니다.
내가 집중하는 처음 마음이 이 기도의 시간이 되게 하소서.
눈을 뜨고 바라보는 모든 것이 아버지의 것임을 고백합니다.
아버지께서 주신 모든 것을 내가 누리고 있음에 감사합니다.
이 하루도 아버지로 시작해 아버지로 마치게 하소서.

하루를 살면서 누적되는 고민과 미움의 감정을 회개합니다.
이 아침에 어제의 모든 죄악을 예수님의 보혈로 씻어주소서.
나의 잘못으로 인한 노여움은 잠깐이며,
나를 일평생 은총으로 대하시는 주님을 찬양합니다.
어쩌면 나 같은 인간을 그리도 사랑하시는지요.
감사와 찬양을 올려드립니다.
내가 잘못한 것은 수를 셀 수도 없으나,
나의 잘한 것은 너무도 작습니다.
그런 나의 작은 잘함을 한없이 칭찬하시는 주님을 찬양합니다.
은총을 주시기 위해 언제나 대기하고 계신 아버지를 사랑합니다.

그 아버지의 사랑을 믿고 오늘도 신나게 아침을 시작합니다.
내 일이 잘 풀리지 않아도 아버지로 인하여 기뻐합니다.
모든 것이 주님의 손에 있음을 믿으니 감사와 찬양을 드립니다.
나의 기쁨의 근원이신 예수 그리스도의 이름으로 기도합니다. 아멘!

01 | 15

능력 있는 사람들 곧 하나님을 두려워하며

너는 또 온 백성 가운데서 능력 있는 사람들 곧 하나님을 두려워하며 진실하며 불의한 이익을 미워하는 자를 살펴서 백성 위에 세워 천부장과 백부장과 오십부장과 십부장을 삼아 (출애굽기 18:21).

하나님 아버지,
내 발로 걸을 수 있고, 내 손으로 집을 수 있음에 감사합니다.
내 눈으로 볼 수 있고, 내 귀로 들을 수 있음에 감사합니다.
오늘도 이 세상에서 한 사람의 몫을 감당하고 기여하게 하소서.
내가 살아 있음이 누군가에게 도움이 되는 인생 되게 하소서.

오늘도 하나님 앞에 능력 있는 사람이 되기를 원합니다.
세상의 기준이 아니라 하나님을 두려워하는 마음이 능력이고,
진실한 것이 능력임을 알게 하소서.
불의한 이익을 미워함이 참된 능력이 됨을 기억하게 하소서.
그래서 하나님 앞에서 참된 능력이 있는 자가 되게 하소서.

함께할 사람들을 향하여 올바른 안목을 갖기 원합니다.
돈 있고, 힘 있고, 처세술 좋은 사람을 찾지 말게 하소서.
하나님의 섭리를 인정하며 겸손하고 부지런한 사람을 만나게 하소서.
부족함을 알아 주의 도움을 얻어낼 줄 아는 사람을 만나게 하소서.
내가 그런 사람이 되게 하소서.
하나님이 일을 나누어 지게 하셨으니
함께 하는 법을 배우는 하루 되게 하소서.
함께 하는 복이 얼마나 큰 복인지 감사하게 하소서.
나의 주 예수 그리스도의 이름으로 기도합니다. 아멘!

01 | 16

땅이 혼돈하고 공허하며 흑암이 깊음 위에 있고

태초에 하나님이 천지를 창조하시니라
땅이 혼돈하고 공허하며 흑암이 깊음 위에 있고
하나님의 영은 수면 위에 운행하시니라 (창세기 1:1-2).

창조의 하나님 아버지, 감사합니다.
나의 나 됨이 주님 안에 있음을 믿고 고백합니다.
오늘 하루도 하나님의 창조의 섭리 안에 있음을 믿고 시작합니다.
나를 만드신 것처럼 이 하루가 하나님의 창조로 가득 차게 하소서.

하나님은 모든 혼돈을 몰아내시는 분임을 선포합니다.
모든 것이 공허하고 흑암으로 가득할 때에
그 위에 계셨던 아버지를 찬양합니다.
내가 믿고 신뢰하며 나를 사랑하시는 아버지께서
그렇게 위대한 분이심에 감사합니다.
오늘 내가 그 아버지를 의지하여 하루를 삽니다.
이 얼마나 대단한 일입니까.
오늘 나의 삶 가운데 있는 모든 어두움도 몰아내소서.
말씀 한마디로 천지를 만드신 능력으로 오늘 나를 살리소서.
내 모든 무거운 짐 정도는 아버지께 솜털보다 가벼움을 믿습니다.
크신 하나님을 바라보며 모든 희망을 품는 하루 되게 하소서.

오늘 나는 하나님을 닮은 자입니다.
그래서 아버지와 같은 모습으로 살 수 있을 것을 믿습니다.
하나님의 형상을 가지고 멋지게 사는 하루 되게 하소서.
나의 주 예수 그리스도의 이름으로 기도합니다. 아멘!

01 | 17

오래 참음으로 사랑 가운데서 서로 용납하고

모든 겸손과 온유로 하고
오래 참음으로 사랑 가운데서 서로 용납하고 평안의 매는 줄로
성령이 하나 되게 하신 것을 힘써 지키라 (에베소서 4:2-3).

하나님 아버지, 새로운 날을 허락하여 주시니 감사합니다.
오늘도 겸손한 자세로 살기 원합니다.
사실 나의 힘으로 하는 것이 없고
모든 것을 주님이 주신 것으로 하니
교만할 일이 없음을 고백합니다.
교만한 것이 정상이 아니라 겸손한 것이 정상임을 알게 하소서.

하나님 앞에 순종하는 온유한 마음을 갖게 하시고
나로 인내의 열매를 거두게 하소서.
사랑은 언제나 인내를 포함하고 있음을 기억하게 하소서.
말로 유난스럽게 사랑한다고 말하는 것이 사랑이 아니라
얼마나 오래 기다려주는가가 사랑임을 알게 하소서.
내가 남을 용납하기 어려울 때는
내가 하나님 앞에 어떤 죄인인지를 기억하게 하소서.
언제나 나를 정확히 알면
교만할 일도, 용서 못할 일도 없음을 알게 하소서.

오늘도 나와 연결된 모든 사람이 평안을 누리기 원합니다.
성령이 아니시고는 이 일을 이룰 수 없으니 지금 나와 동행하소서.
세상이 주지 못하는 평안으로 담대히 하루를 시작하게 하소서.
나에게 평안을 주시는 예수 그리스도의 이름으로 기도합니다. 아멘!

01 | 18

우리도 빛 가운데 행하면

> 그가 빛 가운데 계신 것같이 우리도 빛 가운데 행하면
> 우리가 서로 사귐이 있고 그 아들 예수의 피가 우리를 모든 죄에서
> 깨끗하게 하실 것이요 (요한일서 1:7).

오늘도 빛으로 나를 깨우시고 인도하시는 아버지, 감사합니다.
나의 모든 주변을 돌아보면 감사할 것 투성이입니다.
오늘도 이만큼 건강하게 눈을 뜨게 하시니 감사합니다.
오늘도 내가 사람 노릇 하고 살 수 있는 삶을 주시니 감사합니다.

빛 자체이신 주님처럼 나도 빛 가운데 거하게 하소서.
나의 악한 본능에 귀 기울이지 않고,
내 영혼의 높은 곳에 계신 주를 보게 하소서.
이익과 편안함을 따라가려다가 어두운 곳에 가지 말게 하소서.
내가 빛 가운데 거해야
하나님과 사귐이 있는 것임을 명심하게 하소서.

나의 주 하나님 앞에 나는 더러운 죄인임을 고백합니다.
동시에 나는 그리스도의 보혈로 회개의 기회를 얻었음을 고백합니다.
이런 놀라운 은혜를 날마다 기억하게 하소서.
그래서 더러운 죄인의 자리에서
빛 가운데 거하는 의인의 자리로 이동하게 하소서.
나의 행함은 부족하나 보혈의 공로로 자녀의 자리에 앉게 하심에 감사합니다.
회개라는 놀라운 은혜를 주셔서
날마다 용서받는 기쁨을 주시니 감사합니다.
나의 사랑 되시는 예수 그리스도의 이름으로 기도합니다. 아멘!

01 | 19

여호와는 마음을 감찰하시느니라

사람의 행위가 자기 보기에는 모두 정직하여도 여호와는 마음을 감찰하시느니라
공의와 정의를 행하는 것은 제사드리는 것보다
여호와께서 기쁘게 여기시느니라 (잠언 21:2-3).

정의의 하나님 아버지,
날마다 나를 지켜보시는 아버지, 감사합니다.
인자하심과 성실하심으로 오늘도 나를 돌보심에 감사합니다.
주님은 내 삶의 모든 것이시며, 나의 승리이십니다.

오늘도 예수 그리스도 안에서 승리하게 하소서.
죄에서 승리하게 하시고, 불의함에서 승리하게 하소서.
나의 하루가 내 생각에는 잘 산 것 같을 때에도
주님께 묻게 하소서.
내가 내 기준으로 잘 산 것인지,
아버지의 기준으로 잘 산 것인지 알게 하소서.
스스로 방심하지 말게 하소서.
모든 순간 아버지를 바라보게 하소서.

오늘 단 한순간도 나를 놓치시지 않는 주님의 시선을 의식합니다.
그리고 그 안에서 아버지의 성품을 따라 정의롭게 살기 원합니다.
다른 사람을 억울하게 만드는 일이 없게 하소서.
이익을 줄 자와 그렇지 못한 자 사이에서 공평하게 하소서.
하나님의 안목으로 판단하고, 하나님의 말씀에 의지하게 하소서.
나의 연약함을 주님께 올려드립니다.
나의 기준 되시는 예수 그리스도의 이름으로 기도합니다. 아멘!

01 | 20

여호와는 나의 목자시니 내게 부족함이 없으리로다

여호와는 나의 목자시니 내게 부족함이 없으리로다
그가 나를 푸른 풀밭에 누이시며 쉴 만한 물가로 인도하시는도다
(시편 23:1-2).

오늘도 나를 푸른 초장에 누이셔서 쉬게 하신 아버지, 감사합니다.
한겨울에 내 몸을 누일 따뜻한 집을 주신 아버지, 감사합니다.
내가 누워 쉴 수 있는 자리가 있는 것만으로도 주님을 찬양합니다.

오늘도 나의 목자가 되셔서 나를 인도하여 주소서.
내가 주님의 양이 되어 그 길을 따르기 원합니다.
하지만 날마다 실제 내 모습은 목자의 자리에 있음을 회개합니다.
내가 길을 가리키며 나를 따르라 명령함을 용서하소서.
나는 길을 인도할 안목이 없음에도
나의 판단을 너무 존중함을 용서하소서.
오늘도 목자 되시는 주님을 바라보기 이전에
내가 먼저 양의 자리에 있기 원합니다.
내가 늑대가 되지 말게 하시고, 순종하는 양이 되게 하소서.
세상의 늑대를 상대하려고 나도 늑대가 되었다가
목자를 잃어버리는 일이 없게 하소서.

오늘도 주님이 주신 것에 만족하기 원합니다.
다윗의 고백일 뿐 나의 고백은 될 수 없다는
부정적 믿음을 털어버립니다.
나에게도 주님은 온전한 목자이시며 만족이심을 고백합니다.
선한 목자 되시는 예수 그리스도의 이름으로 기도합니다. 아멘!

내가 여기 있나이다 나를 보내소서

> 내가 또 주의 목소리를 들으니 주께서 이르시되
> 내가 누구를 보내며 누가 우리를 위하여 갈꼬 하시니 그때에 내가 이르되
> 내가 여기 있나이다 나를 보내소서 하였더니 (이사야 6:8).

나의 이름을 불러 이 땅에 존재하게 하신 아버지, 찬양합니다.
아버지께서 나를 부르실 때에는
내가 이곳에 존재해야 할 이유가 있음을 믿습니다.
이 아침에 눈을 떠 살게 하심도 사명이 있어서임을 믿습니다.
머리카락까지 세신 아버지의 나를 아심에 나를 맡기게 하소서.

세상에 사람이 많지만 하나님이 쓰실 만한 사람이 없음을 한탄합니다.
내가 그 사람이 되어야겠다고 결단하는 사람 또한 없음을 고백합니다.
용기를 내어 내가 하나님이 쓰실 만한 사람이 되겠다 결단하게 하소서.
세상을 두루 살피며 한탄하시는 주의 음성 앞에 담대히 나가게 하소서.
하나님이 나의 힘이 되심을 믿습니다.
아버지께서 나의 능력이심을 고백합니다.
주께서 나를 승리하게 하심을 신뢰합니다.
이 믿음으로 뒤로 물러나지 않고 전진하게 하소서.
어차피 내 힘으로 하는 것이 아니니 연약함을 핑계하지 말게 하소서.

한평생 살면서 의미 있는 삶을 살기 원합니다.
아버지의 부르심 앞에 부족하지만
"나를 보내소서"라고 고백하는 믿음의 전사 되게 하소서.
오늘도 영적 전쟁에서 승리하기 원합니다.
나를 사용하기 원하시는 예수 그리스도의 이름으로 기도합니다. 아멘!

01 | 22

나의 평안을 너희에게 주노라

> 평안을 너희에게 끼치노니 곧 나의 평안을 너희에게 주노라
> 내가 너희에게 주는 것은 세상이 주는 것과 같지 아니하니라
> 너희는 마음에 근심하지도 말고 두려워하지도 말라 (요한복음 14:27).

평안의 하나님 아버지,
날마다 일용할 양식을 주셔서 나로 먹고 살게 하시니 감사합니다.
주님의 신선한 공급하심을 믿고 오늘도 담대하게 하소서.

주님이 평안을 주신다 하셨으니
주님이 주시는 평안을 구하는 삶을 살게 하소서.
세상도 평안을 준다 했으나
그것이 얼마나 덧없는 것인지를 깨닫게 하소서.
하나님이 베푸시는 평안은 세상이 주는 평안과 전혀 다른
온전한 것이니 그것을 갈망하게 하소서.
주님의 평안을 누릴 때 모든 두려움이 사라질 것을 믿습니다.

오늘도 세상의 것과 하나님의 것을 구별하는 지혜를 허락하소서.
평안의 모습을 가지고 있다고 해서
모두 주님의 것이라 오해하지 말게 하소서.
근심하지 말라고, 두려워하지 말라고 명령하시는 주님의 음성을
마음에 담고, 머리에 기억하고, 나의 몸으로 따르기 원합니다.
세상이 먹고 사는 수준에 맞추려고 고민하지 말게 하소서.
그들에게 보이려고 잘 살아야 하는 강박을 버리게 하소서.
나의 성공이 나의 물질에 있는 것이 아님을 믿게 하소서.
나의 담대함이 되시는 예수 그리스도의 이름으로 기도합니다. 아멘!

01 | 23

그들을 내 손에서 빼앗을 자가 없느니라

> 내 양은 내 음성을 들으며 나는 그들을 알며 그들은 나를 따르느니라
> 내가 그들에게 영생을 주노니 영원히 멸망하지 아니할 것이요
> 또 그들을 내 손에서 빼앗을 자가 없느니라 (요한복음 10:27-28).

오늘도 나의 이름을 불러 나를 일으키시는 아버지, 감사합니다.
새로운 아침에 해야 할 많은 일이 있지만,
주님을 인해 평안하게 하루를 시작합니다.
오늘도 내가 믿는 아버지가 어떤 분이신지를 기억하게 하소서.
그 하나님의 힘으로 오늘을 힘 있게 달려갑니다.
아버지의 말씀을 믿고 오늘을 살아갑니다.

내가 주님의 음성을 듣게 하소서.
내가 주님의 양이라면 주님의 음성을 안다 하셨습니다.
오늘도 나에게 말씀하시고 나의 마음에 깨달음을 허락하소서.
내가 가야 할 길을 모를 때에 나의 길을 인도하소서.
나의 지혜로는 이 험난한 세상을 이기며 살 수 없습니다.
나로 영원히 주님의 손안에서 벗어나는 일이 없게 하소서.
나를 굳세게 붙잡아주소서.
낙망할 때에, 좌절할 때에, 포기하고 싶을 때에 그리하소서.
나의 모든 소망의 근거가 아버지이심을 고백합니다.
나의 목자 되시는 주님을 인해 나는 다시 길을 찾을 것입니다.

오늘 큰 목소리로 나를 부르소서.
세상의 소리에 홀리지 않고 주님의 소리에 집중하겠습니다.
나의 인도자 되시는 예수 그리스도의 이름으로 기도합니다. 아멘!

01 | 24

이김은 여호와께 있느니라

> 지혜로도 못하고, 명철로도 못하고 모략으로도 여호와를 당하지 못하느니라
> 싸울 날을 위하여 마병을 예비하거니와 이김은 여호와께 있느니라
> (잠언 21:30-31)

사랑의 하나님, 어제의 모든 피로가 가시지는 않았지만,
이만큼 회복하게 하심에 감사합니다.
날마다 놀라운 일을 행하시는 아버지를 높여드립니다.
나의 주관자 되심을 찬양합니다.

하루를 살면서 마주하는 모든 영적 전쟁 앞에 담대하기 원합니다.
날마다 뒤로 숨으면서 회피하지 말게 하소서.
오늘 내가 감당해야 할 영적 전쟁을 마땅히 치르게 하소서.
그 무엇으로도 여호와 하나님을 당할 수 없음을 찬양합니다.
아버지 앞에 최선을 다하나 승리는 여호와께 있습니다.

오늘 그 하나님을 의지하여 담대히 하루를 시작합니다.
세상의 유혹과 나를 죄로 유도하려는
사탄의 계략에 넘어가지 말게 하소서.
나의 입술로 범죄하고 마귀가 기뻐하는 일을 하려는
모든 시도를 단절하게 하소서.
하나님의 뜻을 알고, 그 뜻을 행하는 날 되게 하소서.
이 모든 내면의 전쟁과 실천의 전쟁 가운데서 승리하게 하소서.
오늘도 말로만의 신앙이 아니라 행함의 신앙을 갖기 원합니다.
나를 믿고 담대한 것이 아니라 주님을 믿고 담대합니다.
나의 승리가 되시는 예수 그리스도의 이름으로 기도합니다. 아멘!

01 | 25

눈물을 흘리며 씨를 뿌리는 자는 기쁨으로 거두리로다

> 눈물을 흘리며 씨를 뿌리는 자는 기쁨으로 거두리로다
> 울며 씨를 뿌리러 나가는 자는 반드시 기쁨으로
> 그 곡식 단을 가지고 돌아오리로다 (시편 126:5-6).

날마다 성실한 은혜로 나와 함께하시는 아버지, 감사합니다.
나의 생명이 어느 때까지인지 아무도 알 수 없으니
오늘이 나의 마지막 날인 것처럼 살게 하소서.
더 철저히 하나님을 의지하게 하소서.

오랜 시간 눈물을 흘리며 아침을 맞이하고
수고를 향해 걸어 나갑니다.
아버지의 약속이 아니라면 이 모든 수고가 헛것임을 믿습니다.
주님 안에서 모든 수고가 보상받을 것을 믿습니다.
나의 방식이 아니라 하더라도 주님이 잊지 않으심을 믿습니다.

오늘도 그 믿음을 가지고 씨를 뿌리는 용기를 갖게 하소서.
때로는 내가 뿌리는 씨가 무엇인지 몰라
그 열매가 사과일지, 배일지 전혀 알지 못하고 기다립니다.
그럼에도 불구하고 오늘 의미 있는 씨를 뿌리게 하소서.
자라게 하시고 거두게 하시는 분이 아버지이심을 믿습니다.
기쁨으로 단을 거두는 자가
때로 내가 아니라 나의 후손이라 하더라도
오늘 씨를 뿌리는 일을 멈추지 말게 하소서.
그날을 꿈꾸며 오늘 기쁨으로 수고하게 하소서.
나의 주 예수 그리스도의 이름으로 기도합니다. 아멘!

01 | 26

내가 크게 흔들리지 아니하리로다

나의 영혼이 잠잠히 하나님만 바람이여 나의 구원이 그에게서 나오는도다
오직 그만이 나의 반석이시요 나의 구원이시요 나의 요새이시니
내가 크게 흔들리지 아니하리로다 (시편 62:1-2).

오늘도 나의 든든한 반석이 되시는 하나님 아버지, 감사합니다.
나의 발이 이 반석을 딛고 일어섭니다.
오늘도 나를 향한 오늘의 구원을 이루어주소서.
나의 삶의 구원이 오늘 나에게 임하게 하소서.

내가 만나는 모든 일 속에서 나의 영혼이 주님만을 바라봅니다.
나의 영혼이 항상 하나님을 갈망합니다.
아버지만이 나의 모든 것이심을 고백합니다.
만날 만한 사람을 만나게 하시고, 피할 만한 자를 피하게 하소서.
모든 것을 내가 해결하려 하다가
시험과 올무에 넘어지지 말게 하소서.
하나님을 의지함으로 내가 잠잠함을 유지합니다.
요란하고 번잡한 일에 휘말리지 말게 하소서.
과도한 호기심으로 불필요한 유혹에 빨려 들어가지 말게 하소서.
오늘도 내가 있어야 할 곳에 머물게 하소서.
오늘도 내가 해야 할 일 앞에 거하게 하소서.

때로 흔들릴 수 있으나 크게 흔들리지 말게 하시고
내 영혼이 아버지를 바라봄으로 빨리 제자리로 돌아오게 하소서.
오늘도 아버지를 등대 삼아 시작합니다.
나의 평안의 기준이신 예수 그리스도의 이름으로 기도합니다. 아멘!

서서 진리로 너희 허리띠를 띠고

> 그런즉 서서 진리로 너희 허리띠를 띠고 의의 호심경을 붙이고
> 평안의 복음이 준비한 것으로 신을 신고 모든 것 위에 믿음의 방패를 가지고
> 이로써 능히 악한 자의 모든 불화살을 소멸하고 구원의 투구와
> 성령의 검 곧 하나님의 말씀을 가지라 (에베소서 6:14-17).

의로우신 하나님 아버지,
아무것도 모르는 나를 이 세상 가운데 태어나게 하심을 감사합니다.
내가 어디서부터 와서 어디로 가는지 전혀 알지 못했던 나에게
아버지로부터 와서 다시 아버지께로 갈 수 있는 길을 주셨습니다.
오늘도 그 구원에 감격하며 살게 하소서.
남들이 알지 못하는 이 비밀을 알고 살게 하심을 감사합니다.

세상 사람에 비해 하나님의 자녀는 너무 약하고 부족하다 하지만,
주님이 주시는 진리와 의와 평안의 복음과 믿음과 구원과 성령으로
무장하고 사는 하루 되게 하소서.
악은 너무 강하다 불평하기 전에 선으로 무장하게 하소서.
나에게 이미 모든 무기를 주신 하나님을 향하여
맨몸으로 나가며 원망하지 말게 하소서.
진리를 아는 자로 든든히 서게 하소서.
사탄의 공격 앞에 의롭게 하심으로 무장하게 하소서.
복음을 모르는 자들에게 평안의 복음을 전하게 하시고
영적 전쟁에서 믿음의 방패와 말씀의 검으로 이기게 하소서.

오늘도 구원받는 자가 늘어나는, 하나님 나라의 확장을 꿈꿉니다.
나의 한 걸음, 한 걸음이 영적 군사의 걸음이 되게 하소서.
나의 강함이 되시는 예수 그리스도의 이름으로 기도합니다. 아멘!

01 | 28

때에 맞는 말이 얼마나 아름다운고

> 사람은 그 입의 대답으로 말미암아 기쁨을 얻나니
> 때에 맞는 말이 얼마나 아름다운고
> (잠언 15:23).

사랑의 하나님, 아침에 눈을 뜨고 제일 먼저 주님을 생각합니다.
나를 존재하게 하신 주님을 찬양합니다.
모든 만물을 지으시고 다스리시는 하나님을 높여드립니다.
오늘 나의 입술이 가장 먼저 주님을 찬양하게 하소서.

하나님의 말씀이 아름다운 것처럼 나의 언어도 아름답게 하소서.
내가 마땅히 해야 할 말만 하게 하소서.
넘치는 언어가 얼마나 많은 실수를 낳는지 알게 하소서.
나의 말이 누군가에게 상처를 입히는 일이 없게 하소서.
나의 대답이 사람을 기쁘게 하게 하소서.

나의 삶에 말이 능력이 되게 하소서.
살리는 힘, 일으키는 힘이 되게 하소서.
위로하는 능력이 되게 하시고, 안식하게 하는 힘을 주소서.
내가 할 수 있는 많은 것 중에
말로 할 수 있는 것이 얼마나 많은지 알게 하소서.
하나님의 때를 분별하여 선하고 아름다운 입술로 살게 하소서.
오늘도 나의 입술에 파수꾼을 세우소서.
그리고 그것이 내 신앙의 습관이 되어 언어가 변화받게 하소서.
나의 믿음이 나의 입술의 선행으로 증명되게 하소서.
나의 주 예수 그리스도의 이름으로 기도합니다. 아멘!

항상 기뻐하라 쉬지 말고 기도하라 범사에 감사하라

> 항상 기뻐하라 쉬지 말고 기도하라 범사에 감사하라
> 이것이 그리스도 예수 안에서 너희를 향하신 하나님의 뜻이니라
> (데살로니가전서 5:16-18).

새날을 주신 아버지, 감사합니다.
어제의 고단함을 씻어주시고 일어날 힘을 주시니 감사합니다.
어제까지 지었던 모든 죄악을 깨끗하게 하소서.
예수 그리스도의 보혈로 나를 씻어 정결하게 하소서.
새롭게 받은 도화지 같은 이 시간 앞에 내 영혼도 새롭게 하소서.

항상 기뻐하기 원합니다.
모든 순간 기도하기 원합니다.
모든 일에 감사하기 원합니다.
이것이 명령이어서가 아니라 정말 좋아서 그리하기를 원합니다.

하나님은 무서운 주인이 아니시니
아버지의 명령을 두려워하지 말게 하소서.
나를 사랑하여 말씀하신 그 모든 명령 안에
아들을 죽이시기까지의 사랑이 온전히 가득함을 알게 하소서.
나는 모든 순간 기뻐할 수밖에 없습니다.
모든 것에 감사하는 것이 당연합니다.
숨 쉬는 것처럼 기도하겠습니다.
이것이 바로 아버지와의 동행임을 믿습니다.
그럴 때 오늘이 온전하여짐을 믿습니다.
모든 순간 나와 함께하시는 예수 그리스도의 이름으로 기도합니다. 아멘!

01 | 30

그리스도 예수의 날까지 이루실 줄을 확신하노라

너희 안에서 착한 일을 시작하신 이가
그리스도 예수의 날까지 이루실 줄을 우리는 확신하노라
(빌립보서 1:6).

오늘도 주님의 뜻 안에서 나에게 생명을 주신 아버지, 감사합니다.
오늘 내가 하는 모든 일이 하찮아 보이는 순간, 기억하게 하소서.
나는 하나님의 자녀이며, 존귀한 존재이며, 부르심을 받은 존재임을.
오늘 나는 이 세상에서 가장 아름다운 존재임을 선포합니다.
오늘 나는 하나님 앞에 누구보다 특별한 존재임을 선포합니다.
오늘 나는 주님 안에서 모든 가능성을 가진 존재임을 선포합니다.
모든 마귀는 물러날지어다!
하나님의 자녀의 삶은 그 누구도 방해할 수 없음을 알지어다!

나를 향하여 선한 뜻을 펼치신 하나님의 일하심은 영원합니다.
이미 내 안에 복음을 심으시고, 복음의 일을 시작하신 아버지여,
아버지의 일하심은 나와 함께
예수 그리스도의 날까지 이루어질 것을 믿습니다.
나 혼자 가는 일이 아니며, 내가 시작한 일이 아님을 믿습니다.
아버지께서 시작하신 일이기에 내가 확신할 수 있습니다.

오늘 그래서 나는 희망을 갖습니다.
오늘 만나는 모든 일 앞에 담대하겠습니다.
아버지께서 내 안에서 하실 그 모든 일에 협조합니다.
아버지를 사랑합니다.
나의 주 예수 그리스도의 이름으로 기도합니다. 아멘!

01 | 31

나의 도움은 천지를 지으신 여호와에게서로다

> 내가 산을 향하여 눈을 들리라 나의 도움이 어디서 올까
> 나의 도움은 천지를 지으신 여호와에게서로다 여호와께서 너를 실족하지
> 아니하게 하시며 너를 지키시는 이가 졸지 아니하시리로다 (시편 121:1-3).

나의 도움이신 하나님 아버지,
어제와 같은 오늘이지만, 오늘 다시 소망을 품습니다.
매일 같은 날의 반복이지만, 오늘 다시 도전합니다.
똑같은 시간을 받았지만, 오늘 하루 소중한 나의 인생을 삽니다.
오늘 하나님의 동행을 맛보게 하소서.

오늘 내가 감당해야 할 일들을 도우소서.
내가 사람에게 도움을 얻을 수 없을 때 주님을 보는 것이 아니라
누구에게 도움을 요청하기 전에 먼저 주님을 보게 하소서.
내가 갈 길을 알지 못할 때 주님을 찾는 것이 아니라
내가 갈 길을 안다 생각할 때 먼저 주를 찾게 하소서.
모든 수단과 방법을 동원하고 실패한 후 아버지를 찾지 말게 하소서.
이도 저도 안 돼서 할 수 없이 주님께 가지 말게 하소서.
다 쓰다 남은 것으로 주님을 찾지 말게 하소서.
모든 것 위에 가장 우선적으로 주님을 기억하게 하소서.
그럴 때에 내가 실족하지 않고 주의 도우심을 받을 줄 믿습니다.

아버지께서는 나의 1순위이십니다.
누구도 그 자리를 넘볼 수 없습니다.
그것이 나의 믿음입니다.
나의 최고이신 예수 그리스도의 이름으로 기도합니다. 아멘!

여호와의 말씀이 두 번째로 요나에게 임하니라
이르시되 일어나 저 큰 성읍 니느웨로 가서 내가 네게 명한 바를
그들에게 선포하라 하신지라

_ 요나 3:1-2

이 달 의 기 도 제 목

-
-
-
-
-

02 | 01

너는 내일 일을 자랑하지 말라

> 너는 내일 일을 자랑하지 말라 하루 동안에 무슨 일이 일어날는지
> 네가 알 수 없음이니라 타인이 너를 칭찬하게 하고 네 입으로는 하지 말며
> 외인이 너를 칭찬하게 하고 네 입술로는 하지 말지니라 (잠언 27:1-2).

하나님 아버지,
오늘도 나를 사랑하셔서 활동할 수 있는 건강을 주시니 감사합니다.
어제의 피로가 다 씻기지 않았다고 불평하기 이전에
더 나아진 것에 감사하게 하소서.
오늘도 내가 모르는 새 힘을 주님이 이미 공급하셨음을 믿습니다.
이미 부어주신 그 사랑을 믿고 행하는 오늘 되게 하소서.

오늘도 내가 알 수 없는 하루를 인해 겸손하게 하소서.
나는 1분 후도 예측할 수 없는 아주 작은 자임을 인정합니다.
먼 미래만 아니라 30초 후의 미래도 모르는 인간입니다.
이제 나의 영원까지 아시는 하나님 앞에 순종하게 하소서.
내가 얼마나 작은 자인지 인정하고 하나님을 의뢰하게 하소서.

세상에서 인정받기 위해 나의 입으로 나를 과장하지 말게 하소서.
그래야 살아남는다고 스스로 위안하며 위선 부리지 말게 하소서.
내가 드러내지 않아도 하나님이 드러내실 때를 기다리게 하소서.
세상의 원칙대로 살면서 영적인 열매를 기대하지 말게 하소서.
하나님의 방식대로 살고, 하나님의 열매를 구하게 하소서.
이중적인 모습을 버리기 원합니다.
일관된 삶과 일관된 열매를 맺는 가치 있는 하루를 기대합니다.
나의 주 예수 그리스도의 이름으로 기도합니다. 아멘!

마음의 즐거움은 얼굴을 빛나게 하여도

> 마음의 즐거움은 얼굴을 빛나게 하여도
> 마음의 근심은 심령을 상하게 하느니라
> (잠언 15:13).

나의 하나님 아버지,
겨울을 춥게 하시고, 여름을 덥게 하신 아버지를 찬양합니다.
하나님이 때를 따라 주신 모든 것이 아름다움을 믿습니다.
오늘도 하나님의 주권을 인정하게 하소서.
하나님이 나를 다스리시며, 나의 모든 삶을 주도하심을 신뢰합니다.
하나님이 나보다 비교할 수 없을 만큼 지혜로우심을 찬양합니다.
그 지혜로 나를 다스리고 계심을 의심하지 않습니다.
그렇다면 모든 것에 감사하겠습니다.

하나님의 다스리심을 의심하지 않고,
하나님이 나보다 어리석으시다 불평하지 않겠습니다.
하나님을 신뢰하지 못하면서 감사할 수 없음을 고백합니다.
결국 내가 감사하지 못하는 것은
하나님의 선하심을 믿지 못함을 회개합니다.
오늘 나의 회개에 마땅한 감사와 찬양을 드립니다.
더 아버지를 믿게 하소서. 더 인정하게 하소서.

오늘도 주님의 다스리심을 인정하며 즐거워하여 빛나기 원합니다.
불신함으로 근심하지 말게 하시고 나의 마음을 회복시키소서.
아버지를 찬양하기도 모자란 하루가 되게 하소서.
나의 주 예수 그리스도의 이름으로 기도합니다. 아멘!

주는 나를 돕는 이시니

> 그러므로 우리가 담대히 말하되 주는 나를 돕는 이시니 내가 무서워하지 아니하겠노라 사람이 내게 어찌하리요 하노라 하나님의 말씀을 너희에게 일러 주고 너희를 인도하던 자들을 생각하며 그들의 행실의 결말을 주의하여 보고 그들의 믿음을 본받으라 예수 그리스도는 어제나 오늘이나 영원토록 동일하시니라 (히브리서 13:6-8).

새로운 아침에 눈을 뜨게 하신 아버지, 감사합니다.
오늘 해야 하는 많은 일 앞에 두려워하지 말게 하소서.
오히려 그로 인해 감사와 찬양을 드립니다.
아직 나를 필요로 하는 곳이 많음에 감사합니다.

오늘 내가 만나는 사람들은 나의 적이 아님을 알게 하소서.
주님이 나를 도우시니 내가 두려워하지 않겠습니다.
아버지께서 나를 지키시니 내가 도망가지 않겠습니다.
담대하게 하소서.
나를 지키소서.
나의 모든 하는 일을 지키시는 여호와 하나님을 의지합니다.

나에게 지혜를 주셔서 믿음의 선배들을 기억하게 하소서.
하나님을 따라 살았던 아름다운 본을 기억하고 본받게 하소서.
온전히 삶을 하나님께 드렸던 믿음의 선조들의 모습이
나의 것이 되게 하소서.
오늘 내가 말씀을 기억함으로 나의 삶을 비추기 원합니다.
오늘 나의 입술이 하나님께 속한 자답게 하소서.
아버지를 모르는 사람처럼 행동하거나 말하지 말게 하소서.
아버지의 뜻을 물으며 실천하는 날 되게 하소서.
나의 방패가 되시는 예수 그리스도의 이름으로 기도합니다. 아멘!

02 | 04

내가 네게 명한 바를 그들에게 선포하라

> 여호와의 말씀이 두 번째로 요나에게 임하니라
> 이르시되 일어나 저 큰 성읍 니느웨로 가서 내가 네게 명한 바를
> 그들에게 선포하라 하신지라 (요나 3:1-2).

언제나 모든 사람을 최선으로 사랑하시는 아버지, 감사합니다.
내가 미울 때도 나를 사랑하시는 아버지, 감사합니다.
나는 전혀 한결같지 않으나, 하나님은 완벽히 한결같으십니다.
그 하나님이 나를 사랑하심에 오늘도 내가 주를 찬양합니다.

죄악의 성 니느웨에 회개할 기회를 주신 아버지, 감사합니다.
내가 니느웨 같을 때 나에게도 기회 주심을 믿습니다.
거절하는 요나에게 두 번이나 기회를 주신 아버지, 감사합니다.
불순종하는 아버지의 종을 돌이키게 하시는 분이
하나님이심을 믿습니다.
포기하지 않는 사랑으로 오늘 내가 존재할 수 있음을 믿습니다.

나로 니느웨처럼 미운 곳에 복음을 전하게 하소서.
그들을 축복하는 자리에 가게 하소서.
하나님의 명령이 내 마음에 들지 않아도 순종하기 원합니다.
나의 뜻을 굽혀 하나님의 뜻 안에 들어가게 하소서.
나의 사랑을 실천하는 것만 아니라
아버지의 사랑을 실천하겠습니다.
나의 좁은 마음을 열고 아버지의 넓은 마음으로 들어갑니다.
주님의 사랑을 내가 부어 나눠주게 하소서.
나의 사랑의 원천 되시는 예수 그리스도의 이름으로 기도합니다. 아멘!

02 | 05

세상을 이기는 승리는 우리의 믿음이니라

무릇 하나님께로부터 난 자마다 세상을 이기느니라 세상을 이기는 승리는 이것이니 우리의 믿음이니라 예수께서 하나님의 아들이심을 믿는 자가 아니면 세상을 이기는 자가 누구냐 (요한일서 5:4-5).

나의 주인이신 아버지, 감사합니다.
오늘도 하나님을 의존함으로 나의 삶이 풍요로워질 것을 믿습니다.
오늘도 내게 주어진 모든 기회 앞에 승리하게 하소서.
아버지를 사랑함이 나에게 가장 큰 힘이 되게 하소서.

오늘 나의 승리가 나의 자만심을 높이지 않게 하소서.
내 머릿속에 있는 승리가
나를 미워하는 사람이 곤경에 처하는 것이 아니라
하나님의 방식으로 삶을 살아내는 것이 되게 하소서.
내가 갈망하는 승리가 세상적인 성공이 아니게 하소서.
내 안에 왜곡된 승리에 대한 갈망을 버리게 하소서.

나의 온전한 승리는 하나님 안에서의 승리임을 믿습니다.
믿음으로 이기는 승리는 돈을 버는 승리가 아니라
하나님의 사랑이 실현되는 승리입니다.
선으로 악을 이기는 승리를 얻게 하소서.
아버지의 방식으로 세상의 방식을 이기는 승리가 되게 하소서.
예수 그리스도를 믿는 믿음으로 이것이 가능함을 믿습니다.
오늘 나에게 굳건한 믿음을 갖게 하시고 담대하게 하소서.
오늘 선포하는 아버지의 말씀이 이루어지게 하소서.
나의 기준이 되시는 예수 그리스도의 이름으로 기도합니다. 아멘!

02 | 06

너는 하나님께 소망을 두라

> 내 영혼아 네가 어찌하여 낙심하며 어찌하여 내 속에서 불안해하는가
> 너는 하나님께 소망을 두라 그가 나타나 도우심으로 말미암아
> 내가 여전히 찬송하리로다 (시편 42:5).

나의 주 하나님 아버지,
아침에 일어나 기쁨보다 탄식이 앞선다면 주를 바라보기 원합니다.
가뿐함보다 무거운 몸으로 일어난다면 더욱 주를 바라봅니다.
나의 건강과 나의 마음과 나의 영혼의 주인은 오직 주님이십니다.
걱정과 근심을 내려놓고 하루를 시작하게 하소서.

어제까지 나를 짓누르던 모든 아픔과 근심을 주님께 올려드립니다.
마음으로 정리하고 싶지만 되지 않았던 모든 것을
다시 지고 시작하지 말게 하소서.
잊고 싶은 것을 잊지 못하는 무능력함을 용서하소서.
정리하고 싶지만 정리되지 않는 나의 탐욕을 용서하소서.
아버지 앞에 나의 인간적인 욕심과 집착을 내려놓고 회개합니다.

오늘 새로운 마음을 폭포수와 같이 나의 영혼에 부어주소서.
아버지께서 부으시는 신선한 물 같은 은혜가 나를 채우게 하소서.
이 아침에 나의 몸과 마음과 영혼이 새 은혜로 가득 차기 원합니다.
아버지여, 나를 불쌍히 여기소서.
내 영혼에 성령의 채우심이 차고 넘치게 하소서.
오늘 나의 소망이신 아버지를 찬양합니다.
이 찬양이 넘쳐 날 때에 나의 모든 낙심이 물러갈 줄 믿습니다.
나의 희망이 되시는 예수 그리스도의 이름으로 기도합니다. 아멘!

02 | 07

자기 백성을 버리지 아니하실 것이요

> 여호와께서는 너희를 자기 백성으로 삼으신 것을 기뻐하셨으므로
> 여호와께서는 그의 크신 이름을 위해서라도
> 자기 백성을 버리지 아니하실 것이요 (사무엘상 12:22).

날마다 햇빛을 주심으로 밝은 날을 주신 아버지, 감사합니다.
나에게 바람을 주심으로 시원하게 하시니 감사합니다.
내가 느끼든 느끼지 못하든
언제나 필요한 모든 것이 있게 하시니 감사합니다.
나를, 이 나라를, 전 세계를, 우주를 운행하시는 아버지를 찬양합니다.

나를 아버지의 백성으로 삼아주시니 감사합니다.
내가 지은 많은 죄악을 용서하시고 받아주시니 감사합니다.
이 아침에도 나의 모든 죄를 깨끗하게 하시고 씻어주소서.
내가 주님 앞에 부르짖을 때 응답하소서.
나의 죄악이 주님과 거리를 만들지 못하게 하소서.
나를 선택하신 아버지를 믿는 믿음으로 담대히 나아갑니다.
나를 자녀 삼으신 것을 기뻐하심을 믿습니다.
그래서 오늘 내가 자녀답게 살기 원합니다.
나도 아버지가 나의 아버지이심에 감사하고 기뻐합니다.

만나는 모든 이를 위해 기도하겠습니다.
그들도 하나님의 자녀가 되는 기쁨을 누리게 되기를 소망합니다.
아는 자나 모르는 자나 하나님의 형상이오니
그들을 귀히 여기게 하소서.
나의 왕 되시는 예수 그리스도의 이름으로 기도합니다. 아멘!

02 | 08

여호와께서 그의 백성을 위로하셨은즉

하늘이여 노래하라 땅이여 기뻐하라 산들이여 즐거이 노래하라
여호와께서 그의 백성을 위로하셨은즉
그의 고난당한 자를 긍휼히 여기실 것임이라 (이사야 49:13).

위로의 하나님 아버지,
하늘을 여시고 오늘을 시작하게 하신 아버지를 찬양합니다.
오늘 나의 입술을 들어 여호와 하나님을 찬양합니다.
나의 입에서 나오는 모든 노래가 주님을 높여드립니다.
이 땅과 산들이, 모든 바다와 나무와 꽃이 주님을 찬양합니다.

세상 모든 것을 인간이 지은 것 같으나 사실은 하나님이 만드셨습니다.
하나님이 창조하신 모든 것이 아름답고 놀랍습니다.
이 우주를 위해 일하시는 주님을 찬양합니다.
오늘 나에게 허락하신 모든 것이 주님께로부터 왔음을 고백합니다.
나의 모든 소유가 주님의 것임을 고백합니다.
아버지를 찬양합니다.
주님의 일하심을 높여드립니다.
성령 하나님의 동행하심을 찬양합니다.
오늘 그 아버지의 손을 붙잡고 찬양하는 하루 되게 하소서.
나의 모든 걱정과 근심을 내려놓고 주님 앞에 나아가게 하소서.

나의 고난을 물리치실 주님을 찬양합니다.
나의 짐을 내려놓게 하시는 주님을 높여드립니다.
오늘 내가 아버지의 자녀임에 감사드립니다.
나의 주 예수 그리스도의 이름으로 기도합니다. 아멘!

02 | 09

허물을 덮어 주는 자는 사랑을 구하는 자요

> 허물을 덮어 주는 자는 사랑을 구하는 자요
> 그것을 거듭 말하는 자는 친한 벗을 이간하는 자니라
> (잠언 17:9).

하나님 아버지,
나에게 입술을 주셔서 말하고 노래하게 하시니 감사합니다.
오늘 아침을 나에게 주신 아버지를 찬양합니다.
나로 존재하게 하심을 높여드립니다.
어제의 근심을 내려놓고 오늘을 기대하게 하소서.

오늘도 나의 입술로 사람을 세우고 살리기 원합니다.
누군가의 허물을 보았다면 그것을 말로 옮기지 말게 하소서.
허물을 보는 순간 그를 위해 기도하게 하소서.
나의 입술이 그 허물을 회복시키는 데 사용되게 하소서.
재미 삼아 다른 사람의 약점을 노출시키지 말게 하소서.
그동안 재미로 다른 사람의 약점을 비웃었던 것을 회개합니다.
나의 악한 죄를 용서하소서.
나의 모든 악함을 내버리고 주 앞에 선함으로 가득 차게 하소서.
입술로 저질렀던 죄만큼, 책임감을 가지고 입술로 선을 쌓게 하소서.
그들을 다시 세우고 격려하게 하소서.

오늘도 내가 친구를 만드는 자가 되게 하소서.
친구를 잃어버리는 자가 아니라
누구와도 친구가 될 수 있는 좋은 사람으로 살게 하소서.
나의 친구이신 예수님의 이름으로 기도합니다. 아멘!

02 | 10

이보다 더 큰 계명이 없느니라

> 네 마음을 다하고 목숨을 다하고 뜻을 다하고 힘을 다하여 주 너의 하나님을 사랑하라 하신 것이요 둘째는 이것이니 네 이웃을 네 자신과 같이 사랑하라 하신 것이라 이보다 더 큰 계명이 없느니라 (마가복음 12:30-31).

사랑의 하나님 아버지,
일평생 살면서 내가 따르고 가야 할 길을 알려주시니 감사합니다.
나는 뜻을 모른다, 길을 모른다 고백하지만
얼마나 명료하게 뜻을 알려주시는지요.
오늘, 아니 일평생 동안 길을 알려주신 아버지를 찬양합니다.
이제 다시 길을 모른다 하지 말게 하소서.

나의 마음을 다하고 목숨을 다하여 아버지를 사랑하게 하소서.
나의 뜻과 힘을 다하여 주를 사랑하는 삶을 살게 하소서.
아버지를 사랑하는 것이 오늘 나에게 주신 뜻임을 믿습니다.
하나님을 사랑하는 것이 내 인생의 목표임을 믿습니다.
하나님을 사랑하는 마음을 가지고 오늘 나를 사랑하게 하소서.
하나님이 주신 아름다운 형상을 가진 자로 나를 귀히 여기게 하소서.
나의 존재가 아버지를 기뻐하며 기쁘시게 할 수 있음을 믿게 하소서.
그렇게 사랑하여야 내가 참으로 이웃을 사랑할 수 있습니다.
쓸데없는 열등감으로 나를 과하게 높이고 이웃을 낮추지 말게 하소서.

오늘도 이 계명 앞에 정직하게 살게 하소서.
아버지를 사랑하고, 나를 사랑하고,
그리고 그 힘으로 이웃을 사랑하게 하소서.
나의 주 예수 그리스도의 이름으로 기도합니다. 아멘!

02 | 11

환난 날에 여호와께서 네게 응답하시고

> 환난 날에 여호와께서 네게 응답하시고 야곱의 하나님의 이름이 너를 높이 드시며 성소에서 너를 도와주시고 시온에서 너를 붙드시며 네 모든 소제를 기억하시며 네 번제를 받아 주시기를 원하노라 (셀라) (시편 20:1-3).

나의 모든 환경과 여건을 아시는 아버지, 감사합니다.
나의 사정과 형편을 이렇게 깊이 살피는 이가 누가 있겠습니까.
언제나 하나님은 나의 머리카락까지 세시며 나를 돌보십니다.
그 하나님을 의지하여 오늘도 살아갑니다.

내가 어려울 때에도 나의 도움이 되시는 아버지를 찬양합니다.
고통의 자리에 있을 때 주님께 부르짖으니 주님, 날마다 응답하소서.
세상 사람을 의지하지 않고 주님을 의지하여 승리하기 원합니다.
하나님의 도우심을 기다리는 인내를 이루게 하소서.
온전한 나의 도움이 하나님께만 있음을 믿게 하소서.
어렵고 힘들 때 아버지를 찬양하고 전심으로 예배하기 원합니다.
내가 아버지를 향하여 전심을 다해 예배하게 하소서.
그 예배가 아버지께 드리는 가장 향기로운 예물이 되게 하소서.
어느 순간 물질만, 봉사만, 선행만 드리고
마음을 드리는 일에 소홀했습니다.
여전히 보이는 것만 중요하게 여김을 용서하소서.

내 삶에서 예배가 기쁨이 되게 하소서.
아버지를 만나는 자리를 가장 갈망하게 하소서.
오늘도 주님의 임재를 경험하며 동행하는 하루 되게 하소서.
나의 주 예수 그리스도의 이름으로 기도합니다. 아멘!

여호와께서 집을 세우지 아니하시면

> 여호와께서 집을 세우지 아니하시면 세우는 자의 수고가 헛되며
> 여호와께서 성을 지키지 아니하시면
> 파수꾼의 깨어 있음이 헛되도다 (시편 127:1).

오늘도 아름다운 하루를 주신 아버지, 감사합니다.
주님이 주신 모든 것이 아름다움을 고백합니다.
내 삶에 어두운 부분이 있다면 이 아침에 모두 가져가주소서.
부정적인 생각과 비관된 마음을 모두 주님께 올려드립니다.
아버지 안에서 모든 가능성을 믿으며 소망을 가집니다.

나의 계획을 이루기 위해 아버지께 의지하는 것이 아니라
아버지의 계획이 나의 삶에 이루어지기 위해 깨어 있게 하소서.
나의 모든 수고가 열매를 맺으려면 주님이 지켜주셔야 합니다.
내가 집을 세운다고 세워지는 것이 아니라
아버지의 도우심이 필요합니다.
내가 일을 한다고 완성할 수 있는 것이 아니라
주님의 능력이 필요합니다.
아버지 없이 나의 모든 수고가 헛것임을 고백합니다.
주님 안에서 수고하게 하소서.
그때 얻는 모든 보람이 아버지와 함께 누리는 보람이 되게 하소서.

나의 모든 지켜야 할 것에 아버지의 시선이 머물게 하소서.
주님이 먼저 지키시며 인도하실 것을 믿습니다.
그 안에서 내가 최선을 다하겠습니다.
나의 주 예수 그리스도의 이름으로 기도합니다. 아멘!

02 | 13

나의 기쁨을 충만하게 하라

> 아무 일에든지 다툼이나 허영으로 하지 말고 오직 겸손한 마음으로 각각 자기보다 남을 낫게 여기고 각각 자기 일을 돌볼뿐더러 또한 각각 다른 사람들의 일을 돌보아 나의 기쁨을 충만하게 하라 (빌립보서 2:3-4).

하나님 아버지, 어제는 지나가고 새날이 되었습니다.
어제의 모든 걱정을 내어버리고 새로운 소망으로 나를 채웁니다.
그 소망의 모든 근원에는 하나님이 계심을 믿습니다.
오늘도 주님의 뜻을 따라 기쁨으로 행하는 날 되게 하소서.

모든 일에 다툼이 없는 날 되기 원합니다.
나의 마음에 자만심이나 과한 허영의 마음을 버리게 하소서.
사람을 대할 때 겸손하게 하소서.
나의 모든 자존감은 하나님의 자녀임에서 나오게 하소서.
그래서 모든 사람을 하나님의 눈으로 바라보고 사랑하게 하소서.

나의 일을 돌보시는 하나님을 신뢰하여
내게 남은 여력으로 다른 사람을 돌보기 원합니다.
아버지의 뜻을 행할 때 주님이 나를 지키실 것을 믿습니다.
다른 사람을 돌볼 때 손해 본다는 마음을 버리게 하소서.
남을 사랑할 때 더욱 내 안에 가득 차는 사랑을 경험하게 하소서.
나눠줄 때 더 풍성해지는 아버지의 비밀을 경험하기 원합니다.
사랑의 마음으로 하나 되게 하시고
그로 인해 아버지의 자녀다움을 갖게 하소서.
오늘도 주님을 기쁘시게 하기 원합니다.
나의 주 예수 그리스도의 이름으로 기도합니다. 아멘!

02 | 14

네 원수가 넘어질 때에 즐거워하지 말며

> 네 원수가 넘어질 때에 즐거워하지 말며 그가 엎드러질 때에
> 마음에 기뻐하지 말라 여호와께서 이것을 보시고 기뻐하지 아니하사
> 그의 진노를 그에게서 옮기실까 두려우니라 (잠언 24:17-18).

언제나 나를 지키시는 선하신 아버지, 감사합니다.
아버지를 기억하며 일어나 하루를 시작하게 하시니 감사합니다.
하나님은 온전하신 분임을 찬양합니다.
언제나 올바른 길로 나를 인도하심을 믿습니다.
나의 가는 모든 길 가운데 아버지의 인도하심을 따르게 하소서.

살면서 만나는 어려운 사람들을 인해 기도합니다.
나에게 이유가 없는 것 같은데 그들은 나를 미워하고 괴롭힙니다.
그럼에도 그들이 엎드러질 때에 즐거워하지 말게 하소서.
그들의 고난을 고소해하지 않게 하소서.
나는 이유가 없다 생각하나 이유가 있을지도 모릅니다.
고난당하는 자가 나쁜 사람이든 좋은 사람이든 불쌍히 여기게 하소서.
하나님의 사랑하심은 모든 인간을 향한 것임을 잊지 말게 하소서.
나는 피해를 당해 억울하다 여기지만
하나님이 보시기에 어떠할지는 아무도 모릅니다.
늘 잊지 말게 하소서.
나의 억울함이 내가 옳다는 것을 증명하지는 않음을 알게 하소서.

오늘도 하나님의 선하심을 닮아가는 하루 되겠습니다.
할 수 있다면 모든 이를 선하게 대하겠습니다.
언제나 나를 도우시는 예수 그리스도의 이름으로 기도합니다. 아멘!

나누어 주기를 좋아하며 너그러운 자가 되게 하라

> 네가 이 세대에서 부한 자들을 명하여 마음을 높이지 말고 정함이 없는 재물에 소망을 두지 말고 오직 우리에게 모든 것을 후히 주사 누리게 하시는 하나님께 두며 선을 행하고 선한 사업을 많이 하고 나누어 주기를 좋아하며 너그러운 자가 되게 하라 (디모데전서 6:17-18).

주관자 되신 하나님 아버지,
고단한 어제도 잘 마무리할 수 있도록 도우심을 감사합니다.
내가 한 것보다 주님이 하신 것이 더 많은 하루였음을 고백합니다.
나도 모르는 틈에 나를 도우신 주님의 사랑에 감사합니다.
혹여 내가 한 줄 착각하고 있다면 용서하소서.

어제의 모든 죄악을 예수 그리스도의 보혈로 씻어주소서.
정결한 영혼으로 새날을 맞게 하소서.
부한 자들을 향하여 부러워하지 말게 하소서.
재물을 향하여 모든 것을 집중하는 일을 멈추게 하소서.
나의 소망은 주님께 있다고 외치면서
마음은 언제나 재물에 가 있음을 용서하소서.
오늘 나의 선택이 재물을 소유하기보다 나누는 데 있게 하소서.
선을 행하고, 선을 행하기 위해 선한 사업을 하게 하소서.
너그러운 자가 되어 용서하며 손을 펼쳐 분배하는 사람 되게 하소서.

나의 삶이 복음이 되기 원합니다.
그래서 나의 사는 모습이
재물이 아니라 하나님을 바라봄을 드러내게 하소서.
나에게 모든 필요한 것을 공급하실 주님을 믿고 신뢰합니다.
나의 주인 되시는 예수 그리스도의 이름으로 기도합니다. 아멘!

02 | 16

너희 염려를 다 주께 맡기라

> 너희 염려를 다 주께 맡기라
> 이는 그가 너희를 돌보심이라
> (베드로전서 5:7).

나의 주 하나님 아버지,
하루를 눈을 뜨고 시작하게 하신 아버지, 감사합니다.
때로는 눈을 감고 일어나고 싶지 않은 날들이 있음을 고백합니다.
몸이 아파 그렇고, 걱정이 짓눌러 그렇습니다.
그럼에도 아침마다 나를 일으키시는 하나님을 찬양합니다.
살라 하시니 오늘도 살아야 함을 고백합니다.

내 마음에는 무거움이나 아버지의 눈에는 아무것도 아님을 믿습니다.
내 몸이 가능성이 없어 보이나
아버지의 능력에 비하면 아무것도 아님을 믿습니다.
오늘도 나에게 살 만한 건강을 주심을 찬양합니다.
나의 살고 죽음이 주님의 손에 있음을 믿습니다.
나의 걱정의 모든 재료가 감사의 재료가 될 수 있음을 믿습니다.

나의 얽힌 계획과 암담한 미래와 연약한 육체를 주께 올려드립니다.
나를 향한 아버지의 놀라운 계획을 이루어주소서.
나의 인생을 향한 선한 뜻으로 한 발, 한 발 인도하소서.
세상의 소문과 혼돈에 빠져 주님을 잃어버리지 말게 하소서.
언제나 나에게 주님은 가장 선명한 등대이심을 믿습니다.
그 주님을 의지하여 오늘도 큰 소리로 주님을 찬양합니다.
나의 모든 것 되시는 예수 그리스도의 이름으로 기도합니다. 아멘!

02 | 17

여호와께서 환난 날에 나를 비밀히 지키시고

> 여호와께서 환난 날에 나를 그의 초막 속에 비밀히 지키시고
> 그의 장막 은밀한 곳에 나를 숨기시며
> 높은 바위 위에 두시리로다 (시편 27:5).

사랑의 하나님 아버지,
모든 희망이 되시는 아버지께서 아침에 나를 만나주시니 감사합니다.
나의 모든 사는 힘이 주님께로부터 나옴을 고백합니다.
아버지를 사랑합니다.
아버지를 높여드립니다.

나의 삶의 피난처가 되시는 주님, 감사합니다.
나를 사랑하셔서 환난 날에 아버지의 초막에 숨기시니 감사합니다.
감당할 수 없는 어려움을 당할 때도 평안히 쉬게 하시니 감사합니다.
힘이 부족할 때 언제나 그 크신 능력으로 채워주시니 감사합니다.
그 아버지를 기뻐하며 즐거워하는 자녀 되게 하소서.

오늘도 주님이 나의 모든 적으로부터 건지시고 함께하실 줄 믿습니다.
나를 하나님으로부터 멀어지게 하는 모든 것이 적입니다.
이 영적 전쟁에서 승리하게 하소서.
감당할 수 없을 때에는 주님의 품에 숨게 하시고,
감당할 수 있을 때에는 담대히 싸우게 하소서.
모든 승리가 주님의 손에 있음을 믿습니다.
나의 좁은 생각으로 세상을 보지 말게 하시고
아버지의 넓고 큰 시야로 세상을 바라보게 하소서.
나의 힘이 되시는 예수 그리스도의 이름으로 기도합니다. 아멘!

02 | 18

주께서 생명의 길을 내게 보이시리니

> 주께서 생명의 길을 내게 보이시리니
> 주의 앞에는 충만한 기쁨이 있고
> 주의 오른쪽에는 영원한 즐거움이 있나이다 (시편 16:11).

하나님 아버지여,
나의 아버지의 이름을 부를 수 있는 아침이 참으로 좋습니다.
자는 동안에도, 꿈에서도 주님을 사모하고 기다립니다.
모든 순간 주님과 동행하기를 갈망합니다.

나에게 생명의 길을 열어주시는 아버지, 감사합니다.
죽음의 길로 가는 모든 인간을 살리고자
아들을 죽기까지 내어주신 큰 사랑에 감동합니다.
그 사랑이 언제나 나에게 가장 큰 반석입니다.
그래서 내가 항상 흔들리지 않고 아버지를 향해 사랑을 고백합니다.
나를 이렇게 사랑하시는 이가 있는데 어찌 실망할 수 있겠습니까.

내 모든 길에 아버지께서 계시다면 나는 기쁨이 충만할 것입니다.
나의 모든 순간이 아버지의 눈앞에서 사라지지 않을 것입니다.
나의 사는 것은 온전하지 못하나 아버지의 역사는 온전함입니다.
주님을 기쁘시게 하는 삶보다 주님이 정말 기뻐하시는 삶을 살겠습니다.
사랑하는 연인을 기다리는 마음으로 주님을 사랑하며 살겠습니다.
오늘 하루 나에게 주어진 일이 내 인생의 전부가 아님을 고백합니다.
그것들은 나에게 일부이며 나를 유지하는 부분임을 고백합니다.
나의 전부는 주님이십니다. 그래서 기뻐합니다.
나의 사랑이 되시는 예수 그리스도의 이름으로 기도합니다. 아멘!

02 | 19

비록 무화과나무가 무성하지 못할지라도

> 비록 무화과나무가 무성하지 못하며 포도나무에 열매가 없으며
> 감람나무에 소출이 없으며 밭에 먹을 것이 없으며 우리에 양이 없으며
> 외양간에 소가 없을지라도 나는 여호와로 말미암아 즐거워하며
> 나의 구원의 하나님으로 말미암아 기뻐하리로다 (하박국 3:17-18).

오늘도 내 코에 호흡을 주시고 힘을 주시는 아버지, 감사합니다.
놀라운 태양을 주시고 일어나 하늘을 보게 하신 아버지, 감사합니다.
가장 위대한 것에서 가장 사소한 것까지 운행하시는 주를 찬양합니다.
그 모든 완벽한 톱니바퀴 안에
나라는 사람을 지키시고 주목하시니 감사합니다.

오늘 나의 인생이 어마어마하게 중요하다 여기지만
우주에 비하면 얼마나 작은 존재인지요.
그럼에도 나를 우주보다 더 사랑하시는 아버지의 사랑에 감동합니다.
나를 주목하시고, 보호하시고, 사랑하시는 아버지를 찬양합니다.
오늘도 나의 소유가 아니라 그 사랑에 주목하게 하소서.

나의 통장에 돈이 없고, 내가 직업이 없고,
나를 인정해주는 사람이 없어도 주를 찬양합니다.
나의 모든 소유가 줄어들고 희망이 안 보여도 주님을 찬양합니다.
왜냐하면 하나님만이 나의 모든 소망이며 기쁨이시기 때문입니다.
이 고백이 진심이 되게 하소서.
진정 삶의 모든 평안과 기쁨이 주님께 있음을 믿고 누리게 하소서.
재물의 있고 없음에 일희일비하지 말게 하소서.
이 흔들리지 않는 믿음에 행복이 있음을 믿습니다.
오늘 나를 지키시는 예수 그리스도의 이름으로 기도합니다. 아멘!

02 | 20

너희도 사랑 가운데서 행하라

> 그러므로 사랑을 받는 자녀같이 너희는 하나님을 본받는 자가 되고
> 그리스도께서 너희를 사랑하신 것같이 너희도 사랑 가운데서 행하라
> 그는 우리를 위하여 자신을 버리사 향기로운 제물과 희생제물로
> 하나님께 드리셨느니라 (에베소서 5:1-2).

오늘도 나를 사랑한다 말씀하시는 아버지, 감사합니다.
나는 하나님의 사랑받는 자녀입니다.
하나님이 나의 아버지이시니 내가 두려울 것이 없습니다.
든든한 하나님을 믿고 하루를 시작합니다.

나의 마음속에 남은 걱정과 근심을 씻어주소서.
해야 할 일, 미진한 일, 마음에 남은 무거운 일을 주 앞에 내려놓습니다.
오늘 나의 정체성은 하나님의 자녀입니다.
그래서 나의 사랑하는 아버지를 닮기 위한 하루로 살기 원합니다.
아버지를 본받기 위해 예수 그리스도의 희생을 기억하겠습니다.

세상은 나에게 경쟁을 원하고 배척을 요구하지만, 사랑하겠습니다.
세상과 다른 법으로 사는 것이 어렵지만 도전합니다.
하나님의 법으로 사는 것이 세상에서는 인정받지 못하지만,
실천하겠습니다.
나는 보이지 않는 하나님의 법에 따라
그 통치권 안에 있기 때문입니다.
나는 그럴 때에 온전한 하나님의 백성이 됨을 믿습니다.
보이는 것에 흔들리지 말게 하소서.
보이지 않으시는 아버지로 든든히 서게 하소서.
나의 주 예수 그리스도의 이름으로 기도합니다. 아멘!

02 | 21

각각 그 이웃과 더불어 참된 것을 말하라

> 그런즉 거짓을 버리고
> 각각 그 이웃과 더불어 참된 것을 말하라
> 이는 우리가 서로 지체가 됨이라 (에베소서 4:25).

언제나 온전함으로 나를 이끄시는 아버지, 감사합니다.
오늘도 피로를 회복시키시고 새 마음을 주신 아버지를 찬양합니다.
어둠이 물러가고 새날이 온 것처럼
나에게 기회로 다가온 이 하루로 감사를 드립니다.
소중한 하루를 귀하게 쓰게 하소서.

오늘도 나의 입술에 파수꾼을 세워주소서.
감정적인 말, 생각 없이 습관을 따라 내뱉는 말을 멈추게 하소서.
주변 사람들에게 거짓을 말하지 말게 하소서.
작은 것이라 하더라도 참되려고 노력하게 하소서.
세상은 습관적으로 사소한 것이라 여기며 죄를 부추깁니다.
사소하니까 괜찮다고, 사소하니까 별것 아니라고 죄를 부추깁니다.
때로 나도 죄를 짓고 싶어 거기에 합류합니다.
사소하니까 괜찮다고 스스로 위로하지 말게 하소서.
참된 것에 범위가 어디 있습니까.
온전히 참되게 하소서.

오늘 아버지의 언어를 닮게 하소서.
이웃이 나의 몸과 같은 지체임을 기억하고 소중히 여기게 하소서.
그들을 향하여 모든 순간 진실하게 하소서.
나의 주 예수 그리스도의 이름으로 기도합니다. 아멘!

02 | 22

내가 사람들에게 좋게 하랴 하나님께 좋게 하랴

이제 내가 사람들에게 좋게 하랴 하나님께 좋게 하랴 사람들에게 기쁨을 구하랴 내가 지금까지 사람들의 기쁨을 구하였다면 그리스도의 종이 아니니라 (갈라디아서 1:10).

하나님 아버지, 아침이 되었습니다.
어제 하루도 지켜주시니 감사합니다.
매일매일 이렇게 시간을 선물 받은 지 수십 년이 되었습니다.
하나님은 언제나 무제한적으로 정말 많은 것을 주심에 감사합니다.
내가 누리는 보이지 않는 것들을 너무 당연히 여기지 말게 하소서.

오늘도 내가 감사할 것들이 수백 가지도 넘음을 기억하게 하소서.
이 세상 모든 사람이 오늘을 선물 받지는 못했음을 알게 하소서.
오늘 내가 살아 있음을 당연히 여기지 말게 하소서.
그렇게 소중하고 감사하게 오늘을 살게 하소서.

오늘 내가 만나는 사람을 하나님보다 높이 여기지 말게 하소서.
마음으로 하나님을 높이 여긴다 하면서
모든 순간 사람을 기쁘게 하는 선택을 합니다.
사람의 눈치를 보고, 사람과 불편한 게 싫고,
대세를 따르고 싶어 그리합니다.
나의 행동이 너무 사람에게 맞춰져 있음을 회개합니다.
조정하게 하소서.
하나님과 사람 사이에서 갈등하는 일이 없게 하소서.
태도는 유연하나 중심을 굳건히 붙잡는 날 되게 하소서.
나의 주 예수 그리스도의 이름으로 기도합니다. 아멘!

02 | 23

끝까지 사랑하시니라

유월절 전에 예수께서 자기가 세상을 떠나 아버지께로 돌아가실 때가
이른 줄 아시고 세상에 있는 자기 사람들을 사랑하시되
끝까지 사랑하시니라 (요한복음 13:1).

나를 사랑하시되 끝까지 사랑하시는 아버지, 감사합니다.
그 사랑으로 오늘도 힘을 내어 일어납니다.
세상은 날마다 하나님의 사랑이 없다고 외치지만,
진짜 사랑은 하나님께로부터만 나옴을 믿습니다.
하나님의 은혜 없이는 하루도 살 수 없는 존재임을 고백합니다.

하나님의 사랑으로 오늘도 가득 차게 하소서.
해야 하는 일들을 축복하셔서 순조롭게 하소서.
만나야 하는 사람과의 만남 가운데 성령의 일하심이 있게 하소서.
아버지의 사랑을 닮아 세상을 사랑할 수 있는 마음을 주소서.
사람을 사랑하되 책임감 있는 사랑을 하게 하소서.

오늘도 주님이 나에게 부여하신 사명을 기억하게 하소서.
입술로 복음을 전하게 하시고 삶으로 아버지를 나타내게 하소서.
이 나라의 모든 상황을 주님이 아시오니 아버지의 은혜로 덮어주소서.
모든 불화와 다툼을 멈추고 하나님의 사랑으로 하나 되게 하소서.
아버지의 공의와 사랑이 온전하게 임하는 나라 되게 하소서.
연약한 자를 도우시는 주님의 손길을 기대합니다.
병든 자를 고치시고, 넘어진 자를 일으키시는 은혜를 허락하소서.
나도 그런 자녀 되게 하소서.
나의 주 예수 그리스도의 이름으로 기도합니다. 아멘!

02 | 24

내가 가는 길을 그가 아시나니

그러나 내가 가는 길을 그가 아시나니
그가 나를 단련하신 후에는 내가 순금같이 되어 나오리라
(욥기 23:10).

오늘도 성실하신 은혜를 베푸시는 아버지, 감사합니다.
아버지의 인자하심으로 이 아침을 덮으소서.
나의 하루를 주님께 올려드립니다.
나의 영혼이 새날처럼 새롭게 되게 하소서.

오늘도 내가 감당해야 할 일들을 주님의 손에 올려드립니다.
때로는 원망이 되고, 때로는 불평이 되지만
그래도 맡겨주신 것에 감사합니다.
살아 있음에 감사하게 하소서.
일할 수 있음에 감사하게 하소서.
나의 힘이 되시는 주님께 도움을 구할 수 있음에 감사하게 하소서.

납득할 수 없는 고난 가운데 처할 때에도 원망하지 말게 하소서.
오히려 주님의 뜻에 내어 맡기며 순금처럼 될 나를 기대하게 하소서.
나의 가는 모든 길이 주님의 손안에 있음을 믿습니다.
나는 어디로 가는지 알지 못하나, 주님은 아십니다.
그래서 불안하지 않고 평안을 누립니다.
이 길에서 단련받은 이후에 더 성숙해지게 하소서.
이 길의 끝에서 주님이 맞아주실 것을 기대하며 소망하게 하소서.
평안할 때 감사하게 하시고, 어려울 때 기도하게 하소서.
나의 소망이 되시는 예수 그리스도의 이름으로 기도합니다. 아멘!

02 | 25

너와 네 후손의 하나님이 되리라

> 내가 너로 심히 번성하게 하리니 내가 네게서 민족들이 나게 하며 왕들이 네게로부터 나오리라 내가 내 언약을 나와 너 및 네 대대 후손 사이에 세워서 영원한 언약을 삼고 너와 네 후손의 하나님이 되리라 (창세기 17:6-7).

언제나 먼저 찾아오시는 아버지, 감사합니다.
곤고한 날에도 나를 찾아 일으키시는 아버지를 인하여
감사와 찬양을 드립니다.
오늘도 나와 언약을 맺으시며
나로 아버지의 권한 안에서 평안을 누리게 하시니 감사합니다.

내가 가진 것이 없고, 선한 것이 없고, 어리석음에도 불구하고
나로 복의 존재가 되게 하시니 감사합니다.
나뿐만 아니라 나의 자손들과도 언약을 맺으시니 감사합니다.
나의 신앙만 아니라 자손들의 신앙 속에서도 하나님이 되어주소서.
내가 아는 모든 사람의 마음속에서도 오직 주인이 되어주소서.

오늘도 이 약속을 믿고 담대하게 하소서.
나를 번성케 하시는 분은 세상이 아니라 하나님이십니다.
나로 민족을 이루게 하시는 분은 내가 아니라 하나님이십니다.
모든 권세와 복이 하나님께로부터 옴을 믿습니다.
오늘 세상 앞에 비굴하지 말게 하소서.
나의 영적인 복이 차고 넘치는 날이 되게 하소서.
하나님이 나의 아버지이심을 선포하는 날 되게 하소서.
나와 약속을 맺으시는 분이 변함없이 신실하신 분임을 알게 하소서.
나의 왕이 되시는 예수 그리스도의 이름으로 기도합니다. 아멘!

02 | 26

네 영혼아 네가 어찌하여 낙심하며

> 내 영혼아 네가 어찌하여 낙심하며 어찌하여 내 속에서 불안해하는가
> 너는 하나님께 소망을 두라 그가 나타나 도우심으로 말미암아
> 내가 여전히 찬송하리로다 (시편 42:5).

세상이 흉흉하고 어려울 때에도 나를 일으키시고
새날을 주신 나의 하나님 아버지, 감사합니다.
나의 걸음이 어디로 갈지 몰라 헤맬 때도 내 발을 붙들어주소서.
오늘도 어김없이 허락하신 하루 앞에 주님께 기도합니다.
하나님이 오늘도 지키시고 보호하소서.
모든 만물을 만드시고 기뻐하셨을 주님이
슬퍼하시지 않는 날 되게 하소서.
세상 가운데 죄가 많고 좀처럼 나아지지 않지만
그럼에도 불구하고 이 땅을 사랑하심을 믿습니다.
세상을 볼 때 소망이 없으나 아버지를 볼 때 다시 희망을 잡습니다.

나의 영혼의 낙심함을 돌아보소서.
이 불안한 세상에서 다시 하늘 아버지의 소망으로 일어나게 하소서.
아버지의 나타나심이 이 땅 가운데 임하게 하소서.
모든 혼돈을 잠재우시며 새롭게 하시는 하나님의 역사를 기다립니다.
오늘 나의 삶 가운데 모든 것을 새롭게 하소서.
모든 환경 가운데 여전히 주님을 찬송합니다.

인간의 모든 지혜는 헛것이며, 주님만이 참된 지혜의 근원이십니다.
그 아버지의 지혜로 오늘을 살게 하소서.
나의 구원 되시는 예수 그리스도의 이름으로 기도합니다. 아멘!

02 | 27

하나님은 하실 수 있느니라

무릇 사람이 할 수 없는 것을
하나님은 하실 수 있느니라
(누가복음 18:27).

능력의 하나님 아버지,
오늘도 아버지의 힘을 의지하여 일어납니다.
살아 있음에 감사하고, 일할 수 있음에 감사합니다.
노래할 수 있음에 감사하고, 웃을 수 있음에 감사합니다.
오늘도 내 주변에 있는 많은 것을 인해 감사하게 하소서.

만물의 회복이 이루어지는 날 되기를 소망합니다.
우리의 죄로 인해 세상이 악해지고 만물이 변했음을 용서하소서.
이렇게 소망 없는 것 같은 세상 가운데에도
주님의 구원이 임하게 하소서.
무릇 사람이 할 수 없는 것을 하나님은 하실 수 있음을 믿습니다.

오늘도 이 믿음으로 담대하게 하소서.
망가진 것을 고치고 약해진 것을 불쌍히 여기게 하소서.
탐욕을 버리고 주님 앞에 정결한 마음으로 나아가게 하소서.
비판과 미움을 내려놓고 용서와 사랑으로 살게 하소서.
쉬운 것 말고 어려운 것을 선택할 용기를 주소서.
주의 뜻이 이루어질 때 모든 것이 온전해질 줄 믿습니다.
주의 뜻과 일치된 기도를 드릴 때 모든 기도가 응답될 줄 믿습니다.
오늘 나를 조정하여 하나님과 일치되어가는 날 되게 하소서.
나의 주 예수 그리스도의 이름으로 기도합니다. 아멘!

02 | 28

너희 안에서 행하시는 이는 하나님이시니

너희 안에서 행하시는 이는 하나님이시니
자기의 기쁘신 뜻을 위하여
너희에게 소원을 두고 행하게 하시나니 (빌립보서 2:13).

오늘도 변함없는 사랑으로 나를 깨우시는 아버지, 감사합니다.
일어날 수 있는 힘을 주시고 건강을 주시니 감사합니다.
오늘 나의 평범한 일상이
얼마나 소중한 선물로 만들어진 것인지 알게 하소서.
평범한 삶이 얼마나 많은 보호가 필요한 일인지 알게 하소서.

오늘도 이 평범한 일상을 주심에 감사합니다.
하루를 무난하게 살 수 있음을 찬양합니다.
하나님을 예배할 수 있는 삶에 감사를 드립니다.
고개 들고 신앙생활 할 수 있음이 얼마나 감사한지를 깨닫습니다.

회복의 역사를 허락하소서.
손상되었던 것들이 다시 채워지고 일으켜지게 하소서.
감사와 찬양을 통해 부족한 중에 더 많은 기쁨을 누리게 하소서.
오늘도 내 안에서 행하시는 하나님을 발견하기 원합니다.
내 안에서 일하시는 아버지의 기쁘신 뜻 안에서 살겠습니다.
주님과 동행하는 자리에서 나의 마음을 살펴
그 소원을 발견하게 하소서.
오늘도 아버지의 손을 잡고 동행합니다.
나의 가는 모든 길을 붙들어주소서.
나의 주 예수 그리스도의 이름으로 기도합니다. 아멘!

02 | 29

보라 하나님은 나의 구원이시라

보라 하나님은 나의 구원이시라 내가 신뢰하고 두려움이 없으리니
주 여호와는 나의 힘이시며 나의 노래시며 나의 구원이심이라
그러므로 너희가 기쁨으로 구원의 우물들에서 물을 길으리로다 (이사야 12:2-3).

하나님 아버지, 이 아침에 주님의 구원을 찬양합니다.
오늘 나의 삶과 상관없이 이미 주님은 나를 구원하셨습니다.
내가 그 구원의 기쁨을 누리며 하루를 시작합니다.
어제까지의 모든 죄악을 예수 그리스도의 보혈로 씻어주소서.
오늘 새로운 마음과 영혼으로 하루를 시작하게 하소서.

아버지께서 나를 지키시니 내가 두려워하지 않겠습니다.
주 여호와는 나의 힘이십니다.
나의 노래이시며 구원이십니다.
내가 나의 모든 삶의 짐을 인하여 인상 쓰지 않겠습니다.
내가 원하는 것을 이루지 못한다 하여 짜증 내지 않겠습니다.

나의 기쁨은 짐이 가벼워지는 것에 있지 않습니다.
나의 즐거움은 내가 원하는 것을 갖는 것에 있지 않습니다.
이런 사소한 것에 나의 행복과 기쁨을 걸지 말게 하소서.
나는 이미 영혼의 구원을 이루고 삶의 구원을 이루며 살고 있습니다.
이것이 나의 참된 기쁨이 되게 하소서.
오늘도 나의 갈증을 채우는 것이 돈이 아님을 선포합니다.
나의 모든 갈증은 나를 구원하신 하나님께 있음을 선포합니다.
여호와 하나님만이 나의 구원이며 기쁨이십니다.
나의 주 예수 그리스도의 이름으로 기도합니다. 아멘!

더러는 좋은 땅에 떨어지매 자라 무성하여 결실하였으니
삼십 배나 육십 배나 백 배가 되었느니라 하시고
또 이르시되 들을 귀 있는 자는 들으라 하시니라

_ 마가복음 4:8-9

이 달 의 기 도 제 목

-
-
-
-
-

03 | 01

너를 지키시는 이가 졸지 아니하시리로다

> 여호와께서 너를 실족하지 아니하게 하시며
> 너를 지키시는 이가 졸지 아니하시리로다
> (시편 121:3).

오늘도 나의 하루를 온전히 지키시는 아버지, 감사합니다.
나의 모든 것을 지켜보시며 알고 계시는 아버지, 감사합니다.
나의 모든 죄악을 사하시며 나를 구원하신 아버지를 찬양합니다.
오늘 내가 경험하는 모든 죄악에서도 나를 건지소서.
나로 아버지의 선하심 안에 살아갈 수 있는 힘을 허락하소서.

낮의 해가 나를 상하지 말게 하소서.
밤의 달이 나를 해치지 않게 하소서.
우리의 모든 환난에서 지키시며 회복시키소서.
그 무엇보다 환난으로 인해 나의 영혼이 상하지 않게 하소서.
고난으로 인해 더욱 마음의 죄를 짓는 일이 없게 하소서.
오늘도 주님의 온전하심을 바라봅니다.
이 세상은 죄와 악함으로 가득하여도 주님은 선하십니다.
아버지께서는 거룩하십니다.
그 거룩하심을 본받아 오늘을 살게 하소서.
나의 죄악을 토설하였다면 다시 그것을 먹는 일이 없게 하소서.

오늘도 이 세상을 구원하신 사랑으로 이 세상을 정결하게 하소서.
아버지의 도우심이 우리 모두에게 필요합니다.
나의 모든 출입과 행함 속에서 영원한 동반자가 되어주소서.
나의 도움이 되시는 예수 그리스도의 이름으로 기도합니다. 아멘!

03 | 02

그 물이 성소를 통하여 나옴이라

> 강 좌우 가에는 각종 먹을 과실나무가 자라서 그 잎이 시들지 아니하며 열매가 끊이지 아니하고 달마다 새 열매를 맺으리니 그 물이 성소를 통하여 나옴이라 그 열매는 먹을 만하고 그 잎사귀는 약 재료가 되리라 (에스겔 47:12).

생명의 하나님 아버지,
오늘도 모든 생명의 근원이 주님께로부터 나옴을 믿습니다.
성전에서 나오는 물이 나를 적시고 온 땅을 적셔 풍족하게 하소서.
이 땅의 갈급함이 우리의 영혼까지 목마르게 함을 고백합니다.
그 어디에서도 족함이 없는 인생을 버리게 하소서.
언제나 부족하고, 언제나 불만족스러운 삶을 청산하게 하소서.

하나님의 성전에서 나오는 생수는 모든 것을 만족시킴을 믿습니다.
물가에 심긴 나무처럼 살게 하소서.
나만 잘 먹고 잘 살자는 것이 아니라,
영혼의 갈급함을 해결할 곳이 주께만 있음을 믿고 그리 살게 하소서.
아버지를 알지 못해 갈급한 인생을 살고 있는 자를 돕게 하소서.

사람들에게 줄 수 있는 가장 좋은 것이 복음임을 알게 하소서.
내가 아버지라 부르는 하나님을 그들도 아버지라 부르게 하소서.
그 일을 위해 나의 입술이 쓰임 받게 하시고,
보이는 복음이 되게 하소서.
오늘도 주님의 길로 가기 원합니다.
내가 사는 이 자리에서 가장 근원이 되시는 평강의 하나님을
만나고, 누리고, 다른 사람으로 누리게 하는 자 되게 하소서.
나의 주 예수님의 이름으로 기도합니다. 아멘!

03 | 03

우리의 시민권은 하늘에 있는지라

> 그들의 마침은 멸망이요 그들의 신은 배요 그 영광은 그들의 부끄러움에 있고 땅의 일을 생각하는 자라 그러나 우리의 시민권은 하늘에 있는지라 거기로부터 구원하는 자 곧 주 예수 그리스도를 기다리노니 (빌립보서 3:19-20).

구원의 하나님 아버지,
오늘도 우리의 죄를 사하시는 아버지, 감사합니다.
세상의 모든 소동과 환난에서 평강으로 인도하시니 감사합니다.
이 세상 속에서 허탄한 것을 좇는 자들을 따르지 말게 하소서.
거짓을 말하는 자들과 유혹하는 자들로부터 보호하소서.

마음속에 인간적인 탐욕이 있을 때 유혹이 유혹이 되는 줄 믿습니다.
의심의 구름과 불평이 있을 때에 거짓이 효력을 주는 줄 압니다.
먼저 내 마음을 다스려 세상적인 욕심을 버리게 하소서.
주어진 모든 것에 감사하며 은혜를 기억하여 평안을 누리게 하소서.

때로 세상 가운데서 실패할 때에 낙망하지 말게 하소서.
나의 시민권은 하늘에 있으니
이곳에서의 실패는 괜찮다는 것을 믿게 하소서.
땅의 일에 집착하지 않고 하늘의 일에 집중하는 신앙인 되게 하소서.
하나님은 나의 실패도 선으로 바꿀 능력이 있으십니다.
그래서 오늘도 내가 담대할 수 있습니다.
나의 하늘에 있는 시민권을 생각하며 오늘을 살기 원합니다.
오늘도 나의 손을 잡아주소서.
이 땅을 돌보시며 긍휼히 여겨주소서.
나의 주 예수 그리스도의 이름으로 기도합니다. 아멘!

03 | 04

그리로 도망하게 하라

> 이스라엘 자손에게 말하여 이르기를 내가 모세를 통하여 너희에게 말한 도피성들을 너희를 위해 정하여 부지중에 실수로 사람을 죽인 자를 그리로 도망하게 하라 이는 너희를 위해 피의 보복자를 피할 곳이니라 (여호수아 20:2-3).

피난처 되시는 하나님 아버지,
아침마다 주의 인자하심이 삶 가운데 가득 차 있음을 찬양합니다.
세상의 모든 불의함과 온전하지 못함으로 인해
모든 것을 원망으로 채우지 말게 하소서.
하나님이 기대하신 하나님 나라를 기억하고 바라게 하소서.
불가능해 보이는 장애물 앞에 포기하지 않고 나아가게 하소서.

나의 도피성 되시는 아버지를 인해 감사와 찬양을 올려드립니다.
나의 죄악은 훨씬 더 의도적이나 주님은 그런 나를 용서하십니다.
사탄은 언제나 나의 이름이 아닌 나의 죄로 나를 부르지만
하나님은 언제나 나의 죄가 아닌 나의 이름을 부르십니다.
나도 다른 이를 정죄하기보다 주님의 형상을 보며 기대하게 하소서.

아버지께서 나를 품으시지 않았다면 갈 곳 없는 자임을 고백합니다.
내가 했던 모든 악한 것 중에서
가장 선한 동기를 찾으려 하시는 하나님의 사랑에 감사합니다.
그것이 실수였다 하시고, 그래도 너는 내 것이라 하시니 감사합니다.
모든 순간 나를 사랑할 이유를 끝내 찾아내시는 주를 찬양합니다.
그 아버지를 내가 사랑합니다.
우리 모두가 이 도피성을 누리게 하시고 전하게 하소서.
나의 주 예수 그리스도의 이름으로 기도합니다. 아멘!

03 | 05

나의 구원의 하나님으로 말미암아 기뻐하리로다

> 비록 무화과나무가 무성하지 못하며 포도나무에 열매가 없으며
> 감람나무에 소출이 없으며 밭에 먹을 것이 없으며 우리에 양이 없으며
> 외양간에 소가 없을지라도 나는 여호와로 말미암아 즐거워하며
> 나의 구원의 하나님으로 말미암아 기뻐하리로다 (하박국 3:17-18).

기쁨의 근원이신 하나님 아버지,
수많은 고비를 넘기고 다시 온전한 하루를 선물로 주시니 감사합니다.
하나님이 주신 시간 앞에 부끄럽지 않게 살게 하소서.
매일 똑같은 하루 같지만, 내가 어떻게 사느냐에 따라
완전히 다른 하루가 될 수 있음을 믿습니다.
어제보다 하나님께 조금 더 가까이 갈 수 있는 날이 되게 하소서.

인생을 살면서 때로 열매가 이유 없이 많을 때가 있습니다.
그때에 알게 하소서. 이 모든 열매는 하나님이 주신 것임을.
때로 이해할 수 없이 열매가 전혀 없는 때가 있습니다.
나는 최선을 다했는데도, 분명히 확신했음에도 빈손인 때가 있습니다.
아버지여, 이때 알게 하소서. 나의 힘으로 열매를 만들 수 없음을.

그래서 오늘 나의 손에 열매가 있어도 주를 찬양하게 하시고,
오늘 나의 손에 열매가 전혀 없어도 주를 찬양하게 하소서.
결국 내 삶의 보람과 기쁨은 열매의 많고 적음에 있지 않습니다.
하나님 안에 있느냐가 내 존재의 기쁨의 근거임을 고백합니다.
아버지만이 나의 모든 기쁨의 근원이십니다.
오늘 나는 이미 구원받은 존재임에 충분히 감사합니다.
작은 것으로 불평하고 큰 것을 놓치는 일이 없게 하소서.
나의 주 예수 그리스도의 이름으로 기도합니다. 아멘!

03 | 06

만물이 그로 말미암아 지은 바 되었으니

만물이 그로 말미암아 지은 바 되었으니
지은 것이 하나도 그가 없이는 된 것이 없느니라
그 안에 생명이 있었으니 이 생명은 사람들의 빛이라 (요한복음 1:3-4).

생명 되신 하나님 아버지,
예수님의 죽으심으로 내가 천국의 생명을 소유하게 됨을 감사합니다.
나를 위해 죽으신 예수님은 만물을 지으시며 태초부터 함께하신
온전한 삼위일체 하나님이심을 믿습니다.
오늘 내가 이해하지 못하는 신비 속에 거하나
그로 말미암아 나의 영생도 신비로 가능함에 주님을 찬양합니다.

오늘도 나의 아버지 되시는 하나님을 과소평가하지 말게 하소서.
하나님이 나를 잊으실까, 하나님이 나를 보호할 능력이 없으실까,
나의 구원은 온전할까, 혹시 거짓이면 어쩌나 고민하지 말게 하소서.
하나님을 인간을 보듯 불완전한 존재로 보며 불신하지 말게 하소서.
보이는 현상 때문에 하나님을 의심하지 말게 하소서.

아버지께서는 생명의 근원이시요, 모든 것의 주인이십니다.
천지를 만드시고 말씀으로 오셔서
우리를 완벽하게 구원할 희생을 이루신 분입니다.
나에게 주어진 구원은 우연히 일어난 일이 아닙니다.
아버지의 온전한 계획 속에 완전한 사랑으로 이루어졌습니다.
나의 삶에 예수 그리스도의 죽음이 헛되지 않게 하소서.
오늘도 하나님을 하나님답게 섬기겠습니다.
나에게 생명 주신 예수 그리스도의 이름으로 기도합니다. 아멘!

03 | 07

나의 여러 약한 것들에 대하여 자랑하리니

> 나에게 이르시기를 내 은혜가 네게 족하도다
> 이는 내 능력이 약한 데서 온전하여짐이라 하신지라
> 그러므로 도리어 크게 기뻐함으로 나의 여러 약한 것들에 대하여 자랑하리니
> 이는 그리스도의 능력이 내게 머물게 하려 함이라 (고린도후서 12:9).

능력의 하나님 아버지,
나는 언제나 실수가 많은 인간입니다.
나의 입술은 부정한 말을 하며, 나의 눈은 비판의 눈을 가졌습니다.
나의 손은 나만을 위해 사용하려는 본능을 가졌음을 용서하소서.
오늘도 주님의 사랑과 은혜로 나를 덮어주소서.
아버지의 사랑을 힘입어 주님을 닮은 하루를 살기 원합니다.

나의 약함이 나의 삶에 걸림돌이 되기보다
주님의 임재를 당기는 것이 되게 하소서.
나의 약함을 주님께 올려드릴 때
나보다 더 멋지신 아버지의 능력이 임할 것을 믿습니다.

주님 앞에 무릎 꿇어 기도할 때 약함이 주님의 능력이 됨을 믿습니다.
깨어 기도하여 약함이 주님과의 동행이 되게 하소서.
기도하여 주님을 만남으로 자족하는 은혜를 누리게 하소서.
가장 큰 능력은 멋진 업적을 내는 것이 아니라
모든 것에 만족하는 것입니다.
아버지께서 만드신 나라는 존재는 존귀한 존재임을 믿습니다.
강해서 위대한 것이 아니라 아버지께서 사랑하시니 존귀합니다.
이 담대함이 오늘 나로 감사로 살게 할 줄 믿습니다.
예수 그리스도의 이름으로 기도합니다. 아멘!

03 | 08

만일 너희가 믿음이 있고 의심하지 아니하면

예수께서 대답하여 이르시되 내가 진실로 너희에게 이르노니 만일 너희가 믿음이 있고 의심하지 아니하면 이 무화과나무에게 된 이런 일만 할 뿐 아니라 이 산더러 들려 바다에 던져지라 하여도 될 것이요 너희가 기도할 때에 무엇이든지 믿고 구하는 것은 다 받으리라 하시니라 (마태복음 21:21-22).

믿음에 응답하시는 하나님 아버지,
오늘도 하늘이 펼쳐지고 땅을 디딜 수 있음에 감사합니다.
날마다 베푸시는 아버지의 사랑에 감사와 찬양을 드립니다.
내가 누렸던 것이 내 것이 아니었음을 고백합니다.
어제 누렸다면 어제의 축복을 인해 감사드립니다.
오늘도 내일 사라질 무언가를 누리고 있음을 기억하게 하소서.
나의 손에 잡혀 있다고 내 것이 아님을 알게 하소서.

오늘 내가 세상 앞에 나가기 전에 주님 앞에 먼저 나아갑니다.
아버지 앞에 앉아 먼저 주님을 바라봅니다.
나의 기도가 공허한 욕망의 언어가 되지 말게 하소서.
내가 누릴 것들을 다시 채워달라는 요청이 되지 말게 하소서.
욕망을 간구하며 강력한 믿음을 동원하지 말게 하소서.
모든 것이 사라져도 영원히 존재하는 구원의 은혜를 보게 하소서.
그것만으로도 충분히 찬양할 수 있음을 마음으로 깨닫게 하소서.

의심 없는 믿음의 기도에 응답하소서.
하나님을 신뢰하는 기도로 나아갑니다.
산을 들어 바다로 옮기는
하나님의 뜻에 합당한 믿음의 기도로 살게 하소서.
나의 주가 되시는 예수 그리스도의 이름으로 기도합니다. 아멘!

03 | 09

너희는 마음에 근심하지 말라

**너희는 마음에 근심하지 말라
하나님을 믿으니 또 나를 믿으라**
(요한복음 14:1).

언제나 우리를 돌보시고 함께하시는 하나님 아버지, 감사합니다.
오늘도 주님의 품 안에서 하루를 시작합니다.
하늘을 보아도, 땅을 보아도 아버지께서 주신 것으로 가득합니다.
온 땅에 주님이 주신 것투성이입니다.
오늘도 눈에 보이는 모든 것으로 인해 감사를 드립니다.
받은 것이 아니라 가진 것이라 여기지 말게 하소서.
당연히 가진 것이라 여기면 감사할 것이 아무것도 없습니다.
내가 빈손으로 왔음을 기억합니다.
그리고 지금 모든 것은 아버지께서 주신 것들로 채워져 있습니다.
그러니 아버지를 신뢰하게 하소서.

"너는 마음에 근심하지 말라" 명령하신 예수님의 말씀에 순종합니다.
모든 것을 예비하시고 인도하시는 주님의 손을 믿습니다.
지금까지 나를 존재하게 하신 아버지의 일하심을 찬양합니다.
근심을 모두 버리게 하소서.
나를 위해 예비하신 모든 것을 신뢰하게 하소서.

우리를 위해 죽기까지 모든 것을 주신 예수 그리스도를 믿습니다.
이미 나에게 아낌없이 모든 것을 주셨음을 찬양합니다.
그래서 오늘의 근심을 다 주님께 드리고 담대히 걸어갑니다.
나의 평안이 되시는 예수 그리스도의 이름으로 기도합니다. 아멘!

03 | 10

원하지 아니하는 곳으로 데려가리라

> 내가 진실로 진실로 네게 이르노니 네가 젊어서는 스스로 띠 띠고
> 원하는 곳으로 다녔거니와 늙어서는 네 팔을 벌리리니 남이 네게 띠 띠우고
> 원하지 아니하는 곳으로 데려가리라 (요한복음 21:18).

사명 주시는 하나님 아버지,
예수 그리스도의 오심으로 얻은 이 생명을 오늘도 감사드립니다.
먼지보다 작은 자에게 우주보다 더 큰 사랑을 덮으셨습니다.
그래서 아버지의 사랑은 인간이 감당하기에 너무도 큰 것입니다.
심지어 너무 커서 보이지도 않습니다.
보이지 않는다고 없다 하지 말게 하시고
오늘도 그 사랑을 주신 아버지를 찬양하게 하소서.

신앙이 어리고 분별하지 못할 때에는
내가 원하는 것만 하기를 갈망했습니다.
아버지를 사랑한다 고백하며 내가 원하는 것을 기대했습니다.
이 어리석음을, 나의 소유와 성취와 이기심을 버리게 하소서.
주님의 그 크신 사랑을 안다면 그 사랑을 믿고 내 삶을 맡기게 하소서.
어린아이와 같은 자리에서 일어나 성숙한 자리로 옮기게 하소서.
내 뜻대로 살던 삶을 청산할 수 있는 힘이
아버지의 주권을 인정함에서 나옴을 믿습니다.
나의 삶을 아버지의 뜻대로 인도하소서.

오늘 나의 팔을 벌려 주님이 사명 주신 그 자리로 가게 하소서.
내가 싫어하는 자리라도 그 뜻에 순종하게 하소서.
나의 구주 예수 그리스도의 이름으로 기도합니다. 아멘!

03 | 11

내가 너와 함께할 것이라

네가 물 가운데로 지날 때에 내가 너와 함께할 것이라 강을 건널 때에 물이 너를 침몰하지 못할 것이며 네가 불 가운데로 지날 때에 타지도 아니할 것이요 불꽃이 너를 사르지도 못하리니 대저 나는 여호와 네 하나님이요 이스라엘의 거룩한 이요 네 구원자임이라 (이사야 43:2-3상).

구원이 되시는 하나님 아버지,
언제나 나를 사랑하셔서 지키시고 인도하시는 아버지, 감사합니다.
오늘 내가 평안을 누린다면 그것은 예수님의 죽으심 때문입니다.
나의 영혼이 천국에 소망을 두고 살 수 있음에 감사합니다.
나는 아버지를 위해 한 것이 없는데, 아버지께서는 모두 주셨습니다.
나를 자녀 삼으신 은혜를 찬양합니다.

삶 가운데 큰 풍랑을 만나 침몰하려고 할 때에 나를 건지소서.
불 가운데를 지나는 것 같은 고통이 임할 때에 나를 살리소서.
인생의 가는 길에 고난이 없는 길은 없음을 인정합니다.
모든 순간 고난을 피하겠다 기도하지 말게 하소서.
고난이 닥쳐와도 하나님을 의지하여 그 힘으로 견디게 하소서.

불가능한 편안함과 재물과 업적을 구하지 말게 하소서.
나를 만족시킬 만한 성공과 완벽한 편안함은 없음을 깨닫게 하소서.
내가 바라는 대로 가득 채워주시길 기도하지 않고
하나님이 필요에 따라 주시는 대로 감사하고 만족하게 하소서.
고난을 피하지만 말고, 다른 사람의 고난에 동참하게 하소서.
인간의 고난에 동참하여 이 땅에 오신 예수 그리스도를 기억합니다.
그 예수님의 삶을 닮아가는 하루 되게 하소서.
나의 주 예수 그리스도의 이름으로 기도합니다. 아멘!

03 | 12

삼십 배나 육십 배나 백 배가 되었느니라

더러는 좋은 땅에 떨어지매 자라 무성하여 결실하였으니
삼십 배나 육십 배나 백 배가 되었느니라 하시고
또 이르시되 들을 귀 있는 자는 들으라 하시니라 (마가복음 4:8-9).

열매를 기대하시는 하나님 아버지,
나는 오늘 내게 즐겁고 좋은 일이 많기를 기대하나
아버지께서는 씨가 열매 맺기 위하여
잘 자라기를 기대하십니다.
가장 먼저 오늘을 향한 아버지의 기대를 이해하게 하소서.

내가 기대하는 대로, 내가 소망하는 대로 나는 행동할 것입니다.
때문에 오늘 나의 기대와 소망이
아버지의 뜻과 일치하게 하소서.
언제나 나는 좋은 땅이라고 착각하지 말게 하소서.
오늘 내가 열매 맺지 못함이 그 증거가 될 때 회개하게 하소서.
열매 맺기 위해 해야 할 가장 처음의 일을 실천하기 원합니다.
내가 길가라면 갈아엎어서라도 좋은 땅을 만들게 하소서.
내가 돌밭이라면 수고로 돌을 골라내게 하소서.
내 마음이 가시떨기 밭이라면 아픔을 이기고 가지를 쳐내게 하소서.
좋은 땅이 되기 위해 몸부림치며 순종하게 하소서.

말씀이 뿌리내리기 위해 오늘 이를 악물고 실천하게 하소서.
말씀이 내 몸에 스며들어 행동으로 나올 때 자라남을 믿습니다.
오늘 그 시작의 문을 여는 귀한 날 되게 하소서.
나의 주 예수 그리스도의 이름으로 기도합니다. 아멘!

03 | 13

내가 문이니 누구든지 나로 말미암아 들어가면

> 내가 문이니 누구든지 나로 말미암아 들어가면 구원을 받고
> 또는 들어가며 나오며 꼴을 얻으리라 도둑이 오는 것은 도둑질하고 죽이고
> 멸망시키려는 것뿐이요 내가 온 것은 양으로 생명을 얻게 하고
> 더 풍성히 얻게 하려는 것이라 (요한복음 10:9-10).

나의 목자가 되어주시는 아버지, 감사합니다.
오늘도 나의 가는 길을 앞서가시며 나를 인도하시니 감사합니다.
구원의 문이 되셔서 나로 천국의 영생을 얻게 하시니 감사합니다.
목자의 음성을 분별하며 그 길을 따라 걷겠습니다.

얼마나 많은 이단과 사이비가 판을 치는 세상이 되었는지요.
그들은 도둑질하고, 죽이고, 멸망시킴에도
너무나 확신하며 진리처럼 말하는데
참 진리를 가진 우리는 부끄러워하고 전하지 못함을 용서하소서.
참 구원이신 주님을 알면서도 이단보다 못한 불신을 용서하소서.

오늘 문을 넘나들고 양을 도적질하는 자를 분별하게 하소서.
그들을 물리치고, 영적 전쟁에서 회피하지 않고 승리하게 하소서.
진리를 가진 자로 그리스도인임을 숨기고
아닌 것처럼 사는 삶을 청산하게 하소서.
하나님을 더욱 사랑하고 그 말씀을 사모하게 하소서.
진리를 알고 확신 있게 전하는 자 되게 하소서.
나를 구원하신 이가 오직 주님이시라는 사실을 선포합니다.
무엇으로도 흔들리지 않게 하시고 확고히 서게 하소서.
내게 생명 주시고 풍성케 하시는 이는 선한 목자, 주님뿐이십니다.
나를 건지신 예수 그리스도의 이름으로 기도합니다. 아멘!

나는 세상의 빛이니

예수께서 또 말씀하여 이르시되 나는 세상의 빛이니
나를 따르는 자는 어둠에 다니지 아니하고
생명의 빛을 얻으리라 (요한복음 8:12).

빛이신 하나님 아버지,
오늘의 태양이 떠오르게 하시고 새로운 기회를 주심에 감사합니다.
하나님은 천지만물을 만드셨고, 그것을 다스리시는 주인이십니다.
나의 사는 모든 순간 온전히 주인이 되어주소서.
빛으로 가득 채우시는 하나님의 은혜 앞에 새날을 시작합니다.

죄로 가득한 이 세상에 예수 그리스도를 보내주심에 감사합니다.
세상의 빛으로 오신 예수님을 사랑합니다.
어둠 가운데 헤매고 있을 때에 등대가 되어주심을 찬양합니다.
오늘 내가 만나는 어두운 현실 앞에 빛이 되어주소서.
눈앞에 아무것도 보이지 않을 때 주님의 빛이 나를 살리게 하소서.

주님을 닮아 작은 빛으로 살게 하소서.
비록 연약하고 흔들리는 불빛이지만 빛의 정체성을 잃지 말게 하소서.
내가 나를 무시하여 폄하하지 말게 하소서.
내가 하나님의 닮은꼴이라는 사실을 믿고 담대하게 하소서.
생명 주신 예수 그리스도의 은혜를 사람들에게 전하기 원합니다.
모든 사람이 누리는 생명의 빛이 되게 하소서.
그 일을 위해 오늘 하루 예수님의 고난에 동참하게 하소서.
어두운 곳에 사람을 인도해내는 하나님의 자녀 되게 하소서.
나의 구원이 되신 예수 그리스도의 이름으로 기도합니다. 아멘!

03 | 15

나는 선한 목자라

> 나는 선한 목자라 나는 내 양을 알고 양도 나를 아는 것이 아버지께서 나를 아시고 내가 아버지를 아는 것 같으니 나는 양을 위하여 목숨을 버리노라 (요한복음 10:14-15).

나를 만드시고, 살게 하시고, 이끄시는 아버지, 감사합니다.
나의 선한 목자가 되셔서 오늘도 주님 손에 이끌려 살게 하소서.
어제의 모든 무거운 짐을 내려놓습니다.
내가 해결할 수 없는 많은 문제를 주님의 손에 올려드립니다.
아버지의 지혜로, 그 섭리로 인도하여 주소서.

오늘도 내가 목자인 줄 착각하지 말게 하소서.
오직 목자는 예수 그리스도 이외에 없음을 믿습니다.
나의 자녀들을, 나보다 어린 사람들을 주님께 먼저 올려드립니다.
나의 지혜로 결정하고 명령하기보다 기도하게 하소서.
하나님의 지혜를 얻어 그들을 이끌게 하소서.

나를 아시는 주님께 감사와 찬양을 드립니다.
나보다 나를 더 잘 아심을 찬양합니다.
나는 모르는 나의 미래를 아시는 주님을 찬양합니다.
그 주님이 나에게 가장 선한 것을 주실 줄 믿습니다.
맡겨드리고 불안해하지 않겠습니다.
주님의 음성을 잊지 않기 위해 모든 순간 기도하게 하소서.
나를 위해 목숨 버리신 예수님의 사랑을 신뢰하게 하소서.
그 주님의 손을 붙들고 오늘도 힘 있게 살아갑니다.
나의 주 예수 그리스도의 이름으로 기도합니다. 아멘!

03 | 16

누구든지 나를 따라오려거든

이에 예수께서 제자들에게 이르시되 누구든지 나를 따라오려거든
자기를 부인하고 자기 십자가를 지고 나를 따를 것이니라
누구든지 제 목숨을 구원하고자 하면 잃을 것이요
누구든지 나를 위하여 제 목숨을 잃으면 찾으리라 (마태복음 16:24-25)

구원의 하나님 아버지,
사순절을 지나며 하나님 아버지의 사랑을 기억합니다.
나를 위해 죽으신 예수 그리스도의 희생이 나를 살렸음을 믿습니다.
하나님의 자녀로 사는 하루가 되기를 원합니다.
말로만이 아니라 작은 것 하나라도 행하는 하루 되게 하소서.

오늘도 예수님의 제자로 살기 위해 나의 이기심을 내려놓습니다.
나의 모든 존재가 나로 말미암은 것이 아님을 고백합니다.
나의 모든 나 됨을 포기하고 나를 부인하고 주를 따릅니다.
예수 그리스도 안에서 내가 온전해짐을 믿습니다.
내 안에 살아 주인이 되어주소서.

오늘도 나에게 주신 십자가가 무엇인지를 발견하기 원합니다.
나의 욕심을 이루기 위해 겪는 어려움이 아니라
하나님의 자녀로 살려다가 겪는 어려움이 십자가가 되게 하소서.
나의 잘못과 세상살이로 겪는 고난을 십자가라 착각하지 말게 하소서.
나는 과연 주님을 위해 무엇을 하며 사는지 돌아보게 하소서.
내 인생의 모든 주권이 하나님께 있음을 믿고 신뢰합니다.
아버지께 모든 것을 내어드립니다.
나를 부인하고 십자가를 따르는 일을 외면하지 않게 하소서.
나의 구주 예수 그리스도의 이름으로 기도합니다. 아멘!

주여 우리가 여기 있는 것이 좋사오니

> 그들 앞에서 변형되사 그 얼굴이 해같이 빛나며 옷이 빛과 같이 희어졌더라 … 베드로가 예수께 여쭈어 이르되 주여 우리가 여기 있는 것이 좋사오니 만일 주께서 원하시면 내가 여기서 초막 셋을 짓되 하나는 주님을 위하여, 하나는 모세를 위하여, 하나는 엘리야를 위하여 하리이다 (마태복음 17:2-4).

높으신 하나님, 나를 지으신 하나님의 위대하심을 찬양합니다.
그 하나님을 감히 바라볼 수조차 없는 먼지 같은 나를
구원하심에 감사합니다.

신이신 그 자리에서 내려오신 예수 그리스도의 희생을 기억합니다.
거룩한 자리가 마땅하신 분이 더러운 이 땅에 오심이
가당하기나 한지요.
그 잠깐의 영광을 보고도
그 영광의 자리를 버리지 못하고 원했던 제자가 나입니다.
그런데 존재 자체가 영광이신 주님은 33년을 더러운 땅에 사셨습니다.
그 사랑의 크기를 알게 하소서.

전혀 어울리지 않는 자리로 내려오신 주님을 기억하며
나도 낮아지게 하소서.
아니, 낮아지는 것이 아니라 원래의 자리를 혐오하지 말게 하소서.
마치 나는 이 자리에 어울리지 않는 사람인 척,
거룩한 척하지 말게 하소서.
언젠가 빛 되신 주님과 함께할 날이 오겠지만
그날이 오기까지 이 세상에서 주신 사명을 감당하게 하소서.
주님이 거저 주신 의로움을 힘입어 담대히 주어진 삶을 살게 하소서.
나의 구원이 되시는 예수 그리스도의 이름으로 기도합니다. 아멘!

03 | 18

주가 쓰시겠다 하라

이르시되 너희는 맞은편 마을로 가라 그리로 들어가면
곧 아직 아무도 타 보지 않은 나귀 새끼가 매여 있는 것을 보리니 풀어 끌고 오라
만일 누가 너희에게 왜 이렇게 하느냐 묻거든 주가 쓰시겠다 하라
그리하면 즉시 이리로 보내리라 하시니 (마가복음 11:2-3).

나를 쓰시는 하나님 아버지,
나를 위해 죽으셔서 휘장을 찢으신 은혜로 주님 앞에 나아갑니다.
나를 만나주시고, 말씀하시고, 새롭게 하소서.
아버지의 은혜를 갈망하는 이 마음이
일평생 고갈되지 않는 생수같이 되게 하소서.

가장 거대하고 멋진 말을 타셔도 부족함이 없으신 예수님이
가장 낮고 초라한 나귀의 새끼를 타셨습니다.
나는 가진 것이 없으면서도 가장 좋은 것을 이용해
나를 드러내려 함을 용서하소서.
사람의 인정에 목말라 모든 방법을 동원하여
나를 높이려는 탐욕을 용서하소서.

말로는 겸손하지만,
절대로 나귀 새끼가 되고 싶지 않은 내심을 버리게 하소서.
멋진 것을 올라타려는 과욕이나
내가 멋진 탈것이 되어 주님을 태우려는 탐욕을 버리게 하소서.
나귀 새끼가 되든 초라하게 걷는 사람이 되든 주를 따르게 하소서.
예수님의 주님 되심이 하나님께 있듯이
나의 내 존재 됨 또한 아버지께 있음을 믿습니다.
가장 위대하신 나의 주 예수 그리스도의 이름으로 기도합니다. 아멘!

03 | 19

내 집은 기도하는 집이라

> 예수께서 성전에 들어가사 성전 안에서 매매하는 모든 사람들을 내쫓으시며 돈 바꾸는 사람들의 상과 비둘기 파는 사람들의 의자를 둘러 엎으시고 그들에게 이르시되 기록된 바 내 집은 기도하는 집이라 일컬음을 받으리라 하였거늘 너희는 강도의 소굴을 만드는도다 하시니라 (마태복음 21:12-13).

언제나 우리의 찬양을 기뻐 받으시는 거룩하신 아버지, 감사합니다.
나의 입술이 무엇이라고 나의 감사와 찬양을 기뻐하십니까.
나의 고백을 가장 소중한 제물로 받으시는 아버지, 감사합니다.
주님께 가장 먼저 드릴 것은 간구가 아닌 찬양임을 고백합니다.
모든 순간 주님을 찬양하는 하루 되게 하소서.

아버지께서 허락하신 교회가 무엇인지 온전히 알기 원합니다.
교회 안에 들어온 세상의 권력과 돈의 힘을 물리쳐주소서.
주의 뜻이라는 명분을 포장 삼아 불의하는 자들이 사라지게 하소서.
아버지의 집은 기도하는 집이 되어야 마땅함입니다.
아버지만이 영광 받으시는 곳이 되게 하소서.

물리적인 교회만이 성전이 아니라 내가 곧 성전임을 고백합니다.
건축물인 교회보다 내가 더 거룩한 성전 되기 원합니다.
내가 가는 곳이 교회 되고, 내가 하는 일이 성직 되게 하소서.
세상에서 주신 모든 책임 속에 나의 사명을 발견합니다.
내게 주어진 모든 일에 충실하게 하시고 섬기게 하소서.
아버지께서 거룩하신 것처럼 나도 거룩하기 원합니다.
성전을 정결하게 하고자 채찍을 드신 주님의 심정을 느끼게 하소서.
오늘도 나의 내면에 채찍을 들어 정결하게 하소서.
나를 정결케 하시는 예수 그리스도의 이름으로 기도합니다. 아멘!

03 | 20

그는 도둑이라

> 제자 중 하나로서 예수를 잡아 줄 가룟 유다가 말하되 이 향유를 어찌하여
> 삼백 데나리온에 팔아 가난한 자들에게 주지 아니하였느냐 하니
> 이렇게 말함은 가난한 자들을 생각함이 아니요 그는 도둑이라
> 돈궤를 맡고 거기 넣는 것을 훔쳐 감이러라 (요한복음 12:4-6).

중심을 보시는 하나님 아버지,
오늘도 숨 쉬게 하시는 아버지, 감사합니다.
오늘도 나의 입술이 주님을 찬양하고 감사하게 하소서.
비난하는 목소리에 힘을 합하여
나만 합리적인 것처럼 잘난 척하지 말게 하소서.
가룟 유다가 향유옥합을 깬 마리아를 비난하면서
스스로 명분을 가진 것처럼,
마치 하나님을 위하는 것처럼 가장하지 말게 하소서.
나의 비난은 건강한 것인지 돌아보고 회개합니다.

진심으로 가난한 자를 생각한다면 누군가의 씀씀이의 합리성을
따지기 전에 내 주머니에서 돈이 나가게 하소서.
말에는 한없이 공의가 가득 찼지만,
나의 삶에는 공의가 없음을 회개합니다.
나의 말에 내 스스로가 속으며 나를 의롭다 여기지 말게 하소서.
주 앞에 차라리 어리석고 셈이 둔한 마음을 바치는 자 되게 하소서.

오늘도 가룟 유다보다 옥합을 깬 마리아가 되게 하소서.
세상 똑똑하지만 진심 없는 자의 거짓된 자리에서 벗어나게 하소서.
나의 중심을 보시는 하나님이 두려워 보다 정직한 자로 살게 하소서.
나의 구주 예수 그리스도의 이름으로 기도합니다. 아멘!

받으라 이것은 내 몸이니라

> 그들이 먹을 때에 예수께서 떡을 가지사 축복하시고 떼어 제자들에게 주시며 이르시되 받으라 이것은 내 몸이니라 하시고 또 잔을 가지사 감사 기도하시고 그들에게 주시니 다 이를 마시매 이르시되 이것은 많은 사람을 위하여 흘리는 나의 피 곧 언약의 피니라 (마가복음 14:22-24).

나의 가는 모든 길을 인도하시는 아버지, 감사합니다.
내가 태어나고, 살아가고, 죽는 모든 것이 주의 손에 있습니다.
예수님의 죽으심이 나를 살리고, 영원히 살리심을 찬양합니다.
내가 죽어야 하는데 주님이 죽으심으로 생명을 얻었습니다.
오늘 그 감사로 기쁨이 넘치는 날 되게 하소서.

죽음을 앞두고 가장 고난이 깊을 때에 주님이 제자들을 먹이셨듯
오늘 내가 주님이 주시는 은혜의 의미를 알게 하소서.
언제나 우리에게 주시는 것들을 축복하신 예수님을 찬양합니다.
주신 모든 것 안에 주님의 생명을 담아 주시니 감사합니다.
내가 쉽게 받은 그것이 얼마나 어렵게 주신 고통의 대가인지요.
오늘도 내가 누리는 행복과 자유가 공짜가 아님을 알게 하소서.
내가 지불한 것은 없으나 그 누군가는 이미 지불한 것입니다.
내가 죽지는 않았으나 예수님이 죽으셨기에 공짜임을 알게 하소서.
우리가 누리는 모든 것 안에 담겨 있는 수고의 대가를 기억합니다.
그래서 모든 것에 감사하고, 모든 사람에게 감사하게 하소서.

나도 그런 대가를 지불하고 누군가를 편하게 하기 원합니다.
내가 지불한 대가 때문에 누군가는 공짜로 위로를 얻게 하소서.
나도 그렇게 받은 은혜이니 나도 그렇게 은혜를 베풀게 하소서.
나를 살리려고 죽으신 예수 그리스도의 이름으로 기도합니다. 아멘!

03 | 22

나의 원대로 마시옵고 아버지의 원대로 하옵소서

> 이르시되 아빠 아버지여 아버지께서는 모든 것이 가능하오니
> 이 잔을 내게서 옮기시옵소서 그러나 나의 원대로 마시옵고
> 아버지의 원대로 하옵소서 하시고 (마가복음 14:36).

기도를 들으시는 하나님 아버지,
세상은 날마다 변하여 평안을 잃게 만드는 일이 많으나
오늘도 호흡처럼 나를 지켜주소서.
세상이 악해질수록 더욱 주님을 의지합니다.

겟세마네 동산에서 땀이 핏방울이 되어 떨어지도록 기도하신
주님의 기도를 따릅니다.
원하는 것은 있으나, 오직 아버지의 뜻을 간구하게 하소서.
아버지를 흔들어 나의 뜻을 관철하는 기도를 멈추게 하소서.
아버지를 괴롭혀 내가 원하는 것을 얻어내려는 강청을 멈추게 하소서.
나의 강청함이 있다면 가장 의로운 기도가 되게 하소서.
나의 끈기 있는 인내의 기도가 있다면
하나님 나라를 위한 것이 되게 하소서.
나의 소원이 이기적이라면 거절하소서.
나의 바람이 영광으로 포장된 탐욕이라면 돌이키게 하소서.
기도 시간만큼은 오직 하나님께 눈을 고정하게 하소서.

수십 년 지나도 고쳐지지 않는 이기적인 기도를 버리기 원합니다.
나의 생각을 버리고 주님의 생각을 따르는 기도로 옮기기 원합니다.
아버지의 뜻을 묻사오니 그대로 인도하여 주소서.
나의 길이 되시는 예수 그리스도의 이름으로 기도합니다. 아멘!

03 | 23

다 예수를 버리고 도망하니라

> 제자들이 다 예수를 버리고 도망하니라
> (마가복음 14:50).

모든 순간 나를 사랑하시는 나의 아버지, 감사합니다.
어제 그다지 잘 살지 못했음에도 새로운 기회를 주시니 감사합니다.
모든 죄책감을 버리고 주님을 다시 따르는 하루 되게 하소서.
나의 기억하지도 못하는 죄까지 그리스도의 보혈로 씻어주소서.
나의 모든 의로움이 십자가의 공로로부터 옴을 믿습니다.

신이 인간이 되어 이 땅에 오셨는데, 그 끝은 죽음이었습니다.
모든 제자는 도망을 갔고, 예수님은 끝까지 사명을 이루셨습니다.
육신의 고통만 아니라 버림받음과 고독의 고통까지
그리스도의 몫이었습니다.
나도 별반 다르지 않음을 회개합니다.
어려운 자리에서는 자주 도망갔음을 자백합니다.

나의 반응과 상관없이 주님은 늘 주님의 일을 해내시니 감사합니다.
내가 배신하여도 여전히 나를 위해 일하시는 아버지를 찬양합니다.
이제는 도망가지 않고 두려워도 붙어 있는 자녀 되게 하소서.
고난의 자리까지 따라가 덜덜덜 떨더라도 그 자리에 있게 하소서.
나도 때로 나를 따르는 자들이 떠나더라도 사명을 다하게 하소서.
내가 도망갔던 것을 기억해 도망가는 자들을 긍휼히 여기게 하소서.
내가 돌아왔던 것처럼 그들도 돌아올 것을 믿게 하소서.
나를 언제나 품으시는 예수 그리스도의 이름으로 기도합니다. 아멘!

03 | 24

나는 그 사람을 알지 못하노라

베드로가 맹세하고 또 부인하여 이르되 나는 그 사람을 알지 못하노라 하더라 …
그가 저주하며 맹세하여 이르되 나는 그 사람을 알지 못하노라 하니
곧 닭이 울더라 이에 베드로가 예수의 말씀에 닭 울기 전에 네가 세 번 나를
부인하리라 하심이 생각나서 밖에 나가서 심히 통곡하니라 (마태복음 26:72-75).

은혜의 하나님 아버지,
예수님의 고난을 묵상할 때면 제자들의 모습에서 나를 발견합니다.
사람에게 비판받는 것이 두렵고, 해를 당할까 두려워하는 모습입니다.
어쩌면 나와 그리 닮았는지요.

나도 눈에 보이는 사람을 하나님보다 두려워할 때가 많이 있습니다.
하나님을 부인하는 것이 일상이 되어서
그리스도인이 아닌 것처럼 행할 때가 많습니다.
나는 마치 교회와 한 무리가 아닌 양 도피하고 싶음을 회개합니다.
좋은 것만 받기 원하고 싫은 것은 언제나 거절함을 용서하소서.

베드로의 마음에 주님을 향한 사랑이 있었음을 압니다.
나도 주님을 사랑하지만
때로 사소한 일에 사람들이 원하는 대답을 주려 합니다.
이제 크고 작은 모든 일에 흔들리지 않고 하나님의 편에 서서
내가 하나님의 사람이라는 것을 드러내게 하소서.
두려움 뒤에 숨거나 도망하지 않고 두려움을 이겨 담대히 서게 하소서.
큰일에서만 아니라 사소한 일에서도 신앙의 신념을 지키게 하소서.
1초도 주님을 부인하지 않는,
하루살이만 한 일에도 정체성을 숨기지 않는 자녀 되게 하소서.
나의 주인 되시는 예수 그리스도의 이름으로 기도합니다. 아멘!

03 | 25

내가 무죄한 피를 팔고 죄를 범하였도다

> 그때에 예수를 판 유다가 … 스스로 뉘우쳐 그 은 삼십을 대제사장들과 장로들에게 도로 갖다 주며 이르되 내가 무죄한 피를 팔고 죄를 범하였도다 하니 그들이 이르되 그것이 우리에게 무슨 상관이냐 네가 당하라 하거늘 유다가 은을 성소에 던져 넣고 물러가서 스스로 목매어 죽은지라 (마태복음 27:3-5).

나의 하나님 아버지,
오늘도 내가 살아 아버지를 만나게 하시니 감사합니다.
어제도 선물이었고, 오늘도 하나님이 주신 선물임을 믿습니다.
무엇을 하든지 모든 순간을 소중히 여기게 하소서.

가룟 유다의 삶이 열정은 있으나 방향이 잘못되었음을 봅니다.
예수님조차 자신의 신념에 맞추려 했습니다.
내 비위에 맞지 않으시는 주님을 거절했습니다.
오늘 나의 신앙은 가룟 유다와 무엇이 다른지 돌아봅니다.
하나님의 행하심이 내 마음에 들지 않을 때가 있었음을 회개합니다.
그래서 따지고, 불평하고, 비판했던 나를 용서하소서.
주님이 나의 뜻을 위해 잘 움직여주시지 않을 때 가장 원망하였다면
유다와 다르지 않습니다.
내가 그린 메시아를 고정해 놓고 틀에 맞추려 했음을 회개합니다.
이제 내가 주님께 맞추게 하소서.
주님의 뜻에 나의 모든 것을 조정하여 그 길을 가게 하소서.

올바로 회개할 기회를 얻게 하소서.
기도의 자리에서 생각과 뜻을 조정받고 순종할 기회를 얻기 원합니다.
무거운 죄라도 회개하는 자를 다시 받으시는
예수 그리스도의 이름으로 기도합니다. 아멘!

03 | 26

그에게 예수의 십자가를 억지로 지워 가게 하였더라

나가다가 시몬이란 구레네 사람을 만나매
그에게 예수의 십자가를 억지로 지워 가게 하였더라
(마태복음 27:32).

나의 모든 죄를 씻어주시는 아버지, 감사합니다.
알면서도 지었던 죄악을 깨끗게 하소서.
모르는 순간에 죄를 지어서
내가 지었는지도 모르고 있는 죄악도 씻어주소서.

주님의 십자가 길을 기억하며 오늘도 예수 그리스도를 찬양합니다.
나를 위한 희생이며, 나 때문에 죽으셔야 했던 길입니다.
내가 그 죽음의 원인이며 열매임을 기억하게 하소서.
주님을 사랑하지 않았지만 억지로 십자가를 진 구레네 시몬을 기억합니다.
혹여 내가 오늘 억지로 십자가를 지고 있지는 않은지요.
예수님을 사랑한다 고백하면서
마지못해 떠밀려 헌신하는 것은 아닌지 돌아봅니다.
주를 위한 모든 일이 진심이 되게 하소서.
떠밀려 지는 짐이 아니라 자원해서 지는 짐이 되게 하소서.
기쁨으로 한순간이라도 주님의 고통을 덜어드리고자 하는
마음을 갖게 하소서.

오늘도 내가 져야 할 십자가를 찾습니다.
기왕에 내 것이라면 기쁨으로 감당하게 하소서.
주님과 같은 마음으로 같은 길을 가는 자 되게 하소서.
나의 사랑이 되시는 예수 그리스도의 이름으로 기도합니다. 아멘!

03 | 27

예수의 십자가 곁에는

> 예수의 십자가 곁에는 그 어머니와 이모와
> 글로바의 아내 마리아와 막달라 마리아가 섰는지라
> (요한복음 19:25).

사람을 사랑하시되, 모든 것을 내어주며 사랑하신 아버지, 감사합니다.
어제도, 오늘도, 내일도 변함없는 사랑에 감사를 드립니다.
하나님은 늘 나를 그리 사랑하시는데 나는 늘 변덕스럽습니다.
내가 잘할 때에도, 잘못할 때에도 하나님은 나를 사랑하십니다.
하나님은 이미 나를 사랑하기로 결정하시고 나를 대하십니다.

한결같은 주님의 사랑을 기억하며
나도 변함없는 사랑으로 섬기게 하소서.
안전할 것 같을 때에는 하나님을 따른다 큰 소리로 외치면서,
조금만 위험할 것 같으면 한달음에 도망가는 자임을 고백합니다.
좋을 때는 사랑한다 고백하면서, 내 뜻대로 안 해주실 때는 불평합니다.
이 얄팍한 신앙에서 벗어나게 하소서.

예수 그리스도를 따를 때에 겟세마네까지만 가지 말게 하소서.
골고다 십자가 현장까지 따라갔던 여인들처럼, 나도 그리하게 하소서.
기도하는 곳까지만 가놓고 믿음을 자랑하지 말게 하소서.
기도를 넘어서 십자가의 길에 한 발, 두 발 디디면서 순종하게 하소서.
참 제자가 되기 원한다면 말을 접고 행하게 하소서.
동행자가 되기 원한다면 내 생각의 끝이 아니라
아버지의 뜻의 끝까지 가게 하소서.
나를 위해 죽으신 예수 그리스도의 이름으로 기도합니다. 아멘!

03 | 28

그가 찔림은 우리의 허물 때문이요

그가 찔림은 우리의 허물 때문이요 그가 상함은 우리의 죄악 때문이라 그가 징계를 받으므로 우리는 평화를 누리고 그가 채찍에 맞으므로 우리는 나음을 받았도다 우리는 다 양 같아서 그릇 행하여 각기 제 길로 갔거늘 여호와께서는 우리 모두의 죄악을 그에게 담당시키셨도다 (이사야 53:5-6).

우리의 모든 죄악을 아시면서 우리를 사랑하시는 아버지, 감사합니다.
아버지께 잘한 것이 없는데도 나를 돌보시는 아버지, 감사합니다.
아버지 앞에 의롭다고 내놓을 것이 하나도 없음을 고백합니다.
그럼에도 사랑하기로 작정하시고 구원하시니 감사합니다.

죄 없으신 예수 그리스도를 통해 평화를 누리게 하시니 감사합니다.
예수께서 채찍에 맞으심으로 내가 나음을 입으니 감사합니다.
언제나 그릇 행하는 나의 어리석음에도 구원하시니 감사합니다.
나의 공로로는 어떤 것도 구원에 보탤 수 없음을 고백합니다.

이 땅에 오시고, 나를 위해 죽으신 예수 그리스도를 묵상합니다.
그 사랑이 얼마나 깊은지 알게 하소서.
아들을 보내신 하나님의 결단이 얼마나 위대한 것인지 알게 하소서.
지금도 나를 지키시고 돌보시는 성령님의 동행이
얼마나 감사한지 깨닫게 하소서.
오늘 내 입에서 찬양과 경배가 나오게 하소서.
그럼에도 모자란 것을 찾아내어 불평하는 입을 멈추게 하소서.
그럼에도 불공평하다며 비판하는 나의 눈을 감게 하소서.
공평했다면 구원은 없습니다.
언제나 불공평하게 사랑해주시는 예수님으로 오늘 내가 있습니다.
구원자 되시는 예수 그리스도의 이름으로 기도합니다. 아멘!

03 | 29

오늘 네가 나와 함께 낙원에 있으리라

이르되 예수여 당신의 나라에 임하실 때에 나를 기억하소서 하니
예수께서 이르시되 내가 진실로 네게 이르노니
오늘 네가 나와 함께 낙원에 있으리라 하시니라 (누가복음 23:42-43).

언제나 신실하셔서 오늘도 나를 일으키시는 아버지, 감사합니다.
새로운 날을 주셔서 어제보다 나은 하루를 기대함에 감사드립니다.
어제는 부족함이 많았으나 오늘은 더욱 주님과 동행하게 하소서.
하나님과 보다 친밀한 기도로 하루를 시작합니다.

예수님의 십자가를 기억합니다.
죄 없이 나를 위해 십자가에 달리심이 얼마나 큰 은혜인지요.
내가 받은 사랑이 얼마나 위대한 것인지요.
살면서 너무 많은 순간 잊고 지냄을 회개합니다.
나의 죄악도 예수님 곁에 매달린 강도들의 죄악과
다르지 않음을 고백합니다.
나도 그렇게 죽을 죄인이나 주님이 살리셨습니다.
마지막 순간까지 예수님의 긍휼을 구한 믿음을 내게도 허락하소서.
그 짧은 순간에 비판하는 자도 있었으나,
그 짧은 순간에 구원받는 자도 있었습니다.
나의 삶 속에서도 단지 짧은 순간이라도 믿음을 놓치지 말게 하소서.
단지 잠깐이라는 이유로 하나님을 만홀히 여기지 말게 하소서.

오늘도 모든 순간 구원할 영혼을 찾으시는 그 사랑을 믿고 나아갑니다.
나에게 주어진 모든 순간이 믿음의 순간이 되게 하소서.
나의 주 예수 그리스도의 이름으로 기도합니다. 아멘!

03 | 30

나의 하나님, 나의 하나님, 어찌하여 나를 버리셨나이까

> 제구시쯤에 예수께서 크게 소리 질러 이르시되
> 엘리 엘리 라마 사박다니 하시니 이는 곧 나의 하나님, 나의 하나님,
> 어찌하여 나를 버리셨나이까 하는 뜻이라 (마태복음 27:46).

오늘도 새로운 날을 주셔서 누리게 하신 아버지, 감사합니다.
내가 오늘을 살 수 있는 것은
주님이 나를 대신하여 죽으심 때문임을 믿습니다.
모든 것이 주님의 희생으로 소망의 하루를 맞이합니다.
나는 죽어도 죽지 않는 부활을 믿습니다.

예수님의 죽으심은 간단하고, 순간적이며, 할 만한 것이
아니었음을 기억합니다.
예수님이셨으니까 하실 만했을 것이라 치부하지 말게 하소서.
완전한 인간으로 십자가를 지신, 그 두려움을 이긴 사랑에 감동합니다.

주님은 그 두려움을 이겨낸 순종의 자리가
처참한 죽음의 자리임에도 거절하시지 않았습니다.
한없이 하나 되신 하나님을 향하여
"어찌하여 나를 버리셨나이까"라고 울부짖으셨습니다.
육체의 고통과, 하나 되신 하나님과의 어둠 같은 단절을 택하셨습니다.
그 사랑을 입어 오늘 내가 천국을 소유하게 되었습니다.
이것이 우리가 믿는 복음이요, 복음을 가진 자로 값지게 살겠습니다.
이 사랑을 받은 자로 오늘 내가 가야 할 순종의 길을 나도 택합니다.
예수님이 이기셨던 그 두려움을 오늘 나도 이기겠습니다.
나에게 모든 것을 주신 예수 그리스도의 이름으로 기도합니다. 아멘!

03 | 31

내가 목마르다

> 그 후에 예수께서 모든 일이 이미 이루어진 줄 아시고
> 성경을 응하게 하려 하사
> 이르시되 내가 목마르다 하시니 (요한복음 19:28).

말씀으로 천지를 창조하시고 다스리시는 아버지, 찬양합니다.
말씀을 주셔서 아버지를 알게 하시고, 따르게 하시니 감사합니다.
온 땅이 흔들리고, 바다가 뒤집어지고, 모든 것이 집어삼킬 듯 덮쳐도
아버지의 말씀은 흔들림이 없음을 믿습니다.

오늘도 변하지 않는 말씀을 의지하여 주님께로 나아가게 하소서.
이 땅에서 사셨던 예수 그리스도의 모든 삶이
성경의 말씀을 이루려 하심임을 믿습니다.
아버지여, 우리도 하나님의 말씀에 순종하며 살게 하소서.
한 인생을 살면서 내가 해야 할 모든 일을 이루고 죽게 하소서.
주님이 그리하셨던 것처럼 목적 있는 삶을 살게 하소서.
오래 사는 것이 목적이 되지 않고
해야 할 일을 하고 사는 것이 목적이 되게 하소서.
나를 왜 부르셨는지, 그것을 알고 행하는 의미 있는 삶 되게 하소서.
먼지 같은 인생이지만,
오늘 하루가 말씀을 이루는 하루가 될 때 역사가 될 것을 믿습니다.

끝까지 모든 것을 이루신 예수 그리스도를 찬양합니다.
아버지의 말씀에 철저히 순종하신 그 삶을 따르기 원합니다.
위대한 일 말고, 말씀대로 살게 하소서.
나의 주 예수 그리스도의 이름으로 기도합니다. 아멘!

이 율법책을 네 입에서 떠나지 말게 하며 주야로 그것을 묵상하여
그 안에 기록된 대로 다 지켜 행하라 그리하면 네 길이 평탄하게 될 것이며
네가 형통하리라
_ 여호수아 1:8

이 달 의 기 도 제 목

-
-
-
-
-

04 | 01

아버지 내 영혼을 아버지 손에 부탁하나이다

> 때가 제육시쯤 되어 해가 빛을 잃고 온 땅에 어둠이 임하여 제구시까지 계속하며 성소의 휘장이 한가운데가 찢어지더라 예수께서 큰 소리로 불러 이르시되 아버지 내 영혼을 아버지 손에 부탁하나이다 하고 이 말씀을 하신 후 숨지시니라
> (누가복음 23:44-46).

하나 되게 하시는 하나님 아버지,
나의 마음은 언제나 제각각 세상의 관심사에 쏠리려 합니다.
모든 관심사를 버려두고 제일 먼저 아버지를 대면하게 하소서.
아버지와 먼저 만나 하나 된 후 나의 일을 향해 나가기 원합니다.

예수님의 죽으심은 나와 아버지를 갈라놓은 거대한 담을 허물었습니다.
그 영혼을 내어버리시면서 우리의 영혼을 건지셨습니다.
주님이 하나님을 향한 온전한 신뢰로 모든 것을 내어 맡기셨던 것처럼
오늘 나의 하루에도 하나님을 향한 온전한 신뢰가 있게 하소서.
의심하고, 불안해하고, 못미더워하는 양다리를 멈추게 하소서.

내가 온전히 아버지의 성소에 나갈 수 있음이
십자가의 대가임을 기억합니다.
이 기회를 얻기 위해 얼마나 큰 대가를 지불하셨는지 기억합니다.
그래서 오늘 아버지께 나아가는 기도의 시간을 소중히 여깁니다.
아버지께 예배드릴 수 있음을 보배보다 귀하게 여기겠습니다.
나의 힘으로 나아가는 것이 아님을 고백합니다.
기회를 주신 예수님, 감사합니다.
길을 열어주신 십자가의 은혜에 감사드립니다.
아버지께로 매일 달려가 그 은혜를 하나도 버림 없이 누리게 하소서.
나를 위해 다 버리신 예수 그리스도의 이름으로 기도합니다. 아멘!

04 | 02

다 이루었다

> 거기 신 포도주가 가득히 담긴 그릇이 있는지라
> 사람들이 신 포도주를 적신 해면을 우슬초에 매어 예수의 입에 대니
> 예수께서 신 포도주를 받으신 후에 이르시되 다 이루었다 하시고
> 머리를 숙이니 영혼이 떠나가시니라 (요한복음 19:29-30).

늘 우리를 한결같은 자비로 인도하시는 용서의 아버지, 감사합니다.
우리의 어리석음을 아시면서 결코 포기하시지 않는 사랑에 감사합니다.
아버지의 뜻을 온전히 따라본 적 없는 인간들을 구원하시려
예수 그리스도를 보내어 우리를 다시 살리신 아버지를 찬양합니다.
값없이 받은 이 은혜가 차고 넘치도록 과분함을 고백합니다.

주님의 고난은 내가 받아야 하는 것이었음에도 나는 너무 편안합니다.
그저 믿으면 된다고 하는데도
그것조차 믿는 것에 얼마나 유세를 떠는지 모릅니다.
그저 나를 따르면 인도하겠다고 청하시는 아버지의 손을 거절하며
얼마나 잘난 척하는지요.
마치 내가 예수를 위해 죽은 양 오만한 신앙생활을 용서하소서.
이런 우리의 못됨도 용서하시는 그 사랑에 감사합니다.

예수님의 죽으심을 생각하며 다시 시작하는 신앙을 갖게 하소서.
오만함을 버리고 주님 앞에 나아가게 하소서.
손가락을 스친 가시가 낸 상처만으로도 죽는 척하는
엄살을 버리게 하소서.
오늘도 초심을 향하여 돌이킵니다.
내 자리가 어딘지, 하나님의 하나님 되심이 어떤 것인지 알게 하소서.
나의 주인이 되시는 예수 그리스도의 이름으로 기도합니다. 아멘!

04 | 03

요셉이 시체를 가져다가 자기 새 무덤에 넣어 두고

> 요셉이 시체를 가져다가 깨끗한 세마포로 싸서 바위 속에 판
> 자기 새 무덤에 넣어 두고 큰 돌을 굴려 무덤 문에 놓고 가니
> 거기 막달라 마리아와 다른 마리아가 무덤을 향하여 앉았더라 (마태복음 27:59-61).

하나님 아버지, 오늘도 주님의 은혜로 하루를 시작합니다.
모든 순간 당연한 것이 없음을 주님 앞에 고백합니다.
나의 모든 일상이 축복입니다.
무의미하게 스쳐 지나간 것들이 모두 특별한 누림이었습니다.
공기를 마음껏 마시는 것조차 얼마나 큰 특권인지요.
주님이 주신 모든 것이 특권임을 알고 감사하게 하소서.
당연히 여기는 것이 있다면 그것조차 특권임을 깨닫게 하소서.

예수 그리스도의 고난당하심이 나에게 모든 특권을 허락했습니다.
예수님이 고난당하신 현장에 비록 있지 않았으나 기억하게 하소서.
지나간 일이라고, 나와 상관없다고 여기지 말게 하소서.
아리마대 요셉처럼 자신이 할 수 있는 최선을 다하게 하소서.
내가 가진 것으로 가장 정성껏 예수님을 모시게 하소서.
오늘 나는 무엇을 가졌습니까?
그것으로 주님을 섬기겠습니다.

내 마음의 중심을 받으시고, 내가 할 수 있는 일을 알게 하소서.
나의 주님을 사랑하는 마음을 표현하는 하루 되게 하소서.
더 이상 기회가 없다고 생각하는 순간에라도
포기하지 않는 마음으로 오늘을 살게 하소서.
나를 위해 죽으신 예수 그리스도의 이름으로 기도합니다. 아멘!

04 | 04

나는 부활이요 생명이니

예수께서 이르시되 나는 부활이요 생명이니 나를 믿는 자는 죽어도 살겠고
무릇 살아서 나를 믿는 자는 영원히 죽지 아니하리니
이것을 네가 믿느냐 (요한복음 11:25-26).

생명 주신 하나님 아버지, 감사합니다.
예수님의 죽으심을 묵상하는 사순절을 지나는 동안
잊고 있었던 은혜를 마음속에 더욱 깊이 담게 하소서.
나를 위해 죽으신 예수님의 희생은
우리가 받을 수 있는 것을 넘어선 선물입니다.
그 죽음을 더욱 빛나게 하는 것은 생명을 얻은 나의 삶입니다.
"나는 부활이요 생명이니"라는 주님의 말씀을 믿고 선포합니다.
육신의 죽음이 끝이 아닌 영원한 생명을 소유한 것을 믿습니다.
이 담대함이 모든 사람에게 전달되고 믿어지게 하소서.
하나님의 나라가 이 땅 가운데 온전히 이루어지게 하소서.

오늘 마치 죽음을 앞둔 자처럼 낙망하지 말게 하소서.
마치 소망이 없는 자처럼 피해의식을 갖지 말게 하소서.
어떤 상황에서도 감사할 수 있음을 믿습니다.
모든 상황이 은혜 가운데 있음을 믿습니다.
나는 구원만이 아니라 더 풍성한 많은 것을 가지고 있습니다.

자격 없는 자에게 이 모든 것을 베푸신 주님을 찬양합니다.
그 크신 사랑을 힘입어 오늘을 달려갑니다.
이기게 하시고, 견디게 하시고, 일어나게 하소서.
나의 주 예수 그리스도의 이름으로 기도합니다. 아멘!

04 | 05

마땅히 믿음이 약한 자의 약점을 담당하고

> 믿음이 강한 우리는 마땅히 믿음이 약한 자의 약점을 담당하고 자기를 기쁘게 하지 아니할 것이라 우리 각 사람이 이웃을 기쁘게 하되 선을 이루고 덕을 세우도록 할지니라 (로마서 15:1-2).

하나님 아버지,
오늘도 주님의 귀한 날을 선물로 주시니 감사합니다.
어제의 고민을 다 내려놓고 오늘은 오늘의 삶을 살게 하소서.
지나가 잡을 수 없는 것들을 향한 후회를 내려놓습니다.
오늘 나에게 주신 기회와 선택 앞에 하나님께 간구합니다.
지혜를 주시고 오늘 내가 감당해야 할 주의 뜻을 이루게 하소서.

믿음으로 견고히 서는 하루 되기 원합니다.
그래서 믿음이 약한 자들의 약점을 내가 담당하기 원합니다.
그리스도께서는 자기를 기쁘게 하시지 않고 희생의 삶을 사셨습니다.
그 주님을 본받아 나를 위한 삶보다 남을 위한 삶을 살게 하소서.
남을 위해 살 때에 나의 삶이 오히려 더 풍성해집니다.
이웃들을 향하여 나의 삶이 선이 되고 덕이 되기를 원합니다.
남에게 보일까 신경 쓰이는 것이 외모와 체면이 아니라
신앙인으로서의 모범이 되게 하소서.
내가 성도임을 한시도 잊지 않고 살게 하소서.
주님을 기억하는 사순절의 때에 그분의 삶을 더욱 따르게 하소서.

오늘도 이웃의 약점을 담당하는 하루가 되게 하소서.
나의 약점을 상대에게 수용하라 요구하지 않게 하소서.
나의 허물을 담당하신 예수 그리스도의 이름으로 기도합니다. 아멘!

주 안에서 문이 내게 열렸으되

내가 그리스도의 복음을 위하여 드로아에 이르매 주 안에서 문이 내게 열렸으되
내가 내 형제 디도를 만나지 못하므로 내 심령이 편하지 못하여
그들을 작별하고 마게도냐로 갔노라 (고린도후서 2:12-13).

날마다 나의 가는 길 앞에서 나를 이끄시는 아버지, 감사합니다.
내 힘으로 살고 있는 것 같지만
실은 하나님의 인도하심이 있어서 살고 있음을 고백합니다.
주님을 의지함으로 하루를 시작합니다.

하나님의 뜻이라 믿고 환경이 순적하게 열릴 때에도
때로는 실망할 일이 생김을 고백합니다.
문이 열렸다고 생각했는데 할 수 있는 것이 아무것도 없을 때
기도하게 하소서.
마음이 불편하고 뜻이 의심스러울 때 다시 인도하심을 기다리게 하소서.
사도 바울처럼, 심령이 편하지 못하여도 다시 길을 떠나게 하소서.

내가 부족하여 하나님의 뜻을 잘못 이해할 수도 있으며
합력하여 선을 이루시는 아버지의 인도하심이 있을 수도 있음을
신뢰하게 하소서.
결국에 만날 자를 만나게 하시고, 해야 할 일을 하게 하심을 믿습니다.
오늘도 아버지의 인도하심에 민감하게 하소서.
나의 가는 모든 길을 주님이 아십니다.
그 길 가운데 하나님의 이정표를 발견하는 하루 되겠습니다.
깨어 기도하며 주님께 집중하겠습니다.
나의 인도자 되시는 예수 그리스도의 이름으로 기도합니다. 아멘!

04 | 07

너희는 이 세대를 본받지 말고

> 너희는 이 세대를 본받지 말고 오직 마음을 새롭게 함으로
> 변화를 받아 하나님의 선하시고 기뻐하시고 온전하신 뜻이 무엇인지
> 분별하도록 하라 (로마서 12:2).

언제나 나를 새롭게 하시는 아버지, 감사합니다.
나의 세대의 악함을 주님께 올려드립니다.
예수 그리스도의 보혈로 정결하게 씻어주소서.
하나님의 온전하심 앞에 변화를 이루게 하소서.

나 또한 이 세대를 만들어간 죄인임을 고백합니다.
주님은 나를 위해 죽으셨으나, 나도 그들과 비슷한 삶을 살았습니다.
나는 입으로 세상을 욕하나, 나도 그 세상을 만든 주범입니다.
세상에 속해 아버지의 법대로 살지 않음을 용서하소서.
하나님의 자녀로서 그들의 죄에 동조하며
나 또한 동참하였음을 용서하소서.

마치 나만 깨끗한 것처럼 착각하지 말게 하소서.
나의 죄를 먼저 통회하며 긍휼의 마음으로
세상을 위해 기도하게 하소서.
나는 죄 없다 하면 영원히 내 죄악은 회개할 수 없음을 알게 하소서.
아버지여, 이 땅을 불쌍히 여기소서.
예수님의 죽음이 헛되지 않은 하나님의 나라를 이루게 하소서.
아주 작은 몸짓이라도 오늘 하나님의 선하신 뜻을 따라 살겠습니다.
기뻐하시고 온전하신 뜻이 무엇인지 분별하고 순종하겠습니다.
나의 구원이 되시는 예수 그리스도의 이름으로 기도합니다. 아멘!

04 | 08

경건에 이르도록 네 자신을 연단하라

망령되고 허탄한 신화를 버리고 경건에 이르도록 네 자신을 연단하라
육체의 연단은 약간의 유익이 있으나 경건은 범사에 유익하니
금생과 내생에 약속이 있느니라 (디모데전서 4:7-8).

나의 하나님 아버지,
오늘 나의 사는 모든 순간이 주님 앞에 있음을 고백합니다.
무엇보다 먼저 마음을 다스리게 하소서.
모든 두려움과 허탄한 풍문에 휩쓸리지 말게 하소서.
아버지의 말씀이 있는데도 성경보다 소문을 더 믿음을 용서하소서.

오늘도 나의 중심이 무엇을 향해 있는지 점검하게 하소서.
나의 믿음이 떠도는 소문에 있으며, 다투며 분쟁하고 있는지요.
말씀 앞에, 하나님의 선하심 앞에 잠잠히 기도하고 있는지요.
망령되고 허탄한 모든 신화를 버리고 경건에 이르게 하소서.
이것이 자연스럽게 되는 것이 아니라 훈련임을 알게 하소서.
육체를 단련하고 건강을 챙기기 위해 부단히 노력하면서도
나의 영혼의 병듦을 눈치채지 못할 만큼 무관심함을 용서하소서.
육체의 죽음을 두려워하는 반만큼이라도
영적인 죽음을 두려워하게 하소서.
나를 진정으로 멸망시키는 것이 무엇인지 살피게 하소서.
그래서 오늘도 주님이 필요합니다.

이 땅에서만이 아니라 천국에 가서도 유익한 것을 선택하게 하소서.
허탄한 말잔치로 가득한 날이 되지 말게 하소서.
나의 구원자 되신 예수 그리스도의 이름으로 기도합니다. 아멘!

04 | 09

모세가 홍해에서 이스라엘을 인도하매

> 모세가 홍해에서 이스라엘을 인도하매 그들이 나와서 수르 광야로 들어가서 거기서 사흘길을 걸었으나 물을 얻지 못하고 마라에 이르렀더니 그곳 물이 써서 마시지 못하겠으므로 그 이름을 마라라 하였더라 (출애굽기 15:22-23).

기적을 베푸시는 하나님 아버지,
나의 인생을 인도하시며 졸지도 주무시지도 않는 아버지를 찬양합니다.
위대한 모세를 세우셔서 선명한 뜻으로 인도하신 길이지만
때로는 어려움을 만났던 것을 기억하게 하소서.
주의 뜻이 담긴 길에는 장애물이 없을 것이라는 착각을 버리게 하소서.
어려움을 만날 때 이 길은 주의 길이 아니라며 포기하지 말게 하소서.
순적하고 편한 길이 주의 뜻이라 믿고 싶은 이기심을 내려놓게 하소서.

주의 뜻을 따라가는 길에 물이 없어 갈하고,
기껏 있는 물은 써서 먹지 못했습니다.
나의 인생길도 그럴 수 있음을 알게 하소서.
물이 없으면 기도하게 하시고, 물이 쓰면 기도하게 하소서.
불평하기 전에 기도하고, 의심하기 전에 신뢰하게 하소서.

세상에 어려움 없는 인생은 없다는 간단한 사실을 믿게 하소서.
내게 닥친 어려움이 하나님이 나를 사랑하시지 않는 증거라는
사탄의 속임을 이기게 하소서.
하나님을 신뢰하면 물 없는 곳에서 물을 만나고
쓴물이 단물로 바뀔 것입니다.
신뢰하는 법을 먼저 배우는 하루 되게 하소서.
나의 기적이 되시는 예수 그리스도의 이름으로 기도합니다. 아멘!

04 | 10

지식에 넘치는 그리스도의 사랑을 알고

> 능히 모든 성도와 함께 지식에 넘치는 그리스도의 사랑을 알고 그 너비와 길이와 높이와 깊이가 어떠함을 깨달아 하나님의 모든 충만하신 것으로 너희에게 충만하게 하시기를 구하노라 (에베소서 3:18-19).

사랑의 하나님 아버지,
주님이 주시지 않으면 나에게 오늘이 있을 수 없음을 고백합니다.
오늘이 그렇게 주어진 선물임을 고백합니다.
우리의 삶 가운데 당연한 것이 없음을 알고 감사하게 하소서.

주님의 사랑이 얼마나 넘치는 것인지 경험하는 날 되기 원합니다.
잃어버리고 나서 그제야 후회하는 인생 되지 말게 하소서.
내가 지닌 모든 당연한 것이 얼마나 큰 은혜인지 알게 하소서.
마음껏 다닐 수 있는 것이 축복이었음을 깨닫습니다.
마음껏 숨 쉴 수 있는 것이 기적이었음을 깨닫습니다.

나의 당연한 일상을 위해 주께서 주신 사랑이 얼마나 큰지요.
그 예측할 수 없는 사랑의 높이를 찬양합니다.
모든 죄악된 이들까지 품으시는 그 크신 사랑의 넓이를 찬양합니다.
영원히 지속될, 그 끝까지 사랑하시는 사랑의 길이에 감동합니다.
고통의 자리까지 내려가시는 그 사랑의 깊이에 눈물 흘립니다.
여전히 아버지의 사랑이 차고 넘침을 찬양합니다.
이미 고통의 자리에서 눈물 흘리고 계신
아버지로 인해 감사드립니다.
나도 그 사랑을 닮게 하소서. 그 자리에 있게 하소서.
나의 주 예수 그리스도의 이름으로 기도합니다. 아멘!

04 | 11

하나님이 그가 구하는 것을 허락하셨더라

> 야베스가 이스라엘 하나님께 아뢰어 이르되 주께서 내게 복을 주시려거든 나의 지역을 넓히시고 주의 손으로 나를 도우사 나로 환난을 벗어나 내게 근심이 없게 하옵소서 하였더니 하나님이 그가 구하는 것을 허락하셨더라 (역대상 4:10).

나의 기도를 들으시는 아버지, 감사합니다.
오늘도 나의 기도가 땅에 떨어지지 않을 것을 믿습니다.
수고로 세상 가운데 온 야베스의 기도처럼
우리의 인생도 수고 가운데 있습니다.
고난 없는 인생이 없으며, 수고 없는 삶이 없음을 고백합니다.
모든 삶에 각자의 분량대로 고난이 있음을 믿습니다.
이 수고로움과 고난을 통해
어떤 이는 세상의 것을 더 사랑하러 달려가지만
야베스의 기도처럼 고난을 통해 아버지 앞에 나가는 자 되게 하소서.

기도의 목적이 나의 안락함을 위한 것이 되지 말게 하소서.
나의 지역을 넓히려는 것이
더 큰 집에 살고 자랑하려는 의도가 아니게 하소서.
주의 손이 나를 도와야 할 이유가
떵떵거리고 살기 위한 동기가 아니게 하소서.
근심 없이 주를 섬기기 위해, 아버지를 위해 간구하게 하소서.

마음의 중심을 보시는 하나님의 눈이
나의 중심을 보고 있습니다.
나의 동기를 점검하고 다시 주님께 정렬하는 하루 되게 하소서.
나의 주 예수 그리스도의 이름으로 기도합니다. 아멘!

04 | 12

나를 떠나서는 너희가 아무것도 할 수 없음이라

**나는 포도나무요 너희는 가지라
그가 내 안에, 내가 그 안에 거하면 사람이 열매를 많이 맺나니
나를 떠나서는 너희가 아무것도 할 수 없음이라** (요한복음 15:5).

하나님 아버지,
오늘도 어제의 알고 지었던 모든 죄를 회개합니다.
예수 그리스도의 보혈로 나를 깨끗게 하여 주소서.
오늘도 나의 얼굴만 아니라 나의 영을 씻고 시작합니다.
주님 앞에 나를 드리니 나를 정결하게 하소서.

나의 포도나무가 되시는 예수님, 그 안에 내가 거하기 원합니다.
내 삶에 열매가 없다고 느껴진다면 내가 어디 있는지 점검하게 하소서.
어제의 하루가 빈손으로 여겨진다면
어제 내가 누구와 함께했는지 보게 하소서.
주님을 멀리하면서 열매를 기대하지는 않았는지요.
내가 주님 안에 거하는 것이 나의 삶을 가장 풍성하게 함을 믿습니다.

주님을 떠나서 내가 할 수 있는 일이 아무것도 없음을 고백합니다.
나의 주인이 되어주소서.
내가 주님께 딱 붙어서 떨어지지 말게 하소서.
내가 일하는 순간에도, 잠자는 순간에도 주님과 붙어 있기 원합니다.
내 안에 거하여 주소서.
내가 주님 안에 거하겠습니다.
나무에 붙은 가지처럼 떨어지지 않고 견딜 때 내게 열매를 허락하소서.
나의 모든 것이 되시는 예수 그리스도의 이름으로 기도합니다. 아멘!

04 | 13

그가 나를 푸른 풀밭에 누이시며

여호와는 나의 목자시니 내게 부족함이 없으리로다
그가 나를 푸른 풀밭에 누이시며 쉴 만한 물가로 인도하시는도다
(시편 23:1-2).

오늘도 나의 목자가 되셔서 나를 인도하시는 아버지, 감사합니다.
오늘 새로운 날을 맞아 아버지의 손에 나의 하루를 올려드립니다.
내 손에 있는 하루가 아니라, 아버지의 손에 있는 하루입니다.
내 삶의 모든 주권이 아버지께 있음을 고백합니다.

오늘도 나를 푸른 초장과 같은 곳으로 인도하소서.
쉼이 있는 하루가 되게 하소서.
내 일터에서도 내가 쉴 만한 물가를 만날 수 있음을 믿습니다.
나의 집이 누추하여도 이곳이 푸른 풀밭이 될 것을 믿습니다.
환경이 아니라 나의 마음이 쉴 만한 물가가 되게 하소서.
마음의 조급함을 모두 내려놓습니다.
달리지 않으면 뒤처질 것 같은 모든 경쟁심을 내려놓습니다.
모든 것이 하나님의 손에 있다면 먼저 기도하고 생각하게 하소서.
오늘 내가 무엇을 해야 하는지 알려주소서.
내 삶의 최우선 순위를 주님이 아시니 내게 깨달음을 주소서.

오늘도 나의 삶만이 아니라 다른 사람에게도
부족함 없으신 하나님을 소개하기 원합니다.
나만 누리지 않고 다른 사람도 아버지를 만나 누리게 하소서.
온전한 복음의 힘을 모든 사람이 알게 하소서.
나의 주 예수 그리스도의 이름으로 기도합니다. 아멘!

04 | 14

이 율법책을 네 입에서 떠나지 말게 하며

이 율법책을 네 입에서 떠나지 말게 하며 주야로 그것을 묵상하여
그 안에 기록된 대로 다 지켜 행하라 그리하면 네 길이 평탄하게 될 것이며
네가 형통하리라 (여호수아 1:8).

새로운 날과 새로운 희망을 주신 나의 주 하나님, 감사합니다.
오늘도 주님의 일하심 앞에 나의 모든 것을 올려드립니다.
아름다운 주님의 말씀을 마음에 새기는 하루 되기 원합니다.
먼저 주님 앞에 기도하고, 말씀 앞에 나아가 서게 하소서.
나의 가는 길을 보이실 것을 믿습니다.

오늘 내가 해야 하는 일을 알게 하소서.
오늘 내가 보아야 할 것을 보게 하소서.
오늘 내가 들어야 할 주님의 음성을 듣게 하소서.
그리고 나의 손을 들어 주님께 내어드리듯이
나의 이웃을 향하여 내가 할 수 있는 일을 찾게 하소서.
몸이 멀어지면 마음도 멀어진다 하였습니다.
사람들과 거리를 둔다고 마음도 멀어지는 일이 없게 하소서.
하나님이 주시는 모든 것에 아름다운 것이 숨어 있음을 믿습니다.
말씀 앞에 온전히 설 때 나의 길이 주 안에서 형통할 것입니다.
내 이기심의 형통이 아니라 주님의 뜻의 형통으로 나아갑니다.

오늘도 나의 계획보다 주님의 말씀이 우선 되게 하소서.
나의 실행력이 나의 욕망보다 아버지의 뜻을 향해 가게 하소서.
오늘 나의 발아래 말씀의 토대가 굳건하게 하소서.
나의 주 예수 그리스도의 이름으로 기도합니다. 아멘!

04 | 15

남을 윤택하게 하는 자는 자기도 윤택하여지리라

> 흩어 구제하여도 더욱 부하게 되는 일이 있나니 과도히 아껴도 가난하게 될 뿐이니라 구제를 좋아하는 자는 풍족하여질 것이요 남을 윤택하게 하는 자는 자기도 윤택하여지리라 (잠언 11:24-25).

아침마다 새로운 은총을 주시는 긍휼의 하나님, 감사합니다.
어제의 모든 어려움을 이기게 하시고 나를 건지셨습니다.
내가 기억하지 못하거나 눈치채지 못했다 할지라도
나를 보호하셨음을 찬양합니다.

오늘 나를 향한 하나님의 사랑은 부족함이 없습니다.
아니, 차고 넘침을 고백합니다.
그 아버지의 사랑처럼 나도 내 손에 있는 것으로 구제하게 하소서.
구제하느라 가난해지는 것이 아님을 믿게 하소서.
과도히 아낀다고, 절대로 남을 위해 돈을 쓰지 않는다고
부자가 되지 않음을 알게 하소서.
하나님의 손에서 풍족함이 흘러옴을 믿습니다.
마음에 감동이 있을 때에 망설이지 말게 하소서.
재물을 주신 이가 하나님이시니 필요한 자를 향해 나누게 하소서.
남을 윤택하게 함으로 나도 윤택해질 것을 믿습니다.

재물만을 나누는 것이 아니라 마음과 사랑도 나누게 하소서.
그러나 마음만 나누는 버릇을 없애고
재물을 나누는 훈련을 하게 하소서.
적은 돈에도 마음이 담겼으니 그것으로 섬기는 법을 배우게 하소서.
내 모든 풍족함이 되시는 예수 그리스도의 이름으로 기도합니다. 아멘!

04 | 16

믿음이 없이는 하나님을 기쁘시게 하지 못하나니

> 믿음이 없이는 하나님을 기쁘시게 하지 못하나니 하나님께 나아가는 자는
> 반드시 그가 계신 것과 또한 그가 자기를 찾는 자들에게
> 상 주시는 이심을 믿어야 할지니라 (히브리서 11:6).

나의 상급이 되시는 하나님 아버지,
나에게 신선한 공기와 마실 물, 굳건한 땅,
자연의 아름다움을 주셔서 감사합니다.
내게 허락하신 당연한 모든 것으로 아버지를 찬양합니다.

미세먼지가 오기 전에는 공기가 당연한 줄 알았습니다.
감염병이 오기 전에는 사람들과의 악수가 당연한 줄 알았습니다.
물이 오염되기 전에는 물을 사 먹는다는 것을 비웃었습니다.
모든 것을 잃어버리고 나서 귀한 줄 알게 되었습니다.
이제 잃어버리기 전에 감사하게 하소서.
당연하다 여겼던 것들의 귀함을 알게 하소서.
그리고 모든 것을 인하여 주님을 찬양하기 원합니다.
이 모든 것을 주시는 분이 하나님이심을 믿습니다.
보이지 않는 것들까지 믿습니다.
보이지 않는 하나님이 계신 것과
하나님은 하나님을 찾는 자에게 상 주시는 분이심을 믿습니다.

하나님을 향한 믿음이 더 강해지는 하루 되게 하소서.
모든 것을 다스리시는 주님을 믿게 하소서.
나의 믿음이 오늘도 주님을 기쁘시게 할 것을 믿습니다.
나의 주 예수 그리스도의 이름으로 기도합니다. 아멘!

04 | 17

예수의 생명이 또한 우리 몸에 나타나게 하려 함이라

> 우리가 사방으로 욱여쌈을 당하여도 싸이지 아니하며 답답한 일을 당하여도
> 낙심하지 아니하며 박해를 받아도 버린 바 되지 아니하며 거꾸러뜨림을 당하여도
> 망하지 아니하고 우리가 항상 예수의 죽음을 몸에 짊어짐은
> 예수의 생명이 또한 우리 몸에 나타나게 하려 함이라 (고린도후서 4:8-10).

오늘도 주님의 품 안에서 눈을 뜨게 하신 아버지, 감사합니다.
어제 고단했어도 지난밤 아버지의 새로운 치유를 경험했습니다.
나의 고민이 사라지고, 걱정과 근심을 가져가시니 감사합니다.
어제보다 한결 가벼워짐에 감사드립니다.
나는 작은 고민 하나도 어쩌지 못함을 고백합니다.
주님께 모든 것을 맡기고 새롭게 시작하게 하소서.

오늘도 주님 앞에 가장 먼저 나아갑니다.
나의 기도를 들어주소서.
주님이 모든 답답한 일과 낙심할 일을 살피실 것을 믿습니다.
사방으로 욱여쌈을 당하여도 싸이지 않을 것을 믿습니다.
어려운 일을 당해도 나는 아버지께 버림받지 않는 소중한 자녀입니다.
누구도 나를 거꾸러뜨려 멸망시킬 수 없음을 믿습니다.
이 믿음으로 오늘도 담대하게 하소서.
나의 아버지께서 나를 지키시니 두렵지 않습니다.
세상이 나를 멸망시킬 수 없음은 내 생명이 그리스도께 있음입니다.

오늘 나에게 새 힘을 주소서.
어렵고 힘든 것만 보지 않고 주님의 힘을 보게 하소서.
나를 지키시는 이의 높고 크심을 찬양합니다.
나의 구원이 되시는 예수 그리스도의 이름으로 기도합니다. 아멘!

04 | 18

무엇보다도 뜨겁게 서로 사랑할지니

> 무엇보다도 뜨겁게 서로 사랑할지니
> 사랑은 허다한 죄를 덮느니라
> (베드로전서 4:8).

사랑의 하나님 아버지,
오늘도 나를 사랑하셔서 새로운 날을 주시니 감사합니다.
오늘이 나에게 새로운 기회요, 주님의 은혜임을 고백합니다.
무엇을 하든지 주님 안에서 행하는 하루 되게 하소서.
새로운 호흡으로 주님을 찬양합니다.
나의 입술이 하루 종일 주를 찬양하게 하소서.

하나님의 사랑이 오늘 하루 가득함을 믿습니다.
그 믿음이 어제 나의 모든 죄악을 씻고 오늘을 살게 합니다.
예수님의 피로 나를 사셨으니 나의 죄악을 온전히 깨끗하게 하소서.
주님의 사랑이 나를 온전히 덮어 새롭게 하기를 원합니다.
크고 넓은 하나님의 품 안에서 사는 하루 되기를 원합니다.

오늘 크신 사랑에 힘입어 뜨겁게 사람을 사랑하겠습니다.
내 곁에 두신 모든 이를 사랑하게 하소서.
나의 배우자와 자녀들과 부모님을 사랑하기 원합니다.
나의 동료와 가까운 이웃들을 뜨겁게 사랑하게 하소서.
그 사랑으로 그들의 허물을 덮어주는 날 되게 하소서.
오늘도 한 걸음 사랑을 배우기 원합니다.
나의 실천으로 훈련이 되게 하시고, 인격으로 남게 하소서.
나의 사랑이 되신 예수 그리스도의 이름으로 기도합니다. 아멘!

04 | 19

우리 하나님 외에 누가 반석이냐

> 여호와 외에 누가 하나님이며 우리 하나님 외에 누가 반석이냐
> 이 하나님이 힘으로 내게 띠 띠우시며 내 길을 완전하게 하시며 나의 발을
> 암사슴 발 같게 하시며 나를 나의 높은 곳에 세우시며 내 손을 가르쳐
> 싸우게 하시니 내 팔이 놋 활을 당기도다 (시편 18:31-34).

모든 고단함을 물리치시고 회복을 주시는 나의 아버지, 찬양합니다.
아버지의 손이 언제나 나를 치유하심을 믿습니다.
오늘 나의 반석이 되어주소서.
하나님의 힘으로 나를 완전하게 하시고 나의 발을 견고하게 하소서.
나로 아버지께 배워 싸울 수 있는 힘을 얻게 하소서.
나의 손이 주님 앞에 힘이 있게 하시고
나의 팔이 활을 당길 힘을 얻게 하소서.
나의 영적 전쟁 앞에 무기력하지 않고 담대히 나아가기 원합니다.

언제나 연약하다고 외치지 않고 여호와의 힘을 얻어 담대하게 하소서.
내가 해야 할 싸움에서 도망가는 자가 아니라
싸울 수 있는 자가 되게 하소서.
하나님은 나의 방패이시며 나의 견고한 성이심을 믿습니다.
오늘 내가 치러야 할 전쟁 앞에 전사로 나아가게 하소서.
나의 영적인 전쟁이 무엇인지 분별하게 하시고,
올바른 판단력을 가지게 하소서.

오늘도 주님을 의지함으로 악과 싸우고 선을 이루는 하루 되겠습니다.
선과 싸우고 악과 타협하지 말게 하소서.
사람과 싸우고 영적으로 느슨해지지 말게 하소서.
나의 힘이 되시는 예수 그리스도의 이름으로 기도합니다. 아멘!

04 | 20

여호와의 사랑을 입은 자는 그 곁에 안전히 살리로다

베냐민에 대하여는 일렀으되 여호와의 사랑을 입은 자는
그 곁에 안전히 살리로다 여호와께서 그를 날이 마치도록 보호하시고
그를 자기 어깨 사이에 있게 하시리로다 (신명기 33:12).

복을 주시는 하나님 아버지,
아침마다 주님의 인자하심이 가득함을 찬양합니다.
신실하신 하나님의 은혜가 변함없이 이곳에 있음에 감사합니다.
나는 신실하지 못하나 하나님은 신실하시니
그 신실하심에 의지합니다.

오늘 우리에게 베냐민의 축복을 허락하여 주소서.
여호와의 사랑을 입은 자가 되어 주님 곁에 안전히 거하게 하소서.
세상에 무슨 일이 일어나도 나를 지키시는 분이 되어주소서.
나와 나의 가족들이 여호와의 사랑을 입은 자들이 되게 하소서.
나의 날이 마치기까지 보호하시고 주의 어깨 사이에 머물게 하소서.
이 세상 무엇도 나를 치지 못하며 주님의 손으로 나를 덮어주소서.
내가 주님의 뜻 안에 거할 때 아버지의 사랑을 입을 줄 믿습니다.
나의 이기심이 아니라 주 뜻 안에 거함이 가장 행복함을 알게 하소서.
속히 악의 자리에서 벗어나 주님 손 안에, 그 품 안에 거하게 하소서.

오늘도 주님의 뜻 안에 거하며 그 사랑을 입기 원합니다.
언제나 아버지께서는 나를 가까이 두기 원하시나
내가 떠나려 하는 죄를 용서하소서.
오늘 내가 주님의 품에 달려 들어갑니다.
나를 안아주시는 예수 그리스도의 이름으로 기도합니다. 아멘!

04 | 21

주께서 생명의 길을 내게 보이시리니

> 주께서 생명의 길을 내게 보이시리니
> 주의 앞에는 충만한 기쁨이 있고
> 주의 오른쪽에는 영원한 즐거움이 있나이다 (시편 16:11).

오늘도 좋은 하루를 주신 생명의 하나님, 감사합니다.
오늘은 참 행복하고 좋은 날입니다.
환경과 여건과 상관없이 주께서 주신 모든 날은 좋은 날입니다.
좋은 아침에 나의 입술에서 처음 나가는 말이
하나님을 찬양하는 말이기 원합니다.
첫 시간, 첫 음성을 주님께 드리게 하소서.

사소한 짜증에 나의 마음을 빼앗기지 말게 하소서.
하나님을 바라보며 감사와 찬양을 시작하는 날 되게 하소서.
오늘도 나의 가는 모든 길에 생명의 길을 보이소서.
주님이 그 길을 보이실 때 순종하며 따르게 하소서.
보기만 하고 가지 않는 어리석음에서 벗어나기 원합니다.
내 눈에는 좋아 보이지 않아도
주님이 인도하시는 길에는 선함이 있음을 믿습니다.
그 안에 충만한 기쁨이 있고, 영원한 즐거움이 있는 것을 믿습니다.
나의 세상적인 눈과 판단을 내려놓고
영적인 눈으로 그 길을 분별하게 하시고, 따르는 용기를 갖게 하소서.

새로운 날 기쁨으로 시작하고 보람으로 마무리하게 하소서.
저녁에 주님 앞에 기도할 때에는 감사가 더 넘치게 하소서.
나의 주 예수 그리스도의 이름으로 기도합니다. 아멘!

04 | 22

네 길을 여호와께 맡기라 그를 의지하면 그가 이루시고

> 또 여호와를 기뻐하라 그가 네 마음의 소원을 네게 이루어 주시리로다 네 길을 여호와께 맡기라 그를 의지하면 그가 이루시고 네 의를 빛같이 나타내시며 네 공의를 정오의 빛같이 하시리로다 (시편 37:4-6).

나의 하나님 아버지, 오늘도 기쁨으로 하루를 시작합니다.
하나님과 동행하는 하루가 복되게 하소서.
아침마다 새로운 능력으로 채워주시니 감사합니다.
어제는 용기 내지 못했던 일들을 오늘은 하게 하소서.
어제는 포기했던 일들을 오늘은 도전하게 하소서.

내가 여호와 하나님을 기뻐합니다.
마음의 소원을 들어달라 간구하기보다 하나님을 기뻐하게 하소서.
여호와를 기뻐하는 자에게 마음의 소원을 이루어주겠다 하셨습니다.
신앙이 요구가 아니라 관계가 되게 하소서.
하나님이 고충처리반이 아니라 사랑하는 연인이 되시게 하소서.

오늘도 주님께 나의 길을 맡겨드립니다.
내가 주님을 의지합니다.
그 길을 따라 온전히 행할 때에 그것이 나의 의가 될 것을 믿습니다.
나의 계획대로가 아니라 주님의 계획대로 사는 날 되게 하소서.
나의 힘과 능력이 아니라 주님의 힘과 능력을 의지하게 하소서.
오늘도 주님의 빛이 나를 인도할 것을 믿습니다.
그 빛을 의지하여 주님 앞에 나아갑니다.
오늘 분량의 담대함을 가지게 하소서.
나의 주 예수 그리스도의 이름으로 기도합니다. 아멘!

04 | 23

그 입술을 제어하는 자는 지혜가 있느니라

> 말이 많으면 허물을 면하기 어려우나
> 그 입술을 제어하는 자는 지혜가 있느니라
> (잠언 10:19).

오늘도 사랑하는 사람들을 주신 아버지, 감사합니다.
가족들을 허락하셔서 그들을 기억하며 힘을 얻게 하시니 감사합니다.
내가 존재하는 이유도 그들로 인함입니다.
나를 낳아주신 부모님과 내가 낳은 자녀들에게 감사하게 하소서.

부모님을 통해 나를 세상에 보내신 것에 감사드립니다.
나와 배우자를 통해 나의 자녀들을 세상에 보내주심에 감사합니다.
생명은 인간의 힘으로 어찌할 수 없는 것인데
이런 생명을 경험하게 하시니 감사합니다.
모두가 선물입니다.
이 선물을 모든 순간 누리게 하소서.
그들을 인하여 불편하거나 힘들다는 것에 매이지 말게 하소서.
짐이라는 생각에 가려진 복을 바라보게 하소서.
가장 먼저 가족을 향해 나의 말을 제어하게 하소서.
편해서 말을 많이 하다 너무 많은 실수를 합니다.
가족들을 해쳤던 죄를 용서하시고 다시 그들을 축복하게 하소서.

오늘 말의 실수가 없는 날 되기를 소망합니다.
나의 입술을 제어하고 지혜로운 자가 되게 하소서.
나의 입에서 나오는 말들이 찬양과 감사와 축복이 되게 하소서.
나의 사랑이 되시는 예수 그리스도의 이름으로 기도합니다. 아멘!

04 | 24

성령의 능력으로 소망이 넘치게 하시기를 원하노라

소망의 하나님이 모든 기쁨과 평강을 믿음 안에서
너희에게 충만하게 하사 성령의 능력으로
소망이 넘치게 하시기를 원하노라 (로마서 15:13).

소망의 하나님 아버지,
날마다 주시는 은혜로 하루하루를 살아가게 하시니 감사합니다.
어제도 우리 모든 가족을 돌보시고 지켜주셔서 감사합니다.
어디를 가든지 주님의 은혜 안에 거하는 복을 허락하소서.
모든 상황 속에서 하나님의 은혜를 발견하는 눈을 허락하소서.

내가 만든 기쁨은 너무 짧고 허망함을 고백합니다.
시험에 합격해도 기쁨이 잠깐이고, 건강이 좋아져도 감사가 잠깐입니다.
돈을 많이 벌어도 순간의 즐거움이요, 관계가 좋아져도 그때뿐입니다.
나의 힘으로 이루는 모든 것의 수고가 너무 잠깐임을 고백합니다.
하나님이 주시는 평강과 기쁨을 허락하소서.
내가 하나님을 신뢰하는 만큼 기쁨과 평강이 넘침을 믿습니다.
하나님을 믿기 때문에 나는 여전히 소망이 있습니다.
하나님이 나의 주인이시므로 살아갈 희망을 얻습니다.
성령 하나님의 충만하심이 나와 가족들에게 넘치게 하소서.

하나님으로 가득 찬 나의 하루가 되게 하소서.
어떤 비관적 상황 속에서도 기쁨을 놓치지 말게 하소서.
비관을 보지 않고 소망을 바라보되,
하나님 안에 있는 소망을 보게 하소서.
나의 주 예수 그리스도의 이름으로 기도합니다. 아멘!

04 | 25

마음으로는 이익을 따름이라

> 백성이 모이는 것같이 네게 나아오며 내 백성처럼 네 앞에 앉아서 네 말을 들으나 그대로 행하지 아니하니 이는 그 입으로는 사랑을 나타내어도 마음으로는 이익을 따름이라 (에스겔 33:31).

중심을 보시는 하나님 아버지,
오늘도 칠흑 같은 어둠을 이기고 빛을 주신 아버지, 감사합니다.
아침을 매일 맞이하다 보니 이것이 기적임을 잊었습니다.
오늘 나에게 기적의 아침을 주시니 감사합니다.
창조주 되시는 하나님을 찬양하고 또 찬양합니다.

죽은 자를 살리시며 마른 뼈로 군대가 되게 하시는 아버지, 감사합니다.
내가 하나님의 잃어버린 영광을 다시 찾는 자가 되게 하소서.
영적으로 마른 뼈와 같다면 다시 하나님을 갈망하게 하소서.
내가 지금 서 있는 자리가 어디인지를 아는 지혜를 허락하소서.
그리고 모든 순간 하나님을 향한 시선을 돌리는 일이 없게 하소서.

입으로는 사랑을 나타내도 마음으로 이익을 좇는 자임을 회개합니다.
언제나 말은 번지르르하지만 결정은 이기적이었습니다.
하나님을 사랑한다고 하지만 결국 돈을 사랑했습니다.
죄악을 용서하시고 예수 그리스도의 보혈로 깨끗게 하소서.
그리고 입이 아니라 선택으로 사랑을 고백하게 하소서.
나의 선택 속에 하나님을 향한 나의 사랑이 있음을 기억합니다.
크고 작은 모든 순간, 선택으로 사랑을 고백하겠습니다.
나의 삶이 고백이 되게 하소서.
나의 주 예수 그리스도의 이름으로 기도합니다. 아멘!

04 | 26

구하는 자에게 좋은 것으로 주시지 않겠느냐

> 너희가 악한 자라도 좋은 것으로 자식에게 줄 줄 알거든
> 하물며 하늘에 계신 너희 아버지께서
> 구하는 자에게 좋은 것으로 주시지 않겠느냐 (마태복음 7:11).

나의 부모가 되시는 하나님 아버지,
오늘도 싱그러운 아침을 주신 아버지, 감사합니다.
매일매일의 짐을 저녁에 묻어버리게 하심을 감사합니다.
하루의 짐이 누적된다면 아마 저는 깔려버렸을 것입니다.
주님께 모든 짐을 털어버리고 새날을 맞이했습니다.

나의 아버지가 되어주심에 감사합니다.
내 육신의 부모가 없다 하여도 나는 고아가 아닙니다.
온 천지에 나의 가족이 없다 하여도 나는 외톨이가 아닙니다.
아버지 되시는 하나님이 나를 나의 부모보다 더 사랑하시기 때문입니다.
그 아버지의 사랑이 오늘도 나를 담대하게 합니다.
육신의 부모도 나에게 늘 좋은 것을 주지 못해 안타까워하시는데,
비교도 안 될 만큼 나를 사랑하시는 하나님이
가장 좋은 것을 주실 것임을 믿게 하소서.
내 입에 쓴 것이라도 절대적으로 나를 위한 것임을 믿게 하소서.
내 상황을 받아들이는 믿음이 하나님을 향한 신뢰임을 알게 하소서.

나를 가장 선하고 아름다운 것으로 채우시는 주님을 찬양합니다.
아버지만이 나를 가장 사랑하십니다.
그 사랑을 믿고 신뢰함으로 오늘을 받아들이고 감사드립니다.
나의 선함이 되시는 예수 그리스도의 이름으로 기도합니다. 아멘!

04 | 27

우리가 환난 중에도 즐거워하나니

*다만 이뿐 아니라 우리가 환난 중에도 즐거워하나니
이는 환난은 인내를, 인내는 연단을,
연단은 소망을 이루는 줄 앎이로다 (로마서 5:3-4).*

나의 주 하나님 아버지,
오늘도 나에게 필요한 것을 공급하시는 아버지, 감사합니다.
내가 가진 모든 것이 주님께로부터 왔음을 고백합니다.
이 세상의 모든 생명이 주님의 손에 있습니다.
내가 누리는 모든 만물이 하나님의 손으로부터 왔습니다.
아버지께서 허락하시지 않았다면 절대로 누릴 수 없는 것들입니다.

모든 상황과 여건으로 인해 하나님을 찬양하고 감사를 드립니다.
나쁜 일에만 집중되어 있는 나의 날카로운 감정을 회개합니다.
아주 작은 불편함에 집중되어 모든 감사를 잃어버림을 회개합니다.
감사는 감사이고, 불평은 불평으로 모두 소유하고 있음을 회개합니다.
감사를 취하고 불평을 버리게 하소서.
오늘 나에게 오는 환난 중에서도 즐거워하게 하소서.
지금의 환난을 보지 말고, 그것으로 인한 인내를 보게 하소서.
인내가 가져올 연단을 보고, 연단이 가져올 소망을 보게 하소서.
결국 환난이 참된 소망을 알게 할 것임을 믿습니다.
그래서 지금의 환난 속에서 소망을 바라봄으로 즐거워하게 하소서.

나의 환난 중에 함께하심을 믿습니다.
하나님이 함께하신다면 이 환난쯤은 넉넉히 이길 것을 믿습니다.
나의 힘이 되시는 예수 그리스도의 이름으로 기도합니다. 아멘!

04 | 28

죄인의 형통을 부러워하지 말고 항상 여호와를 경외하라

네 마음으로 죄인의 형통을 부러워하지 말고
항상 여호와를 경외하라 정녕히 네 장래가 있겠고
네 소망이 끊어지지 아니하리라 (잠언 23:17-18).

나의 아버지, 주님이 주신 날을 감사드립니다.
오늘 만남의 축복을 허락하소서.
만나는 사람들을 귀히 여기게 하소서.
그들을 통해 하나님이 일하시기를 기도합니다.
오늘도 내 주변에 주신 사람들을 인해 감사를 드립니다.

나를 속상하게 만드는 사람들로 인해 마음을 빼앗기지 말게 하소서.
나를 악하게 대했던 사람들의 형통함을 배 아파하지 말게 하소서.
누가 봐도 죄인인 사람들이 잘되는 것을 보고 한탄하지 말게 하소서.
오직 나는 여호와 하나님만을 경외하며 기대하게 하소서.
주변 사람들의 형통함의 결과만 보지 말게 하소서.

나에게는 하나님과 함께하는 과정이 필요함을 인정합니다.
지금 보이는 것이 결과가 아님을 인정합니다.
우리 인생은 모두 과정 중에 있음을 고백합니다.
그래서 오늘 내가 실망할 것이 없음을 믿습니다.
오늘 나의 과정 가운데 여호와 하나님이 나의 주인이 되어주소서.
나의 모든 장래와 가능성이 아버지께 있음을 믿습니다.
절대로 나를 실망시키시는 분이 아님을 믿습니다.
가장 선하고 온전한 길로 인도하시는 주님을 믿고 찬양을 드립니다.
나의 기쁨이 되시는 예수 그리스도의 이름으로 기도합니다. 아멘!

04 | 29

어머니의 하나님이 나의 하나님이 되시리니

> 룻이 이르되 내게 어머니를 떠나며 어머니를 따르지 말고 돌아가라 강권하지 마옵소서 어머니께서 가시는 곳에 나도 가고 어머니께서 머무시는 곳에서 나도 머물겠나이다 어머니의 백성이 나의 백성이 되고 어머니의 하나님이 나의 하나님이 되시리니 (룻기 1:16).

은혜로 하루를 보내게 하시고 새날을 주신 아버지, 감사합니다.
나에게 부모님을 허락하시고 많은 것을 공급받게 하시니 감사합니다.
이 세상의 많은 사람 가운데서 가족을 이루게 하심을 감사합니다.
나의 원함과 상관없이 주어진 것이나 하나님의 선하심을 믿습니다.
내가 하나님을 신뢰하는 만큼 가족을 인해 감사하게 하소서.

신앙도 대를 이어 지키게 하심을 감사합니다.
이 신앙이 끊이지 않고 이어지게 하소서.
믿음의 결단으로 이룬 결속이 혈연보다 더 강함을 알게 하소서.
무엇보다 나의 부모님이 하나님을 믿으신다면 무한 감사합니다.
이 세상 어떤 유산과 비교할 수 없는 가장 큰 은혜를 입었습니다.
사랑이 부족했다 하더라도, 돈이 모자랐다 하더라도 감사하게 하소서.
내가 원하는 것을 다 해주시지 않았다 할지라도 감사하게 하소서.
육신의 생명만이 아니라 영의 생명을 주셨기 때문입니다.
만약 부모님이 신앙이 없으시다면
나의 신앙을 인정해주신 것에 감사하게 하소서.
구원받는 복을 허락하여 주소서.

먹고사는 것보다 믿음을 선택한 룻처럼 살게 하소서.
하나님의 백성이 되는 것이 가장 큰 복임에 감사하는 날 되게 하소서.
참된 양육자가 되시는 예수 그리스도의 이름으로 기도합니다. 아멘!

04 | 30

자기 이웃을 속이지 말고 네 하나님을 경외하라

> 너희 각 사람은 자기 이웃을 속이지 말고
> 네 하나님을 경외하라 나는 너희의 하나님 여호와이니라
> (레위기 25:17).

나의 주 하나님 아버지,
하나님의 신실하심이 어제도, 오늘도, 내일도 함께함을 찬양합니다.
오늘 나도 하나님 앞에 신실함을 보이게 하소서.
받기만 하는 하루가 아니라 베풀고 주는 하루 되게 하소서.

나와 함께하는 이웃들 앞에 정직하게 하소서.
사소한 것이라도 그들을 속이는 일이 없게 하소서.
언제나 사랑과 긍휼의 마음으로 그들을 대하게 하소서.
나에게 손해가 되어도 정직을 택하게 하소서.
보이지 않는 마음만이 아니라
보이는 정직함이 하나님을 더 영광되게 한다는 것을 알게 하소서.
나의 신앙이 추상적인 것이 아니라
땅에 발을 디디듯 실제적임을 알게 하소서.
구름을 잡는 믿음이 아니라
이웃의 손을 잡는 현실의 믿음을 갖게 하소서.
신앙의 포장지를 뜯고 진실된 마음에서 우러나는 삶을 허락하소서.

오늘도 결단합니다.
입술의 정함과 삶의 정직함이 여호와를 경외하는 것임을 고백합니다.
이웃 앞에 하나님의 자녀로서 부끄럼 없는 삶을 살게 하소서.
나의 주 예수 그리스도의 이름으로 기도합니다. 아멘!

하나님의 백성이 되는 것이
가장 큰 복임에
감사하는 날 되게 하소서.

너희 자녀들아 와서 내 말을 들으라
내가 여호와를 경외하는 법을 너희에게 가르치리로다
_ 시편 34:11

이 달 의 기 도 제 목

-
-
-
-
-

05 | 01

세상에서 행해지는 헛된 일이 있나니

> 세상에서 행해지는 헛된 일이 있나니 곧 악인들의 행위에 따라 벌을 받는 의인들도 있고 의인들의 행위에 따라 상을 받는 악인들도 있다는 것이라 내가 이르노니 이것도 헛되도다 (전도서 8:14).

인생의 주인이신 하나님 아버지,
내가 선택하는 것보다 훨씬 더 크고 많은 것이
하나님의 주권에 달려 있음을 믿습니다.
나를 주도하시고 인도하여 주소서.

이 세상의 많은 부조리함을 바라보며 헛됨을 느낍니다.
내면의 악함을 잘도 숨겨 승승장구하는 염치없는 사람들의 모습이,
참으로 선하고 아름다운 사람들의 한없이 어려운 모습이
이게 뭔가 싶은 상황에서 주께서 베푸신 인생을 받아들이게 하소서.
인생을 알 수 없게 만드신 하나님의 뜻을 인정합니다.
권선징악대로만 움직이지 않는 이 세상을 인정합니다.
인간의 눈에 보이는 모든 불평등과 부조리한 모습조차도
하나님께 올려드립니다.
나의 머리로 해석할 수도, 판단할 능력도 없음을 고백합니다.
그저 아버지의 높으신 뜻 앞에 올려드리고 오늘을 살아갑니다.

"누구든지 나로 말미암아 실족하지 아니하는 자는 복이 있도다"(눅 7:23)
말씀하신 예수님을 기억합니다.
모든 부조리를 수용하고 십자가의 길을 가신 예수님을 기억합니다.
헛되다고 포기하지 않고 다시 그 길을 가는 내가 되게 하소서.
나의 모든 길을 아시는 예수 그리스도의 이름으로 기도합니다. 아멘!

05 | 02

내가 네 갈 길을 가르쳐 보이고

**내가 네 갈 길을 가르쳐 보이고
너를 주목하여 훈계하리로다
(시편 32:8).**

나의 길이 되시는 하나님 아버지,
오늘도 새로운 길을 내 앞에 놓아주시는 아버지를 찬양합니다.
하나님은 모든 만물을 만드셨습니다.
아버지께서 만드신 모든 것은 아름답고 귀한 것들임을 고백합니다.
오늘도 나를 그렇게 만드심을 믿고 아름다운 삶을 살기 원합니다.
내 안의 모든 악함을 예수 그리스도의 보혈로 씻어주소서.

오늘 내가 가야 할 길을 가르쳐주소서.
누구도 나의 인생의 길을 가르쳐주지 않습니다.
혼자 선택하고, 혼자 가야 하는 나만의 길 앞에서 혼돈에 빠질 때에
주님을 바라보오니 길을 가르쳐주소서.
멈추어야 할 때와 가야 할 때를 알게 하소서.

언제나 나를 주목하여 훈계하심을 감사드립니다.
나를 주목하심에 감사합니다.
내가 뭐라고, 먼지보다 못한 나를 주목하시나이까.
그것만으로도 감사와 찬양을 올려드립니다.
나를 주목하여 보시는 하나님을 힘입어 오늘을 살아갑니다.
주님이 나를 보고 계시다면 넘어져도 감사합니다.
다시 일으켜주실 테니까요.
나의 눈이 되어주시는 예수 그리스도의 이름으로 기도합니다. 아멘!

05 | 03

너는 말씀을 전파하라

> 너는 말씀을 전파하라 때를 얻든지 못 얻든지 항상 힘쓰라
> 범사에 오래 참음과 가르침으로 경책하며 경계하며 권하라
> (디모데후서 4:2).

말씀하시는 하나님 아버지,
날마다 이 세상에 숨 쉴 공기를 공급하시는 아버지, 감사합니다.
오늘 내가 눈을 떴고, 발로 걸었고, 손으로 세수를 했습니다.
냄새를 맡을 수 있고, 물을 마실 수 있음에 감사합니다.
웃을 수 있고, 바람을 느낄 수 있음에 감사합니다.
말씀으로 만드신 모든 것을 느끼고 행할 수 있음에 감사드립니다.
하나님의 선포된 말씀은 곧 존재가 되고 실제가 됨을 믿습니다.
그 능력의 말씀을 전하고 하나님을 알리게 하소서.

삶으로 전한다고 핑계 삼아
삶도 안 살고 말도 안 하는 비겁한 자리에 있습니다.
전도하는 것은 촌스러운 일이라 치워버렸습니다.
다투기 싫어 경책도, 경계도 피해버렸습니다.
아닌 것처럼 사는 것이 제일 편해서 입으로 복음을 말하지 않습니다.
모두 다 핑계임을 자백하오니 나의 죄를 용서하소서.

오늘 입을 주신 것에 감사하는 마음을 가지고 말씀을 전하게 하소서.
때를 얻든지 못 얻든지 노력하게 하소서.
오래 참으며 전하게 하소서.
가르치고 경책하게 하소서.
말씀으로 이 땅에 오신 예수 그리스도의 이름으로 기도합니다. 아멘!

05 | 04

너희는 내 안식일을 지키며 내 성소를 경외하라

> 너희는 내 안식일을 지키며
> 내 성소를 경외하라 나는 여호와이니라
> (레위기 26:2).

거룩하신 하나님, 주님이 주신 모든 날이 아름답습니다.
아버지의 손에서 나온 모든 것이 옳음을 고백합니다.
나에게 주신 모든 것이 나에게 최선임을 믿고 찬양합니다.
오늘도 아버지의 손안에서 온전해질 것을 믿습니다.
나의 행실의 온전함이 아니라 나의 자녀 됨이 온전함을 믿습니다.

아버지를 만날 수 있는 모든 곳이 거룩한 성소임을 믿습니다.
기도하며 걷는 길이 성소가 될 것이며,
운전하며 찬양하는 그곳이 성소입니다.
내가 아버지를 갈망하는 나의 마음이 성소이며,
아버지께서 나에게 말씀하시는 모든 순간이 성소임을 믿습니다.

아버지를 참으로 만나 예배하고 기도하는 모든 시간을 위해 삽니다.
그 안식의 순간을 기대하며 열심히 하루의 노동을 채워 나가겠습니다.
참된 안식을 위해 나의 6일, 주어진 일에 최선을 다하겠습니다.
일하는 6일 동안 모든 순간 안식일처럼 아버지를 만나겠습니다.
오늘도 나에게 순간순간마다 성소가 되어주소서.
하나님과 온전히 교제하는 그 시간을 가장 사랑합니다.
그리고 오늘도 그 순간을 기대합니다.
나와 함께하시고 나를 만나주소서.
나의 사랑이 되시는 예수 그리스도의 이름으로 기도합니다. 아멘!

05 | 05

내가 여호와를 경외하는 법을 너희에게 가르치리로다

**너희 자녀들아 와서 내 말을 들으라
내가 여호와를 경외하는 법을 너희에게 가르치리로다**
(시편 34:11).

사랑의 하나님, 우리에게 어린이를 주심에 감사합니다.
자라나는 아이들이 없다면 이 세상이 얼마나 어둡고 소망이 없을까요.
나의 자녀이건 아니건 상관없이 아이들을 주심은 이 세상의 복입니다.

나의 어린 시절을 비교하며
지금의 아이들이 행복할 것이라 단정 짓지 말게 하소서.
풍요와 물질이 아니라 사랑이 필요하다는 것을 기억하게 하소서.
좋은 집에 사는 것보다 부모와 함께하는 시간이 필요함을 알게 하소서.
오늘 그들에게 장난감을 사주는 것으로 끝내지 말게 하소서.
하나님을 경외하는 법을 가르치게 하소서.
말로 훈계하고 경책하지 말고, 삶을 보여줌으로 인도하기 원합니다.
혼내는 것은 내가 하기 가장 쉬운 방법이지 좋은 방법이 아닙니다.
그들을 사랑하되 영혼까지 사랑하게 하소서.
부모로서 나를 쳐 복종시키기까지 인내하고 온유하게 하소서.
하나님의 자녀 됨의 복이 무엇인지 보여주고 인도하게 하소서.

자녀에게 좋은 것을 줄 줄 안다면 성령을 받도록 인도하게 하소서.
그들에게 하나님이 가장 좋은 선물이 되시도록 기도하게 하소서.
오늘이 1년을 대체하는 날이 되지 않도록
올바른 사랑을 점검하는 날 되게 하소서.
나의 모범이 되시는 예수 그리스도의 이름으로 기도합니다. 아멘!

05 | 06

너희 의인들아 여호와를 즐거워하라

> 너희 의인들아 여호와를 즐거워하라 찬송은 정직한 자들이 마땅히 할 바로다
> 수금으로 여호와께 감사하고 열 줄 비파로 찬송할지어다
> 새 노래로 그를 노래하며 즐거운 소리로 아름답게 연주할지어다 (시편 33:1-3).

하나님 아버지, 눈을 뜨자마자 제일 먼저 아버지를 만납니다.
해야 할 일과 걱정을 만나기 전에 아버지를 만나기 원합니다.
내가 주님을 찬양하고 높여드립니다.
비록 행위로 의인이 아닐지라도 자녀 됨으로 아버지를 즐거워합니다.

나가기 싫은 직장에 나가는 사람처럼
하나님을 섬길 때가 있음을 용서하소서.
가장 사랑하는 사람을 기쁘게 하기 위해 하는 모든 일이 기쁨이듯
오늘 하나님을 사랑하고 사랑하여 기쁨으로 주를 위하기 원합니다.
내가 진정 정직하다면 찬양할 수밖에 없음을 고백합니다.

마치 받은 것이 없는 듯 원망하는 것이 거짓된 것입니다.
하나님이 나를 사랑하시지 않는 것처럼 슬퍼하는 것이
사탄의 속임수입니다.
만물을 만드시고 만물을 주신 아버지를 찬양하는 것은
실제이고 사실의 고백입니다.
나를 만드시고, 나를 위하시고, 나를 사랑하시는 아버지를 찬양합니다.
오늘 나의 가족과 내가 사는 세상도 그렇게 사랑하심을 찬양합니다.
지나간 노래가 아니라, 오늘 가장 신선한 새 노래로 찬양합니다.
내가 할 수 있는 모든 수단과 방법을 다 동원해서 주를 찬양합니다.
나의 노래가 되시는 예수 그리스도의 이름으로 기도합니다. 아멘!

05 | 07

네 손이 선을 베풀 힘이 있거든

> 네 손이 선을 베풀 힘이 있거든 마땅히 받을 자에게 베풀기를 아끼지 말며
> 네게 있거든 이웃에게 이르기를 갔다가 다시 오라
> 내일 주겠노라 하지 말며 (잠언 3:27-28).

선하신 하나님 아버지,
하나님의 선하심으로 나에게 베푸신 모든 은혜에 감사합니다.
하나님이 나를 선대하셨듯 내가 마땅히 도와야 할 자들을 기억합니다.
내게 물질을 주심은 부족한 자를 채우라 주신 것임을 믿습니다.
말의 재능을 주심은 마음이 상한 자를 위로하라 주신 것임을 믿습니다.
평안을 주심은 두려움을 가진 자를 살피라 주신 것임을 믿습니다.
나에게 주신 모든 것을 나누기에 인색하지 않겠습니다.

어린이날이라고 어린이만 돌보고,
어버이날이라고 어버이만 보지 않겠습니다.
세상 모든 사람이 나의 가족이며 나의 베풂의 대상임을 믿습니다.
그렇게 하나님은 모든 인간을 사랑하셨고, 나도 그 안에 있습니다.
나의 인색함에 명분이 없음을 고백합니다.
내 힘으로 얻은 것이 하나도 없음이 그 증거입니다.
내게 있는 모든 것이 아버지께서 주신 것이라면 아끼지 말게 하소서.

나의 가족만이 아니라 다른 이들을 바라보는 마음을 허락하소서.
주면서 생색내지 않고, 주면서 받는 사람을 수고롭게 하지 않고,
주면서 이웃의 자존심을 상하게 하지 않게 하소서.
모든 권리를 내려놓음으로 사랑하신
예수 그리스도의 이름으로 기도합니다. 아멘!

05 | 08

네 부모를 공경하라

너는 네 하나님 여호와께서 명령한 대로 네 부모를 공경하라
그리하면 네 하나님 여호와가 네게 준 땅에서
네 생명이 길고 복을 누리리라 (신명기 5:16).

부모님을 허락하신 아버지, 감사합니다.
내가 만족하지 못하는 부모님이라 하더라도 감사하게 하소서.
많은 것을 주신 부모님이라면 무한 감사하게 하소서.
그분들을 통해 나를 이 땅에 생명 주어 보내심에 감사합니다.

오늘의 나는 그분들의 유전자를 포함하고 있음에 감사하게 하소서.
나의 모든 장점은 부모님을 통해 전달된 것임을 믿습니다.
부족한 것만 찾지 말고, 나머지 모든 좋은 것을 바라보게 하소서.
너무 많은 상처를 받았더라도 나의 존재로 인해 감사하게 하소서.

하나님이 주신 십계명을 있는 그대로 믿는 믿음을 주소서.
옛말이라 무시하지 않고 따르게 하소서.
나에게 복되다 주신 것을 거절하지 말게 하소서.
나를 위하여서도 부모님을 공경하는 일을 멈추지 말게 하소서.
나이 들어 판단력이 흐려지셨다며 무시하지 않게 하소서.
부모님이 나의 긴 어린 시절의 무지함과 고집을 용납해주셨던 것처럼
나도 부모님의 무지함과 고집을 용납하게 하소서.
부모님의 늙음을 무시하지 말고, 나의 능력에 자만하지 말게 하소서.
부모님 덕분에 지금의 내가 있음을 인정하고
감사로 사랑하겠나이다.
나를 끝까지 사랑하신 예수 그리스도의 이름으로 기도합니다. 아멘!

여호와 앞에 잠잠하고 참고 기다리라

> 여호와 앞에 잠잠하고 참고 기다리라 자기 길이 형통하며 악한 꾀를 이루는 자
> 때문에 불평하지 말지어다 분을 그치고 노를 버리며 불평하지 말라
> 오히려 악을 만들 뿐이라 진실로 악을 행하는 자들은 끊어질 것이나
> 여호와를 소망하는 자들은 땅을 차지하리로다 (시편 37:7-9).

공평하신 하나님 아버지,
오늘도 새로운 날을 주신 아버지, 감사합니다.
어제의 모든 걱정과 근심을 제일 먼저 주님 앞에 내려놓습니다.
그렇게 오늘은 평안으로 하루를 시작합니다.
해결하지 못한 모든 문제를 주님께 내어드립니다.
내 마음을 괴롭히는 모든 관계도 주님 앞에 내어놓습니다.

오늘 우리에게 일용할 양식과 일용할 은혜를 허락하소서.
오늘 내가 이것을 믿는 믿음에 빈틈이 없게 하소서.
이 믿음만 있다면 주님을 신뢰함으로 하루를 담대히 살 것입니다.
가장 기본적인 믿음을 더욱 강하게 하겠습니다.

내 곁에 있는 악인들을 인해서 불평하지 말게 하소서.
그들의 악함에 분해하고 화를 내며 죄를 짓지 않게 하소서.
화가 날 때 말을 줄이게 하소서.
말을 줄여야 죄를 줄일 수 있음을 믿고 잠잠하게 하소서.
하나님의 갚아주심의 섭리를 믿고 기다리게 하소서.
나의 앙갚음의 모든 권리를 주님께 드립니다.
나의 손은 비었으니 오늘을 평안하게 살게 하소서.
오늘 악인을 만날 때에 하나님의 손에 넘겨드리게 하소서.
나의 힘이 되시는 예수 그리스도의 이름으로 기도합니다. 아멘!

05 | 10

모든 일을 사랑으로 행하라

너희 모든 일을 사랑으로 행하라
(고린도전서 16:14).

날마다 주님의 사랑 안에서 눈을 뜨게 하시는 아버지, 감사합니다.
세상 모든 사람이 나를 사랑하지 않는다 해도 슬퍼하지 않음은
하나님이 이 세상 모든 사람보다 나를 사랑하시기 때문입니다.
오늘도 고아처럼, 과부처럼 슬퍼하지 않고 기뻐하게 하소서.

오늘도 말씀이 나의 삶의 기준이 되게 하소서.
아버지의 뜻대로 행하고 살게 하소서.
그러나 그것이 너무 경직되어 옳고 그름에 치우치는 일이 없게 하소서.
말씀대로 사는 것은 율법을 지키듯이 사는 것이 아니라
아버지께 받은 사랑처럼 그 사랑으로 행하는 것임을 알게 하소서.
오늘 내가 아버지의 사랑을 삶으로 행하기 원합니다.
모든 일을 행할 때 사랑이 기준이 되게 하소서.
아버지께서 기뻐하시는 긍휼과 사랑의 마음으로 행하게 하소서.
내 스스로 옳고 그름의 잣대가 되지 않게 하소서.
경찰관처럼 배우자와 자녀를 지켜보지 말게 하소서.

누군가가 나를 떠올릴 때
나에게로 가면 용서받을 것 같은 사람이 되게 하소서.
나에게로 가면 안아줄 것 같은 사람이 되게 하소서.
따뜻하고 넓은 마음으로 사랑을 실천하게 하소서.
나의 주 예수 그리스도의 이름으로 기도합니다. 아멘!

그리스도의 평강이 너희 마음을 주장하게 하라

> 그리스도의 평강이 너희 마음을 주장하게 하라
> 너희는 평강을 위하여 한 몸으로 부르심을 받았나니
> 너희는 또한 감사하는 자가 되라 (골로새서 3:15).

오늘도 여느 때와 같은 아침을 주신 평강의 하나님, 감사합니다.
비슷한 아침이 얼마나 감사한지요.
특별한 사건, 사고 없이 어제를 마무리하게 하심에 감사합니다.
언제나 나의 무료한 날들은 하나님의 보호하심임을 고백합니다.

사는 것이 녹록지 않은 날들이 반복될지라도 평강을 허락하소서.
세상이 나를 뒤집으려고 파도처럼 몰아쳐도 은혜에 잠기게 하소서.
파도의 표면에서 헐떡거리지 말게 하소서.
깊은 바닷속의 잠잠함같이 거대한 은혜 안에 머물게 하소서.
그리스도의 평강이 우리 가정 가운데 굳건하게 하소서.

평강은 연약한 것이 아니라 가장 강한 것임을 알게 하소서.
인간의 가장 큰 두려움인 죽음을 깨뜨리고 주신 평강입니다.
그 강력한 주님의 평강을 사모하고 갈망합니다.
오늘 이 나라에, 이 세상 가운데 평강의 힘이 덮이게 하소서.
모두 하늘을 바라봄으로 누리는 일상의 기쁨을 허락하소서.
오늘도 만나는 이들을 평강으로 축복하게 하소서.
나만 평강을 누리는 것이 아니라
모든 사람의 마음에 있는 두려움을 물리치게 하소서.
두려워 사람을 밀어내지 말고, 평강하여 그들을 품게 하소서.
나에게 참 평강 되시는 예수 그리스도의 이름으로 기도합니다. 아멘!

모든 기도와 간구를 하되 항상 성령 안에서 기도하고

> 모든 기도와 간구를 하되 항상 성령 안에서 기도하고
> 이를 위하여 깨어 구하기를 항상 힘쓰며 여러 성도를 위하여 구하라
> (에베소서 6:18).

오늘도 나의 목소리를 들으시는 아버지, 감사합니다.
나에게 말할 힘과 능력을 주신 아버지를 찬양합니다.
나의 말이 먼저 주님께 닿게 하소서.
나의 말을 정결하게 하사
찬양과 감사와 기도가 넘치는 입술 되게 하소서.

나에게 주어진 모든 상황 속에서 기도하기 원합니다.
나의 필요를 사람에게 간구하지 않고 주님께 간구하겠습니다.
나의 모든 기대를 사람에게 주지 않고 아버지께 드리겠습니다.
나의 간절한 기도가 인간적인 갈망이 아니라
성령 안에서의 갈망이 되게 하소서.

기도하되 깨어 있게 하소서.
자칫 욕망의 갈망을 기도로 착각하지 말게 하소서.
깨어 분별하며 기도할 때에 하나님께 간구하게 하소서.
이 간구가 나만을 위한 것이 아니라 공동체를 위한 것이 되게 하소서.
깨어 기도를 구별하게 하시고 올바른 대상을 찾게 하소서.
나의 기도를 단 한순간도 놓치지 않고 들으심을 믿습니다.
내가 성령 안에서 기도할 때에 나를 들으소서.
나의 기도만이 아니라 나의 존재를 들어주소서.
나의 주 예수 그리스도의 이름으로 기도합니다. 아멘!

05 | 13

담대하라 내가 세상을 이기었노라

> 이것을 너희에게 이르는 것은 너희로 내 안에서 평안을 누리게 하려 함이라
> 세상에서는 너희가 환난을 당하나
> 담대하라 내가 세상을 이기었노라 (요한복음 16:33).

나를 건지시는 아버지 하나님,
오늘도 나를 지켜주셔서 지난밤 함께하신 아버지, 감사합니다.
죽음에서 일어나는 것처럼 잠에서 깨게 하심을 감사합니다.
매일 아침마다 부활을 경험하게 하십니다.
그 마음으로 생명 주신 아버지를 찬양하며 하루를 시작합니다.

세상 가운데서 경험하는 모든 것으로 인해 시험에 들지 말게 하소서.
내가 세상에서 환난을 당하나 담대할 수 있는 근거는
나는 비록 세상에게 당하나 예수님은 이기셨기 때문입니다.
나는 세상에 휘둘리나 예수 그리스도는 승리하셨기 때문입니다.
그 승리가 나의 것임을 선포합니다.

오늘도 내가 예수 그리스도의 대리자처럼 살기 원합니다.
세상이 나를 흔들 때에 선포하게 하소서.
걱정과 근심이 나를 사로잡을 때에도 선포하게 하소서.
"너희는 나를 흔드나 나는 세상을 이기신 예수님과 한 몸이다!
오늘 내가 너희를 물리치고 일어날 것이다!"
오늘의 선포가 신앙의 고백임을 믿습니다.
오늘 승리자 되신 예수님의 이름으로 그 등에 업혀 갑니다.
나를 붙들어주소서.
평강의 근거가 되시는 예수 그리스도의 이름으로 기도합니다. 아멘!

05 | 14

오직 능력과 사랑과 절제하는 마음이니

하나님이 우리에게 주신 것은 두려워하는 마음이 아니요
오직 능력과 사랑과 절제하는 마음이니
(디모데후서 1:7).

새로운 날 새 마음을 주시는 아버지, 이 아침에 주님을 찬양합니다.
나의 걱정을 내다버리고 주님을 찬양합니다.
나의 두려움을 던져버리고 주님을 찬양합니다.
내 모습을 보지 않고 주님을 찬양합니다.

나의 연약함이 나를 무너뜨리지 못함은
나를 지키시는 분이 하나님이시기 때문입니다.
우리 안에 있는 모든 두려움을 버리게 하소서.
두려움은 하나님이 주시는 마음이 아니기 때문입니다.
사탄으로부터 오는 모든 마음을 걸러내어 버리게 하소서.
걱정과 근심과 두려움과 회피와 좌절과 실망을 버리게 하소서.

하나님의 마음을 붙잡게 하소서.
능력과 사랑과 절제와 용기와 소망을 품게 하소서.
담대함과 평안과 온유와 화평을 가지게 하소서.
내 안에서 일어나는 보이지 않는 마음 싸움에서 이기게 하소서.
나의 마음을 방치하지 말고 선택하여 올바른 길로 가게 하소서.
나의 마음을 주관하여 주시는 주님을 신뢰합니다.
나의 기도가 하나님의 길로 가는 안내자가 되게 하소서.
이 기도의 끝에 평안이 있음을 믿습니다.
나의 주 예수 그리스도의 이름으로 기도합니다. 아멘!

05 | 15

새 계명을 너희에게 주노니 서로 사랑하라

> 새 계명을 너희에게 주노니 서로 사랑하라 내가 너희를 사랑한 것같이 너희도 서로 사랑하라 너희가 서로 사랑하면 이로써 모든 사람이 너희가 내 제자인 줄 알리라 (요한복음 13:34-35).

사랑의 하나님 아버지,
언제나 새로운 기대를 가지고 나를 바라보시는 아버지, 감사합니다.
그 기대를 가지고 오늘 하루를 기회와 선물로 주심에 감사합니다.
오늘도 하나님의 자녀로서 살아가는 길이 복음의 길이 되게 하소서.
하나님이 주신 모든 것에 감사하며 찬양하는 날 되게 하소서.

주님이 주신 새 계명을 기억하며 사랑하겠습니다.
선물로 주신 사람들을 더욱 사랑하겠습니다.
아버지께서 나를 사랑하시고 기대를 버리시지 않는 것처럼
그들을 향한 기대를 버리지 않겠습니다.
나의 사랑이 끊어지는 순간에 아버지의 사랑으로 사랑하겠습니다.

세상을 향하여 말로만 아니라 삶으로 전하기 원합니다.
하나님이 얼마나 우리를 사랑하시는지,
하나님이 얼마나 우리를 기뻐하시는지,
그래서 우리의 삶이 얼마나 아름다운지 전하기 원합니다.
서로 사랑하는 모습을 보임으로 전하게 하소서.
오늘도 나의 사랑이 아니라 아버지의 사랑을 공급받아 살겠습니다.
부어주소서. 채워주소서. 일해주소서.
주님의 길 한가운데로 걷는 하루 되게 하소서.
나의 주 예수 그리스도의 이름으로 기도합니다. 아멘!

05 | 16

너희는 먼저 그의 나라와 그의 의를 구하라

> 그런즉 너희는 먼저 그의 나라와 그의 의를 구하라 그리하면 이 모든 것을 너희에게 더하시리라 그러므로 내일 일을 위하여 염려하지 말라 내일 일은 내일이 염려할 것이요 한 날의 괴로움은 그날로 족하니라 (마태복음 6:33-34).

하나님 아버지, 날마다 주시는 은혜로 오늘을 시작합니다.
어제의 모든 죄악을 예수 그리스도의 보혈로 씻어주소서.
나의 몸과 마음과 영혼을 단장하며 정결함으로 시작하기 원합니다.
주님이 대신 지신 십자가로 말미암아 오늘도 새롭게 하소서.

내가 해야 하는 많은 일 가운데 먼저 주님의 일을 선택하게 하소서.
먼저 아버지의 나라와 아버지의 의를 구하게 하소서.
나의 것과 나의 뜻을 향해 생각 없이 달렸던 것을 용서하소서.
오늘의 염려를 이기지 못하고 신속히 그 길로 달려갔습니다.
멈추게 하시고, 언제나 먼저 주님을 생각하게 하소서.
내가 아버지의 일을 선택할 때
나에게 필요한 것을 공급하실 줄 믿습니다.
일용할 양식을 주시는 아버지를 믿고 신뢰합니다.

나의 일에는 한없이 부지런하면서도
아버지의 일에는 이유가 너무 많았습니다.
기뻐하시는 아버지의 뜻을 위해 망설이지 말게 하소서.
순종하는 마음이 본능처럼 빨라지게 하소서.
오늘도 나의 수많은 선택 속에 아버지의 의를 선택하겠습니다.
일하기 전에 생각하고, 선택하기 전에 기도하게 하소서.
나의 의가 되시는 예수 그리스도의 이름으로 기도합니다. 아멘!

05 | 17

노하기를 더디 하는 것이 사람의 슬기요

> 노하기를 더디 하는 것이 사람의 슬기요
> 허물을 용서하는 것이 자기의 영광이니라
> (잠언 19:11).

오늘도 나의 아침을 주관하시는 은혜의 아버지, 감사합니다.
내가 머무는 모든 자리에 하나님이 동행하여 주소서.
내가 자격이 있든 없든 상관없이 하나님이 늘 함께하심을 믿습니다.
나의 죄악이 아버지를 가리는 일이 없게 하소서.
때로 나의 의가 아버지를 밀어내는 일이 없게 하소서.

오늘도 나의 아버지를 닮아서 노하기를 더디 하게 하소서.
나의 분노는 항상 정당하다는 사탄의 속임수에서 벗어나게 하소서.
거룩한 분노를 가장하여 화를 낸 적이 있다면 용서하소서.
사람을 판단하고, 나에게 해를 끼친 자를 향해 분노하지 말게 하소서.
허물을 용서함이 가장 예수 그리스도를 닮아가는 일임을 기억합니다.

오늘도 내가 받은 만큼 하기 원합니다.
하나님이 인내하시고 참아주신 만큼 사람들을 향해 그리하겠습니다.
주님이 나의 허물을 사하기 위해 목숨을 버리셨듯 그리하기 원합니다.
불가능한 일이나, 그래서 주님의 은혜가 필요합니다.
나에게 복 주시는 아버지의 은혜에 용서하는 은혜를 더하여 주소서.
오늘 성령의 충만함이 필요합니다.
성령 하나님의 은혜를 구합니다.
나의 마음을 채우시고 생수의 강이 내 안에서 넘치게 하소서.
나의 주 예수 그리스도의 이름으로 기도합니다. 아멘!

05 | 18

나를 안전히 살게 하시는 이는 오직 여호와이시니이다

> 주께서 내 마음에 두신 기쁨은 그들의 곡식과 새 포도주가 풍성할 때보다 더하니이다 내가 평안히 눕고 자기도 하리니 나를 안전히 살게 하시는 이는 오직 여호와이시니이다 (시편 4:7-8).

기쁨의 하나님 아버지,
나의 모든 것을 다 드려도 아깝지 않은 주의 사랑을 찬양합니다.
오늘 나의 입술이 가장 먼저 주님을 찬양합니다.
내 마음의 모든 기쁨이 되어주소서.

주님이 채우시는 마음의 기쁨은
그 어떤 것으로도 대체할 수 없음을 고백합니다.
통장에 돈이 가득해도, 갈망하던 일을 이루어도, 좋은 차를 사도,
시험에 합격해도, 상사에게 칭찬받아도 기쁘지만, 순간입니다.
그러나 주님이 주시는 기쁨은 이유를 알 수 없는 넘치는 것입니다.
모든 문제를 잊게 하고 사라지게 하는 기쁨입니다.
그 기쁨이 영원히 나의 것이 되게 하소서.

문제가 산더미 같아도 평안히 눕고 자게 하소서.
사방에 적들이 가득해도 나를 안전하게 지키소서.
나의 상황이 아니라 나의 하나님이 나를 온전히 채워주소서.
나의 모든 연약함을 내려놓고 영광의 하나님을 찬양합니다.
가장 목마른 상황에서 시원한 생수를 마시듯 주님을 갈망합니다.
그런 기쁨을 누리는 하루 되게 하소서.
하나님을 기뻐하고 찬양하는, 그래서 평안이 넘치는 날 되기 원합니다.
나의 주 예수 그리스도의 이름으로 기도합니다. 아멘!

05 | 19

수고하고 무거운 짐 진 자들아 다 내게로 오라

> 수고하고 무거운 짐 진 자들아 다 내게로 오라 내가 너희를 쉬게 하리라
> 나는 마음이 온유하고 겸손하니 나의 멍에를 메고 내게 배우라
> 그리하면 너희 마음이 쉼을 얻으리니 이는 내 멍에는 쉽고
> 내 짐은 가벼움이라 하시니라 (마태복음 11:28-30).

쉼이 되시는 하나님 아버지,
모든 복잡한 생각과 걱정을 내려놓고 주님 앞에 나아갑니다.
이곳이 하나님의 처소가 되게 하소서.
나의 기도가 하늘 보좌에 이르게 하소서.
이 기도의 자리가 성막이 되게 하시고, 성소가 되게 하소서.

오늘도 주님의 품으로 나아갑니다.
나의 모든 수고하고 무거운 짐을 다 가지고 주님 앞에 갑니다.
나에게 쉼을 허락하소서.
여전히 내게 주어진 일들이 많이 있지만
하나님과의 만남이 있는 모든 곳에서 안식하게 하소서.

나를 막 다루시지 않고 소중히 다루시는 주님께 나아갑니다.
무거운 짐을 지우시지 않고 나의 짐을 벗기시는 아버지께로 갑니다.
세상이 주는 무거운 멍에를 벗고 주와 함께 가볍고 쉬운 멍에를 멥니다.
나와 어깨를 나란히 하시고 내 모든 멍에를 대신 지심에 감사합니다.
그 주님의 능력 아래서 쉼을 얻는 하루 되게 하소서.
내가 가진 중압감이 어떤 것도 해결할 수 없음을 고백합니다.
중압감을 내려놓고 일할 능력을 주시는 주님을 의지합니다.
힘 주시고, 지혜 주시고, 평안을 주소서.
나의 주 예수 그리스도의 이름으로 기도합니다. 아멘!

05 | 20

여호와를 사랑하는 너희여 악을 미워하라

> 여호와를 사랑하는 너희여 악을 미워하라 그가 그의 성도의 영혼을 보전하사 악인의 손에서 건지시느니라 의인을 위하여 빛을 뿌리고 마음이 정직한 자를 위하여 기쁨을 뿌리시는도다 (시편 97:10-11).

날마다 일용할 양식과 햇빛과 단비를 주시는 아버지, 감사합니다.
한 해를, 한 달을 무사히 지내는 것이 얼마나 위대한 일인지요.
오늘 하루가 무사한 하루 되게 하소서.

내가 여호와를 사랑한다 하면서 악을 동시에 사랑하지 않게 하소서.
하나님을 사랑한다면 당연히 악을 미워할 수밖에 없음을 고백합니다.
오늘 내 삶 가운데 악은 모양이라도 버리게 하소서.
하나님이 싫어하시는 일에 동참하지 말게 하소서.
심지어 내가 주동자가 되는 일이 없게 하소서.
사람을 험담하고, 미워하며, 왕따를 조장하는 일이 없게 하소서.
작은 거짓말을 반복하면서 이것은 작으니 괜찮다 하지 말게 하소서.
규정을 어기고 남들도 다 그런다고 넘어가지 말게 하소서.
악을 미워하는 것은
나의 삶 속에서 하나님이 싫어하시는 모든 모습을 버리는 것입니다.

내가 하기 싫은 일을 남한테 떠넘기지 말게 하소서.
다른 사람을 밀치고 내가 그 자리에 들어가지 말게 하소서.
잘되는 사람을 시기해 그가 나락으로 떨어질 때 기뻐하지 말게 하소서.
그 무엇보다 하나님을 멀리하는 일을 가장 두려워하게 하소서.
오늘 빛을 뿌리시는 하나님의 은혜 안에 거하기 원합니다.
나의 기쁨 되시는 예수 그리스도의 이름으로 기도합니다. 아멘!

05 | 21

나의 발이 미끄러진다고 말할 때에

여호와여 나의 발이 미끄러진다고 말할 때에
주의 인자하심이 나를 붙드셨사오며 내 속에 근심이 많을 때에
주의 위안이 내 영혼을 즐겁게 하시나이다 (시편 94:18-19).

오늘도 나의 손을 붙잡아 일으키시는 아버지, 감사합니다.
아침마다 주님을 찬양합니다.
나의 입술이 주님을 높여드립니다.
내 삶의 모든 영광은 주님께만 올려드립니다.
아버지께서는 모든 것을 만드시고 다스리시는 나의 아버지이십니다.

오늘 나에게 주어진 모든 것에 감사합니다.
당연하게 여기는 모든 것이 다 하나님이 주신 것임을 고백합니다.
내가 서 있는 것은 미끄러질 때 주님이 붙잡아주시기 때문입니다.
내가 평안한 것은 내 안의 모든 근심을 가져가셨기 때문입니다.
내가 정상인 것은 모든 비정상을 고치신 주님의 치유 때문입니다.
나를 붙드시는 아버지를 사랑합니다.
아버지의 강한 팔로 나를 붙들어주심에 감사합니다.
나의 가족들과 주변 모든 사람을 주님께 올려드립니다.
그들의 하나님이 되어주소서.
그들이 실족하는 자리에서 주님이 강건하게 붙들어주소서.

나도 오늘 누군가를 붙잡아주는 사람이 되겠습니다.
실족하려는 자를 일으키며 격려하겠습니다.
아버지께서 나를 지키셨듯 나도 그렇게 하루를 살게 하소서.
나의 주 예수 그리스도의 이름으로 기도합니다. 아멘!

05 | 22

내 평생에 선하심과 인자하심이 반드시 나를 따르리니

> 내 평생에 선하심과 인자하심이 반드시 나를 따르리니
> 내가 여호와의 집에 영원히 살리로다
> (시편 23:6).

선하신 하나님 아버지, 사랑합니다.
일평생 주님의 선하심과 인자하심이 날마다 함께하심에 감사합니다.
아버지의 행하심은 언제나 최고의 선하심임을 고백합니다.
오늘 그 선하신 아버지께 나의 하루를 맡겨드립니다.
나의 악함이 튀어나올 때에 아버지의 선하심으로 막아주소서.
나의 이기심이 강력하게 삐져나올 때에 인자하심으로 막아주소서.
나의 본능이 아버지를 거스르려 할 때에 주의 보혈로 막아주소서.
나의 모든 악한 것을 다 쓸어버리고 주님 앞에 나아갑니다.

나의 머리끝부터 발끝까지 예수 그리스도의 보혈로 감싸주소서.
십자가의 은혜 없이는 온전히 하루를 살 수 없음을 고백합니다.
오늘도 예수님으로 말미암아 새로 태어나게 하소서.
오늘 내가 작은 예수가 되어 살게 하소서.

모든 순간 아버지의 선하심을 노래하겠습니다.
나의 악함에도 늘 인자하신 아버지의 인도하심을 찬양하겠습니다.
모든 것을 다 드려도 주께 받은 은혜를 다 갚을 수 없습니다.
내가 가진 것이 아무리 많아도 그 사랑을 갚을 수 없습니다.
내가 얼마나 빚진 자인지를 기억하게 하소서.
내가 아버지의 자녀라는 사실이 오늘 나를 신나게 합니다.
나의 모든 것이 되시는 예수 그리스도의 이름으로 기도합니다. 아멘!

05 | 23

사랑이 없으면 내가 아무것도 아니요

> 내가 사람의 방언과 천사의 말을 할지라도 사랑이 없으면
> 소리 나는 구리와 울리는 꽹과리가 되고 내가 예언하는 능력이 있어
> 모든 비밀과 모든 지식을 알고 또 산을 옮길 만한 모든 믿음이 있을지라도
> 사랑이 없으면 내가 아무것도 아니요 (고린도전서 13:1–2).

오늘도 나의 하루를 소중한 선물로 주신 나의 아버지, 감사합니다.
내 삶의 모든 구석에 하나님의 사랑이 담겨 있음에 감사합니다.
이 아침에 싱그러운 공기로 나를 새롭게 하소서.
나에게 주신 모든 것을 바라보며 감사하고 기뻐합니다.
모든 것이 아버지의 선물임을 고백합니다.

주님을 닮겠다면서 정작 사랑의 마음이 없음을 고백합니다.
주님을 닮는 것은 능력을 발휘하거나 기적을 행하는 것이 아니라
사람을 사랑하고 존귀히 여기며 모든 일에 사랑으로 행하는 것입니다.
오늘 내가 능력을 보이려고 아등바등하기보다
아버지께 받은 사랑을 기억하며 그 사랑을 베풀게 하소서.

보이려고 선을 행하지 말고 마음으로 선을 행하게 하소서.
사랑하는 마음 없이 입에 발린 소리를 하지 말게 하소서.
작은 언어라도 사랑을 담게 하소서.
작은 배려에도 사랑의 동기를 가지려고 노력하게 하소서.
때로는 사랑으로 품어주고, 때로는 사랑으로 놓아주게 하소서.
나를 생각하여 나에게 최선을 주시는 하나님처럼
남을 생각하며 그에게 최선을 다하게 하소서.
오늘도 능력자를 사모하지 말고 사랑을 사모하게 하소서.
나의 사랑이 되시는 예수 그리스도의 이름으로 기도합니다. 아멘!

05 | 24

그리스도 예수 안에 있는 자에게는 결코 정죄함이 없나니

> 그러므로 이제 그리스도 예수 안에 있는 자에게는 결코 정죄함이 없나니 이는 그리스도 예수 안에 있는 생명의 성령의 법이 죄와 사망의 법에서 너를 해방하였음이라 (로마서 8:1-2).

자유의 하나님 아버지,
아침에 태양이 뜨게 하시고 아름다운 구름을 주신 아버지, 감사합니다.
귀 기울이면 아름다운 새소리와 바람이 있음에 감사합니다.
정상적으로 돌아가는 내 모든 일에 하나님의 힘이 있음에 감사합니다.
나의 힘으로 한 것이 아무것도 없는 당연한 일상입니다.

나에게 베푸신 모든 당연한 일상 속에 하나님의 일하심을 찬양합니다.
어제까지의 모든 죄악을 용서하여 주소서.
나의 죄악을 모두 주님 앞에 토해놓습니다.
예수 그리스도의 보혈로 깨끗하게 하소서.
나 스스로도 나를 정죄하지 않게 도와주소서.
사람들의 작은 정죄의 소리에 밤잠을 자지 못하며 귀 기울이면서
천둥처럼 외치시는 "예수 안에 있는 자에게는 결코 정죄함이 없다"는
아버지의 선포는 외면하는 나를 용서하소서.
하나님의 소리에 귀 기울이고 믿게 하소서.
성경에 주신 모든 말씀은 남이 아니라 나에게 주신 것임을 믿습니다.

오늘도 모든 정죄에서 해방되고 자유로운 날 되게 하소서.
내가 그리스도 안에 있는 것은 묶인 것이 아니라 해방된 것입니다.
신앙이 나를 얽매는 것이 아니라 나를 자유케 함을 믿습니다.
나의 자유가 되시는 예수 그리스도의 이름으로 기도합니다. 아멘!

05 | 25

너희를 향하신 하나님의 뜻이니라

항상 기뻐하라 쉬지 말고 기도하라 범사에 감사하라
이것이 그리스도 예수 안에서 너희를 향하신 하나님의 뜻이니라
(데살로니가전서 5:16-18).

오늘도 아침에 나를 일으키시는 아버지, 감사합니다.
나의 모든 기쁨의 근원은 아버지이심을 고백합니다.
모든 순간 나를 바라보고 계신 주님을 찬양합니다.
오늘 하루도 주님의 손에 모든 것을 맡겨드립니다.

"항상 기뻐하라" 명령하신 대로 오늘도 기뻐하겠습니다.
기뻐할 사건이 있어서가 아니라 그냥 모든 것에 기뻐하겠습니다.
멈추어 있는 것 같은 인생이어도 기뻐하겠습니다.
고난이 와서 어려움을 당해도 기뻐하겠습니다.
오늘도 쉬지 않고 기도합니다.
숨을 들이쉬고 내쉴 때마다 하나님을 향해 기도합니다.
나의 존재가 기도가 되어 오늘을 살기 원합니다.
주어진 모든 것에 감사하되 싫어하는 것이라도 감사하겠습니다.

하나님의 뜻을 따로 구할 필요도 없이
이것이 아버지의 뜻임을 믿습니다.
주어진 뜻을 내어버리고
새로운 하나님의 뜻을 구한다 하지 말게 하소서.
오늘 나에게 주신 말씀에 기록된 뜻을 행하는 날 되기 원합니다.
나의 연약함을 도우시고 실천할 힘과 능력을 허락하소서.
나의 주 예수 그리스도의 이름으로 기도합니다. 아멘!

05 | 26

각각 자기 일을 돌볼뿐더러

> 각각 자기 일을 돌볼뿐더러
> 또한 각각 다른 사람들의 일을 돌보아
> 나의 기쁨을 충만하게 하라 (빌립보서 2:4).

하늘을 여시고 모든 생명을 만드신 자비의 아버지를 찬양합니다.
나를 만드시고 지금까지 인도하신 은혜에 감사합니다.
하나님이 나를 돌보실 때에 갓난아이처럼 돌보심에 감사합니다.
내가 알 때나 모를 때나 언제나 나를 바라보고 계심에 감사합니다.
오늘 내가 안전한 것은 모두 하나님의 은혜입니다.

아버지께서 나를 돌보셨듯 나도 나에게 주신 힘과 경험과 능력으로
나를 돌보고 다른 사람을 돌보게 하소서.
나에게 그럴만한 동기가 없다면 주님의 기쁨을 위해 그리하게 하소서.
내가 남을 돌보는 것이 가장 하나님을 닮은 삶임을 알게 하소서.

눈에 띄는 누군가가 있다면 그를 도우라고 보여주심을 믿습니다.
누군가의 필요가 눈에 들어왔다면 내가 채워야 함임을 믿습니다.
하나님의 뜻을 이루기 위해 움직이게 하소서.
내가 많이 가져야만 도울 수 있는 것이 아님을 알고 있습니다.
더 이상 핑계대지 않고
남을 위해 나의 무엇을 베푸는 자비를 허락하소서.
오늘도 나를 움직임으로 순종의 길을 가기 원합니다.
자비의 하나님을 닮아 자비의 자녀가 되겠습니다.
아버지의 기쁨을 이루는 날 되게 하소서.
나의 주 예수 그리스도의 이름으로 기도합니다. 아멘!

05 | 27

노하기를 더디 하는 자는 용사보다 낫고

**노하기를 더디 하는 자는 용사보다 낫고
자기의 마음을 다스리는 자는 성을 빼앗는 자보다 나으니라**
(잠언 16:32).

사람을 세우시고 주의 일을 하게 하시는 아버지, 감사합니다.
오늘도 나의 사는 날의 가장 큰 의미가 아버지가 되게 하소서.
내 마음에 무거운 무언가가 있다면 이 시간 다 털어버리게 하소서.
하나님의 은혜 가운데 새롭게 시작하는 아침 되게 하소서.

하루를 살면서 나를 화나게 하는 모든 일 속에 의연하기 원합니다.
내가 원하는 대로 일이 되지 않을 때에 감사하게 하소서.
내 뜻이 잘못된 것이라면 안 되는 것이 얼마나 감사한 일입니까.
나를 해코지하는 사람이 있다면 그에게 화를 내지 말게 하소서.
당하는 것도 억울한데 화를 내어 죄까지 짓지 말게 하소서.
어떤 상황에서도 화내기를 더디 하게 하소서.
그것이 그 상황에서 내가 할 수 있는 가장 유익한 일입니다.
나의 마음을 지키기 위해 아버지의 평강이 필요합니다.
이 세상의 모든 일이 내 뜻대로 되지 않아도 두려워하지 않음은
나를 인도하시는 이가 하나님이시며
그 뜻대로 되는 것이 가장 유익하기 때문입니다.

무엇보다 오늘 마음을 지키는 하루 되게 하소서.
감정을 폭발하는 것이 나의 의를 드러낸다고 착각하지 않게 하소서.
나의 온유함이 나를 살리고 다른 이들을 살림을 믿습니다.
나의 평안이 되시는 예수 그리스도의 이름으로 기도합니다. 아멘!

05 | 28

가산이 적어도 여호와를 경외하는 것이

> 가산이 적어도 여호와를 경외하는 것이
> 크게 부하고 번뇌하는 것보다 나으니라
> (잠언 15:16).

새로운 날을 주신 나의 아버지, 감사합니다.
어제의 모든 문제와 걱정을 지워주심에 감사합니다.
오늘은 오늘의 날을 살게 하소서.
어제의 짐을 오늘 가져오지 말고, 잊으면 잊은 대로 살게 하소서.
내가 기억함으로 짐을 해결할 수 없음을 알게 하소서.

오늘 내 소유의 부족함에서 자유하게 하소서.
소유가 넉넉하면 좋겠지만,
그렇지 못하다고 불행한 것도 아님을 알게 하소서.
삶의 행복은 하나님을 경외하는 데서 시작함을 믿습니다.
가진 것이 적어도 하나님을 경외하는 것이
부하고 번뇌하는 것보다 낫다 하셨습니다.
이 말씀을 믿습니다.
모든 지혜의 근본이 아버지를 경외하는 것에서 시작함을 믿습니다.
아버지를 알지 못하고 번뇌로부터 자유할 수 없음을 고백합니다.
오늘 나의 모든 번뇌를 버리게 하소서.
번뇌가 지혜가 아님을, 번뇌가 문제 해결을 주지 않음을 믿게 하소서.

나의 짐을 가져가시며, 모든 문제의 해결자 되신 주님을 찬양합니다.
부하거나 가난하거나 주님을 경외합니다.
나의 주 예수 그리스도의 이름으로 기도합니다. 아멘!

05 | 29

너희 마음의 눈을 밝히사

> 너희 마음의 눈을 밝히사 그의 부르심의 소망이 무엇이며 성도 안에서
> 그 기업의 영광의 풍성함이 무엇이며 그의 힘의 위력으로 역사하심을 따라
> 믿는 우리에게 베푸신 능력의 지극히 크심이 어떠한 것을
> 너희로 알게 하시기를 구하노라 (에베소서 1:18-19).

오늘도 나의 이름을 불러 일으켜주시는 나의 아버지, 감사합니다.
단 한 번도 나를 잊으신 적이 없는 주님의 사랑에 감사합니다.
아침마다 이 은혜를 기억하며 주님을 찬양하게 하소서.
하루 종일 나도 아버지를 기억하게 하소서.
나는 잊으면서 아버지께서는 나를 기억하기 바라는 마음에서
발전하게 하소서.

오늘도 나를 아버지의 자녀로 불러주심에 감사를 드립니다.
믿음을 가질 수 있는 환경에서 태어나게 하시니 감사합니다.
내가 가진 믿음이 어떤 것인지를 분명히 알게 하소서.
아버지께서 나를 부르신 소망이 얼마나 아름다운지 깨닫게 하소서.
내가 받은 영적인 기업이 얼마나 위대한지 알게 하소서.
보이지 않는다고 없다 생각하지 말게 하소서.
하나님께 받은 수많은 풍성함과 능력을 바라보고 경험하게 하소서.
이 모든 것을 누리게 하소서.

돈이 없다고 빈곤에 찌들어 사는 일이 없게 하소서.
가난한 자 같으나 부유한 자로 사는 비결을 누리게 하소서.
주께서 주신 소망으로 오늘도 풍성한 하루입니다.
오늘 나는 어제보다 훨씬 좋은 날을 보낼 것입니다.
나를 도우시는 예수 그리스도의 이름으로 기도합니다. 아멘!

05 | 30

여호와는 말의 힘이 세다 하여 기뻐하지 아니하시며

> 여호와는 말의 힘이 세다 하여 기뻐하지 아니하시며
> 사람의 다리가 억세다 하여 기뻐하지 아니하시고
> 여호와는 자기를 경외하는 자들과 그의 인자하심을 바라는 자들을
> 기뻐하시는도다 (시편 147:10-11).

나를 바라보시는 하나님 아버지,
오늘도 아침을 맞이하지 못한 많은 사람을 기억하며 감사하게 하소서.
오늘 나의 아침이 아무 일 없이 건강하다는 것에 감사하게 하소서.
일할 수 있는 힘을 가지고 있음에 감사하게 하소서.

오늘 나를 향한 나의 평가가 세상적이지 않기를 바랍니다.
세상 사람들의 잣대로 나를 평가하고 비난하지 말게 하소서.
다른 사람보다 능력이 부족하다고, 가난하다고 자책하지 말게 하소서.
나부터 세상 기준에서 벗어나 아버지 기준으로 나를 보게 하소서.
하나님은 나를 능력의 기준으로 보시지 않음에 감사합니다.
아버지께서는 나를 소유의 기준으로 보시지 않음에 감사합니다.
아버지의 기준으로 나를 바라보심이 큰 은혜입니다.
부요함보다, 능력보다 여호와를 경외하는 자 되게 하소서.
내가 아버지를 사랑하고 경외함이 가장 좋은 것을 가짐입니다.

내가 할 수도 없으며 귀하지도 않은 것에 대한 집착을 버립니다.
오늘 내가 할 수 있는 일을 하겠습니다.
존귀한 마음으로 여호와를 경외하겠습니다.
나의 아버지를 사랑하고 또 사랑합니다.
이것이 나의 간증입니다.
나의 주 예수님의 이름으로 기도합니다. 아멘!

05 | 31

주께 피하는 모든 사람은 다 기뻐하며

> 주께 피하는 모든 사람은 다 기뻐하며
> 주의 보호로 말미암아 영원히 기뻐 외치고
> 주의 이름을 사랑하는 자들은 주를 즐거워하리이다 (시편 5:11).

나를 보호하시는 아버지 하나님, 감사합니다.
하늘의 빛을 보게 하시고, 땅에 발을 디디게 하신 주님, 감사합니다.
나를 선택하시고 나를 자녀 삼아주신 아버지를 찬양합니다.
내게 보호자가 없어도 늘 나를 보호하시는 아버지로 인해 든든합니다.
오늘 내가 아버지로 인해 기뻐 외치게 하소서.

어려운 일을 만날 때에 피할 사람이 없음에 감사합니다.
피할 사람이 없어서 아버지께 피할 수 있음에 감사합니다.
사람을 찾아다니느라 혈안되지 않고 언제나 아버지를 찾게 하소서.
부탁하기 위해 전화하지 말고 아버지께 기도하게 하소서.
사람을 통해 필요를 채우려 하지 말고 아버지를 통해 채우게 하소서.
나의 말이 나의 신앙보다 먼저 나가지 말게 하소서.
문제의 해결자는 하나님이시라면서 부탁은 사람에게 합니다.
나의 믿음은 아버지라 생각하는데
나의 손은 핸드폰으로 감을 용서하소서.
나의 머리와 마음과 손이, 믿음과 판단과 실천이 일치하게 하소서.

주님께 피하는 모든 사람이 기뻐할 것입니다.
나도 늘 아버지의 보호하심을 바라며 아버지로 인해 기뻐하겠습니다.
오늘도 나를 지키시고 보호하소서.
나의 주 예수 그리스도의 이름으로 기도합니다. 아멘!

그러할지라도 내가 오히려 위로를 받고
그칠 줄 모르는 고통 가운데서도 기뻐하는 것은
내가 거룩하신 이의 말씀을 거역하지 아니하였음이라
_ 욥기 6:10

이 달 의 기 도 제 목

-
-
-
-
-

06 | 01

주의 위안이 내 영혼을 즐겁게 하시나이다

여호와여 나의 발이 미끄러진다고 말할 때에
주의 인자하심이 나를 붙드셨사오며 내 속에 근심이 많을 때에
주의 위안이 내 영혼을 즐겁게 하시나이다 (시편 94:18-19).

사랑의 아버지 하나님,
어제의 모든 근심과 걱정을 내려놓고 아침을 시작합니다.
마음처럼 떨어지지 않는 걱정을 믿음으로 털어내게 하소서.
지금까지 지었던 모든 죄악을 예수님의 보혈로 깨끗하게 하소서.
오늘의 짐을 기쁘게 지기 위해 어제의 짐을 버립니다.

하루 동안 나의 발이 미끄러질 때에 주님이 붙잡아주소서.
사람으로 시험 들지 말게 하소서.
너무 많은 일로, 혹은 잘 풀리지 않는 일로 미끄러지지 말게 하소서.
언제나 신실하게 나를 붙드시는 주님을 신뢰하며 걸어가게 하소서.
나를 붙드시는 그 강한 팔에 의지하여 갑니다.
오늘을 살면서 근심이 엄습할 때에 나를 위로하여 주소서.
더 큰 소리로 찬양하며 근심을 물리치게 하소서.
준비성과 걱정을 혼동하지 말게 하소서.
미리 준비한다 생각하며 미리 걱정하지 말게 하소서.
준비하되 근심하지 말게 하소서.

오늘도 주님의 인자하심에 의지합니다.
나를 위로하시는 주님의 품 안에서 안전할 것을 믿습니다.
나를 붙드시고 함께하소서.
나의 주 예수 그리스도의 이름으로 기도합니다. 아멘!

06 | 02

여호와께서 과연 여기 계시거늘 내가 알지 못하였도다

야곱이 잠이 깨어 이르되 여호와께서 과연 여기 계시거늘 내가 알지 못하였도다 이에 두려워하여 이르되 두렵도다 이곳이여 이것은 다름 아닌 하나님의 집이요 이는 하늘의 문이로다 하고 (창세기 28:16-17).

아침마다 새로운 은혜를 주시는 아버지, 감사합니다.
여호와 하나님이 나의 아버지 되심에 감사합니다.
오늘 하루도 외롭지 않음은 주께서 나의 사는 곳에 계심입니다.
외롭다 생각하지 않고 오늘을 힘차게 시작하게 하소서.
힘들다 여기지 않고 기쁨으로 하루를 시작하게 하소서.

사람이 많아 행복한 것도 아니고, 사람이 없어 슬픈 것도 아닙니다.
마음의 외로움은 사람을 의지해서 해결할 수 없음을 알게 하소서.
광야에서 홀로 두려웠던 야곱이 하나님을 진정으로 발견했듯이
오늘 나의 하루 길에서 하나님을 발견해 고백하게 하소서.
"여호와께서 과연 여기 계시거늘 내가 알지 못하였도다."
잘한 일 없이 도망가는 야곱의 가는 길을 붙어 동행하신 아버지여,
나 역시 잘한 일이 없어도 나와 함께하소서.
나의 잘하고 못하고에 따라 아버지의 사랑이 달라지지 않음을 믿습니다.
못할 때에 자책하며 하나님으로부터 멀어지지 말게 하소서.
잘할 때에 교만함으로 하나님이 미워하시는 마음을 갖지 말게 하소서.

보이는 사람보다 보이지 않으시는 하나님이 나와 더 가까움을 믿습니다.
오늘 나의 곁에서 나를 지키시고, 인도하시고, 힘이 되어주소서.
과연 나의 옆에, 나의 안에 계심을 믿고 찬양합니다.
나와 함께 사시는 예수 그리스도의 이름으로 기도합니다. 아멘!

06 | 03

사람이 감당할 시험밖에는 너희가 당한 것이 없나니

> 사람이 감당할 시험밖에는 너희가 당한 것이 없나니 오직 하나님은 미쁘사 너희가 감당하지 못할 시험당함을 허락하지 아니하시고 시험당할 즈음에 또한 피할 길을 내사 너희로 능히 감당하게 하시느니라 (고린도전서 10:13).

나를 도우시는 하나님 아버지,
아침에 눈을 뜨는 것이 얼마나 큰 기적인지요.
이 세상과 나라와 가정을 지키시고 인도하심에 감사드립니다.
오늘 해야 할 많은 일 가운데 지키실 것을 믿습니다.

오늘도 내가 시험당하여 걸려 넘어지지 않게 하소서.
때로 살면서 당하는 고난 때문에 하나님을 원망하지 말게 하소서.
사람이 감당할 시험밖에는 당한 것이 없다 하신 말씀을 믿습니다.
고난이 힘겨울 때에 이 말씀이 거짓이다 말하지 않게 하소서.
어쩌면 나의 감당할 능력이 생각보다 훨씬 대단할지도 모릅니다.
시험 앞에 당당하게 하시고, 고난 앞에 의연하게 하소서.
무한한 능력을 가지신 하나님이 도우신다면
내가 감당하지 못할 일이 없음을 믿습니다.

고난이 없기를 바랍니다.
그러나 피치 못하게 어려움이 왔을 때 무엇보다 입술을 지키게 하소서.
마음을 지키고 고난 중에 하나님을 찬양하게 하소서.
나의 법칙이 아니라 하나님의 법칙으로 고난을 이기게 하소서.
바라보는 시선에 따라 때론 고난이 아닐 수도 있음을 깨닫게 하소서.
오늘도 주님을 전적으로 의지합니다.
나를 도우시는 예수 그리스도의 이름으로 기도합니다. 아멘!

06 | 04

여호와는 네게 복을 주시고 너를 지키시기를 원하며

> 여호와는 네게 복을 주시고 너를 지키시기를 원하며 여호와는 그의 얼굴을 네게 비추사 은혜 베푸시기를 원하며 여호와는 그 얼굴을 네게로 향하여 드사 평강 주시기를 원하노라 할지니라 하라 그들은 이같이 내 이름으로 이스라엘 자손에게 축복할지니 내가 그들에게 복을 주리라 (민수기 6:24-27).

나에게 모든 것을 주시는 사랑의 아버지, 찬양합니다.
독생자를 나를 위해 주셨을 때 이미 모든 것을 주셨음을 믿습니다.
오늘 그 사랑을 힘입어 담대히 나아갑니다.
내 마음의 위축됨을 풀고 주님 앞에 선포하며 나아갑니다.
오늘도 나는 예수 그리스도 안에서 승리할 것입니다.

나에게 복 주기를 간절히 원하시는 아버지를 찬양합니다.
나를 지키시고, 나를 바라보시며, 나에게 평강 주시는 주를 찬양합니다.
나를 아버지의 백성 삼으시고 그 품에 안으신 주를 찬양합니다.
나를 기뻐하시고 나를 인도하시는 아버지를 인해 감사드립니다.
나의 업적이 아니라 나의 존재를 사랑하시는 주님을 찬양합니다.

오늘도 안절부절하며 복 주려고 틈을 보시는 주님의 사랑을 받습니다.
나는 그렇게 사랑받는 자입니다.
나는 그렇게 살아온 복된 자입니다.
이 사랑과 담대함을 사탄에게 넘겨주는 일이 없게 하소서.
온전히 아버지의 사랑 안에서 빛나는 하루 되게 하소서.
오늘 주님의 복을 듬뿍 받은 하루로 살겠습니다.
사랑받는 자의 삶이 얼마나 기쁜지 누리게 하소서.
나도 오늘 아버지를 미친 듯이 사랑하며 살게 하소서.
나의 주 예수 그리스도의 이름으로 기도합니다. 아멘!

06 | 05

여호와께서 사람의 걸음을 정하시고

여호와께서 사람의 걸음을 정하시고
그의 길을 기뻐하시나니
(시편 37:23).

나의 태어남과 죽음의 주인 되시는 하나님, 감사합니다.
아버지의 뜻이 있어서 이 땅에 살고 있음을 믿습니다.
오늘 하루도 하나님의 뜻이 있어 살리심을 믿습니다.
아침마다 새로운 은혜를 부어주심도
힘내어 살라고 주시는 것임을 믿습니다.
오늘 그 아버지의 뜻을 발견하게 하소서.

나의 가는 길을 정하시고 그 길을 기뻐하심을 믿습니다.
아버지께서는 내가 이 땅에 살아야 할 이유를 분명히 아시는데
나는 왜 이 땅에 살아야 하는지를 모르고 살 때가 더 많습니다.
나의 존재 이유를 아시는 하나님께 그것을 묻게 하시고 듣게 하소서.
오늘 내가 왜 이곳에 있어야 하는지 깨닫게 하소서.
오늘 내가 왜 오늘을 살아가야 하는지 그 의미를 발견하게 하소서.
인도하시는 그 뜻과 길을 알 때 가장 힘차게 살 수 있습니다.
나보다 더 나를 사랑하시는 하나님의 사랑을 믿습니다.
그래서 오늘도 내가 힘을 내고 용기를 냅니다.

나의 가는 길을 기뻐하시는 것을 믿습니다.
그렇지 않은 길이라면 막아주소서.
오직 주님이 기뻐하시는 길만을 가게 하소서.
나의 길이 되시는 예수 그리스도의 이름으로 기도합니다. 아멘!

06 | 06

주 여호와는 영원한 반석이심이로다

너희는 여호와를 영원히 신뢰하라
주 여호와는 영원한 반석이심이로다
(이사야 26:4).

오늘도 귀한 날을 주신 하나님 아버지, 감사합니다.
하나님이 주신 날이니 귀한 날 되게 하소서.
허투루 시간을 보내지 않게 하소서.
하나님을 기억하며 아름다운 날을 만들기 위해 노력하게 하소서.
쉽이든 일이든 기쁨으로 누리게 하소서.

이 나라를 위해 희생한 사람들에게 감사한 날 되기를 원합니다.
나는 한없이 이기적으로 나만을 위해 사는데
더 큰 공동체를 위하여 목숨을 버리신 분들을 기억하게 하소서.
그리고 그로 인해 어려운 삶을 살고 있는 가족들을 돌보아주소서.
믿음이 있다고 믿음과 관련된 것만 감사하지 말게 하소서.

하나님이 주신 일반적인 많은 은총 속에 살고 있음을 인정합니다.
사회를 통해 나누고 누리고 있는 많은 혜택에 감사합니다.
교회를 다닌다는 이유로 교회 말고는 관심을 버리지 말게 하소서.
마치 나는 사회인이 아닌 듯, 국민이 아닌 듯 살지 말게 하소서.
신앙이 없고도 사람을 위해 희생하는 사람들을 본받게 하소서.
오늘도 사람을 귀히 여기고 사랑하는 하루 되기 원합니다.
나라가 있음에 감사하고, 울타리 되어줌에 감사합니다.
이 나라를 하나님이 돌보심에 더욱 감사합니다.
나의 왕 되시는 예수 그리스도의 이름으로 기도합니다. 아멘!

06 | 07

여호와의 구원을 바라고 잠잠히 기다림이 좋도다

> 기다리는 자들에게나 구하는 영혼들에게 여호와는 선하시도다
> 사람이 여호와의 구원을 바라고 잠잠히 기다림이 좋도다
> (예레미야애가 3:25-26).

날마다 새로운 은혜로 시작하게 하시는 선하신 아버지,
어제의 모든 죄악을 예수님의 보혈로 깨끗하게 씻어주소서.
오늘도 삶이 예배가 되게 하시고, 기쁨이 되게 하소서.
하나님을 갈망하며 기다리는 마음으로 사는 날 되게 하소서.
하나님을 기다리는 자에게 항상 선하신 하나님을 경험하게 하소서.

내가 받은 은혜 중 가장 크고 위대한 은혜는 아버지의 자녀 됨입니다.
그 구원의 은혜가 얼마나 위대한지를 만끽하는 날 되게 하소서.
오늘도 여호와의 구원을 바라며 기다리게 하소서.
영혼의 구원만이 아니라 삶의 구원이 오늘 이루어지게 하소서.
아버지의 자녀 되지 못한 자들을 위해 기도하고 돕는 날 되게 하소서.

오늘 하루 만나는 모든 사람을 축복하기 원합니다.
나의 삶만 아니라 그들의 삶도 힘들 수 있음을 기억하게 하소서.
나의 일만 아니라 그들의 일도 큰일이며 큰 문제임을 인식하게 하소서.
그래서 나의 눈이 자비롭게 하시고, 나의 손이 긍휼을 베풀게 하소서.
하나님의 자녀 됨이 어떤 것인지를 내 말과 행동으로 보이게 하소서.
오늘도 나를 돌보시며 선대하시는 아버지를 찬양합니다.
그 은혜 속에서 내가 살고 있음을 믿습니다.
그리고 선포하고 자랑합니다.
나의 사랑이 되시는 예수 그리스도의 이름으로 기도합니다. 아멘!

06 | 08

공의로운 해가 떠올라서 치료하는 광선을 비추리니

> 내 이름을 경외하는 너희에게는 공의로운 해가 떠올라서
> 치료하는 광선을 비추리니 너희가 나가서
> 외양간에서 나온 송아지같이 뛰리라 (말라기 4:2).

치유하시는 하나님 아버지,
지난밤 잠을 잘 수 있는 은혜 주심에 감사합니다.
나는 내 마음대로 잠도 잘 수 없는 연약한 존재임을 고백합니다.
먹게 하셔야 먹을 수 있으며, 걷게 하셔야 걸을 수 있습니다.
이런 나의 연약함을 매일 고치시는 아버지, 감사합니다.

오늘 내가 느끼는 질병들을 고쳐주소서.
이제까지 살아오면서 내 안에 내가 알지 못했던
많은 질병을 고치신 아버지, 감사합니다.
오늘 내가 알고 있는 이 병만 내게 있는 것이 아님을 알게 하소서.
수백 번, 수천 번 나를 고치셨던 일들을 내가 모를 뿐입니다.
나를 수없이 고치시고 회복시키셨듯 오늘 또 그 은혜를 허락하소서.
내가 오늘 여호와를 경외하리니 공의의 태양이 떠오르게 하소서.
내가 오늘 아버지를 갈망하리니 치료의 광선을 허락하소서.
내가 모르고 있는 내 안의 모든 병을 고쳐주소서.
모든 고통과 통증으로부터 자유케 되는 역사를 허락하소서.

모든 순간 나의 머리카락까지 아시는 여호와 하나님을 찬양합니다.
그 세밀하신 사랑에 나를 맡겨드립니다.
치유의 능력이 드러나는 하루가 되게 하소서.
나의 주 예수 그리스도의 이름으로 기도합니다. 아멘!

06 | 09

내가 거룩하신 이의 말씀을 거역하지 아니하였음이라

> 그러할지라도 내가 오히려 위로를 받고
> 그칠 줄 모르는 고통 가운데서도 기뻐하는 것은
> 내가 거룩하신 이의 말씀을 거역하지 아니하였음이라 (욥기 6:10).

나의 주인 되시는 하나님 아버지,
나의 주 하나님이 나를 오늘 일으키셨습니다.
모든 것을 다스리시고 주관하심을 인정하고 받아들입니다.
그래서 오늘 나에게 일어나는 모든 일도 주 뜻 안에 있음을 믿습니다.

때로 내가 알지 못하는 고통이 올 때에도
오직 주님만이 나의 위로가 되게 하소서.
내가 원하는 시간에 고통이 멈추지 않을지라도 원망 말게 하소서.
내가 원하는 방식과 때에 모든 것이 이루어지지 않아도
믿고 기다리게 하소서.
욥의 고백처럼 하나님의 말씀을 거역하지 않은 것이 기쁨 되게 하소서.
하나님 앞에 부끄럽게 살지 않기 위해 애쓰는 하루 되기를 원합니다.

나의 위로의 근원이 아버지께 있음을 인정하고 고백합니다.
아버지께서는 나의 힘이시며 나의 모든 것이십니다.
그래서 나에게 주어진 환경과 상황에 감사와 찬양을 드립니다.
이해할 수 없는 일도 인정하고 받아들입니다.
오늘 그 마음으로 담대하게 하루를 시작합니다.
내가 만나는 사람, 일, 모든 상황도 주님의 일하심 안에 있습니다.
그것을 믿는다면 분노하거나 원망하기보다 감사하고 기도하게 하소서.
나의 탈출구가 되시는 예수 그리스도의 이름으로 기도합니다. 아멘!

물이 끊어지지 아니하는 샘 같을 것이라

여호와가 너를 항상 인도하여 메마른 곳에서도 네 영혼을 만족하게 하며
네 뼈를 견고하게 하리니 너는 물 댄 동산 같겠고
물이 끊어지지 아니하는 샘 같을 것이라 (이사야 58:11).

만족이 되시는 하나님 아버지,
아침마다 숨 쉴 호흡을 주시고 건강을 주신 아버지, 감사합니다.
어제의 고단함이 남아 있다 하더라도 오늘에 감사하게 하소서.
어제의 모든 짐을 주님께 맡겨드리고 새롭게 출발합니다.
나의 죄악까지 깨끗하고 정결하게 하소서.

오늘도 십자가의 은혜를 의지하여 살아갑니다.
나의 죄를 씻어주실 뿐만 아니라 나의 삶을 풍성하게 하소서.
오늘 나를 인도하여 주소서.
메마른 상황에서도 나의 영혼을 만족하게 하소서.
무너질 것 같은 여건 속에서도 나의 뼈를 견고하게 하소서.

내가 사는 곳이 물 댄 동산이 아니더라도 실망하지 말게 하소서.
나의 존재가 물 댄 동산이 되게 하소서.
어제보다 오늘 물 댄 동산처럼 만족하게 하소서.
나의 영혼이 물 댄 동산이 되게 하소서.
내가 다른 사람에게 물 댄 동산과 같은 존재가 되게 하소서.
오늘 주님의 손을 잡고 가는 것이 최고의 만족임을 믿습니다.
나의 시선이 주님께 고정되게 하소서.
무엇을 하든지 주님만이 나의 만족이 되십니다.
나의 주 예수 그리스도의 이름으로 기도합니다. 아멘!

여호와를 신뢰하라 그리하면 견고히 서리라

> 너희는 너희 하나님 여호와를 신뢰하라 그리하면 견고히 서리라
> 그의 선지자들을 신뢰하라 그리하면 형통하리라
> (역대하 20:20하).

오늘도 아침에 임하시는 주님의 인자하심을 찬양합니다.
나의 밤을 지키시고, 나의 아침을 일으키시니 감사합니다.
완벽한 무방비 상태의 밤이 지나도 내가 안전함을 찬양합니다.
내가 주님의 손안에 있음을 다시 확신합니다.
그래서 오늘 아침 내가 담대할 수 있는 모든 근거가
주님께 있음을 선포합니다.

오늘도 주님을 신뢰합니다.
때로는 예기치 못한 기쁜 일들을 주심에 감사합니다.
때로는 예상치 못한 어려운 일들을 만날 때에도 감사합니다.
하나님이 나의 길을 인도하시니 내가 그 뜻을 믿고 신뢰합니다.
오늘도 이런 믿음으로 시험 들지 않고 견고하게 서기 원합니다.
나에게 믿을 만한 영적인 지도자를 선물로 허락하소서.
나의 가는 길을 올바로 인도할 만한 지도자를 선택하는 안목을 주소서.
그들을 신뢰하여 옳은 길로 인도할 때 거절하지 않는 지혜를 주소서.

나의 마음에 선한 길을 거절하지 않는 마음을 주소서.
나의 본능을 따라 사는 것이 아니라 믿음을 따라 살게 하소서.
하나님을 신뢰함이 나에게 선택의 지혜를 줄 것을 믿습니다.
오늘을 주님께 의탁드립니다.
인자하신 예수 그리스도의 이름으로 기도합니다. 아멘!

06 | 12

이김은 여호와께 있느니라

지혜로도 못하고, 명철로도 못하고 모략으로도 여호와를 당하지 못하느니라
싸울 날을 위하여 마병을 예비하거니와
이김은 여호와께 있느니라 (잠언 21:30–31).

오늘도 나의 살아갈 힘이 되시는 능력의 아버지, 감사합니다.
무기력한 모든 것을 던지고 오늘 새 힘을 얻어 달려갑니다.
주님의 일하심을 믿고 신뢰함으로 오늘도 담대히 일어납니다.
새로운 날을 주신 아버지, 감사합니다.
이 모든 시간이 기회임을 믿고 찬양합니다.

내가 내 길을 헤쳐 간다고 수많은 지혜를 펼치지만 힘이 없습니다.
나의 지혜로도, 명철로도, 수많은 전략을 세워도 못합니다.
그 어떤 것으로도 여호와 하나님을 당할 수 없음을 믿게 하소서.
그 누구의 전략보다 하나님께 이김이 있음을 믿습니다.
지키시는 이, 이기시는 이는 하나님이십니다.

오늘도 그 주님 앞에 나의 모든 문제를 올려드립니다.
내가 생각한 방법이라 여기는 것을 정답이라 확신하지 말게 하소서.
오직 확신할 수 있는 것은 하나님의 인도하심뿐입니다.
맡겨드린다고 방만하지 말게 하소서.
하나님의 뜻과 인도하심을 구하나 성실히 준비하게 하소서.
오늘도 이김을 주시는 아버지를 찬양합니다.
모든 모략보다 뛰어나신 하나님을 경배합니다.
오늘 나의 삶의 주도자가 되어주소서.
나의 주 예수 그리스도의 이름으로 기도합니다. 아멘!

06 | 13

백발이 되기까지 내가 너희를 품을 것이라

야곱의 집이여 이스라엘 집에 남은 모든 자여 내게 들을지어다 배에서 태어남으로부터 내게 안겼고 태에서 남으로부터 내게 업힌 너희여 너희가 노년에 이르기까지 내가 그리하겠고 백발이 되기까지 내가 너희를 품을 것이라 내가 지었은즉 내가 업을 것이요 내가 품고 구하여 내리라 (이사야 46:3-4).

한결같으신 하나님 아버지,
어제 나를 지키신 하나님이 오늘 나를 지키심에 감사합니다.
세상을 향해 내가 하나님의 자녀임을 선포하시는 사랑에 감사합니다.
나를 부끄러워 않으시고 나를 안아주시는 주님을 찬양합니다.

내가 태어날 때에 나를 부르시고 안으신 주님,
나를 눈동자와 같이 지키시며 나를 키우시는 아버지,
내가 노년이 되어 죽을 때까지 그렇게 업으시는 하나님,
백발이 되어 죽는 그 순간까지 품으실 주님을 찬양합니다.
나의 전 인생을 통틀어 하나님은 나의 유일한 신이십니다.

내가 두려워하지 않을 것은 그 아버지와 동행할 것이기 때문입니다.
내가 성인이 되었다고 나를 건성으로 보시지 않음에 감사합니다.
어느 순간에도 나를 방치하시지 않음을 찬양합니다.
나에게는 길고 긴 인생이지만,
아버지께는 눈 깜빡하는 순간임을 믿습니다.
그렇게 강한 팔로 나를 품으소서.
오늘도 일평생을 품으시고 업으시는 그 사랑 앞에 살아갑니다.
얼마나 따뜻하고 얼마나 풍성한지요.
그 사랑에 감동하여 아침을 시작합니다.
나의 주 예수 그리스도의 이름으로 기도합니다. 아멘!

06 | 14

누구든지 그리스도 안에 있으면 새로운 피조물이라

> 그런즉 누구든지 그리스도 안에 있으면 새로운 피조물이라
> 이전 것은 지나갔으니 보라 새것이 되었도다
> (고린도후서 5:17).

날마다 새로운 창조를 하시는 아버지, 감사합니다.
어제와 동일한 하루가 없으며, 날마다 모두 새롭게 됨을 믿습니다.
오늘도 귀한 날을 주셔서 하루를 살게 하시니 감사합니다.
오늘은 완전히 새날이니 완전히 새로운 기대감으로 살게 하소서.

오늘도 건강 주심에 감사합니다.
오늘도 가족 주심에 감사합니다.
오늘도 믿음 주심에 감사합니다.
이 건강이, 이 가족이, 이 믿음이, 모든 것이
새로운 복이 되게 하소서.
모든 순간 주어진 것들에 감사하게 하소서.

오늘 내가 어제의 나와 똑같아 보이지만,
그리스도 안에 있을 때 나는 완전히 새로운 존재가 됨을 믿습니다.
이전 것을 바라보지 말게 하소서.
옛것에 집착하여 고민하지 말게 하소서.
내가 예수님과 하나 되었음을 믿고 새것이 되었음을 알게 하소서.
오늘도 나의 모든 낡은 것을 버리게 하신 주님을 찬양합니다.
예수 그리스도 안에서 모든 가능성이 열려 있음을 선포합니다.
나의 존재가 오늘도 새로워짐을 믿고 감사드립니다.
창조의 주 예수 그리스도의 이름으로 기도합니다. 아멘!

아침에 내가 주께 기도하고 바라리이다

> 여호와여 아침에 주께서 나의 소리를 들으시리니
> 아침에 내가 주께 기도하고 바라리이다
> (시편 5:3).

사랑의 하나님 아버지,
아침에 새소리를 듣고, 스치는 바람을 느끼게 하시니 감사합니다.
해가 뜨면 노래하는 새처럼 아침마다 주님을 향해 노래하게 하소서.
나의 찬양이, 나의 기도가, 나의 고백이 주님께 올려지게 하소서.
아침마다 나의 소리를 들으시는 하나님을 찬양합니다.

저녁에도 기도할 수 있으나 아침에 더욱 기도하게 하소서.
저녁에도 주님을 바라볼 수 있으나 아침에 더욱 주를 바라보게 하소서.
그래서 나의 하루가 하나님과 동행하는 날 되게 하소서.
후회하고 반성하는 날보다 기대하고 시도하는 날로 살게 하소서.
모든 순간을 주님께 의지합니다.

내 마음의 소리를 들으시는 아버지께서
나의 모든 필요와 고통과 간구를 들으심을 믿습니다.
때로 너무 지쳐서, 때로 너무 바빠서, 때로 잊어서 기도하지 못할 때에
나의 마음을 감찰하시고 생각하소서.
나의 눈물과 아픔과 고백과 찬양을 모든 순간 들어주소서.
어떤 사람보다 나의 사정을 살피시며 들으시는 주님을 찬양합니다.
어느 누구보다 나를 사랑하시고 지키시는 아버지를 의지합니다.
아버지께서는 나의 반석이시고, 방패이시며, 피난처이십니다.
나의 모든 것 되시는 예수 그리스도의 이름으로 기도합니다. 아멘!

06 | 16

우리의 속사람은 날로 새로워지도다

그러므로 우리가 낙심하지 아니하노니 우리의 겉사람은 낡아지나
우리의 속사람은 날로 새로워지도다
(고린도후서 4:16).

소망의 하나님 아버지,
오늘도 나를 새롭게 하시는 아버지를 찬양합니다.
모든 가족이 무사하게 하시니 감사합니다.
어제가 잘 지나간 것처럼 오늘도 안전한 날 되게 하소서.
오늘도 주님의 복이 가득한 날 되게 하소서.

오늘도 주님이 주시는 소망으로 가득하기 원합니다.
보이는 낡음에 집중하지 말게 하소서.
나이가 들어가고, 때로 실패하고 무기력해지는 자신에게
집중하지 않게 하소서.
예전만 못하다고 불평하거나 실망하지 말게 하소서.

나의 소망은 나의 겉모습이 아니라 하나님께 있음을 믿습니다.
모든 기대는 아버지의 능력 때문이지 내 능력 때문이 아닙니다.
모든 것이 때가 있으나 하나님은 모든 때를 아름답게 하심을 믿습니다.
어릴 때도 아름답지만 늙을 때도 아름다움을 기억하게 하소서.
내 내면의 순수함이 아버지를 향하여 더욱 깊어짐을 감사하게 하소서.
오늘도 나의 내면은 어린아이처럼 주님께 달려갑니다.
그래서 나는 오늘도 소망으로 가득합니다.
나의 지금의 때를 아름답게 하신 주님을 찬양합니다.
나의 주 예수 그리스도의 이름으로 기도합니다. 아멘!

06 | 17

내 마음이 약해질 때에 주께 부르짖으오리니

내 마음이 약해질 때에 땅 끝에서부터 주께 부르짖으오리니
나보다 높은 바위에 나를 인도하소서
(시편 61:2).

아침마다 주님의 인자하심과 사랑이 가득함을 찬양합니다.
나의 사는 날 동안에 나와 언제나 동행하시는 주님을 찬양합니다.
나의 태어남과 늙음과 죽음과 언제나 함께하시는 아버지를 찬양합니다.
나의 모든 순간이 주님의 손에 있음에 감사합니다.
나의 사는 모든 순간, 주님이 주도하심을 믿습니다.

오늘도 내가 약해질 때에 주님께 부르짖겠습니다.
내가 실망스럽고 좌절될 때에 주님께 향하겠습니다.
나를 안전한 곳으로 인도하여 주소서.
나로 스스로 시험에 들지 말게 하시고, 마음이 강해지게 하소서.
마음이 강해짐은 강력한 평안을 얻는 것임을 알게 하소서.
내가 강하여서 다른 사람을 휘저으려 하지 말게 하소서.
내가 마음이 강하여서 다른 사람을 안심시키는 큰 그릇 되게 하소서.
약한 자가 다른 사람에게 좌지우지됨을 기억하게 하소서.
그래서 사람을 내 마음대로 움직이는 것이 아니라
많은 사람을 나로 인해 쉬게 하려는 삶을 살게 하소서.

오늘도 내가 간구할 곳이 있음에 감사합니다.
내가 부르짖을 때에 나를 들으시는 하나님이 계심에 감사합니다.
모든 순간 기도하게 하시고, 모든 순간 바라보게 하소서.
나의 주 예수 그리스도의 이름으로 기도합니다. 아멘!

06 | 18

나의 자비는 네게서 떠나지 아니하며

산들이 떠나며 언덕들은 옮겨질지라도 나의 자비는 네게서 떠나지 아니하며
나의 화평의 언약은 흔들리지 아니하리라
너를 긍휼히 여기시는 여호와께서 말씀하셨느니라 (이사야 54:10).

언제나 나를 자비로 인도하시는 아버지 하나님, 감사합니다.
오늘도 아침마다 성실하게 일하시는 주님을 찬양합니다.
아버지의 자비가 없었다면 나는 지금 이곳에 없음을 고백합니다.
아버지의 자비가 오늘도 가득하게 하소서.
오늘 나와 가족들과 이 나라와 온 세상에 주의 자비를 베풀어주소서.

나의 환경이 산이 무너지는 것 같을 때에 주의 자비를 기억합니다.
언덕이 흔들리고 지진이 나는 것 같을 때에 주님을 의지합니다.
이 세상이 떨고 혼돈에 빠져도 주님은 변함이 없으심을 찬양합니다.
모든 것이 뒤집어지고 흔들려도 주님의 약속은 흔들리지 않습니다.
나를 사랑하기로 작정하신 아버지의 결정은 바뀌지 않음을 믿습니다.
그 약속을 믿고 오늘을 살아갑니다.
세상이 나를 흔들고 모두 두려움에 휩싸여도 나는 주님을 믿습니다.
주께서 주시는 화평이 나를 주도할 것입니다.
아버지의 약속이 나를 지킬 것입니다.
나를 건지신다는 그 사랑의 언약을 믿고 오늘을 힘 있게 삽니다.

그 자비하심을 일평생 베풀어주소서.
그 긍휼하심으로 언제나 나에게 말씀하여 주소서.
주님의 음성을 들으며 오늘 하루를 살게 하소서.
나의 주 예수 그리스도의 이름으로 기도합니다. 아멘!

06 | 19

주께서 내 영혼을 사망에서 건지셨나이다

주께서 내 영혼을 사망에서, 내 눈을 눈물에서,
내 발을 넘어짐에서 건지셨나이다
(시편 116:8).

나의 주 하나님 아버지,
오늘도 아침에 눈을 뜨며 가장 먼저 주님을 기억합니다.
눈을 뜬 순간 일을 생각했는지, 돈을 생각했는지 돌아보게 하소서.
내가 의식을 차리는 첫 순간에 떠오르는 것이
나를 주도하고 있는 것입니다.
만약 주님을 가장 먼저 생각하지 않았다면 회개합니다.

모든 걱정과 근심이 단순히 안전만을 위한 것이 아님을 회개합니다.
더 돈을 벌고 싶어 걱정했습니다.
더 사람들에게 인정받고 싶어 걱정했습니다.
더 편하고 싶어 걱정했습니다.
더 나은 삶을 위해 걱정했습니다.
걱정 속에 숨어 있는 탐욕을 찾게 하소서.
그래서 나를 지옥의 문에서 건지시고 위험의 길에서 붙들어주소서.
나의 눈물이 멈추게 하시고 시험의 길에서 벗어나게 하소서.
나의 고난 가운데 응답하실 때에 올바른 길로 나를 인도하소서.

그럼에도 나의 연약함을 불쌍히 여기시는 주님을 찬양합니다.
온전히 주님을 의지하여 어려움을 극복하기 원합니다.
나의 팔을 붙드시고, 나의 발을 견고하게 하소서.
나의 위로자 되시는 예수 그리스도의 이름으로 기도합니다. 아멘!

06 | 20

하늘이여 노래하라 땅이여 기뻐하라

하늘이여 노래하라 땅이여 기뻐하라 산들이여 즐거이 노래하라
여호와께서 그의 백성을 위로하셨은즉
그의 고난당한 자를 긍휼히 여기실 것임이라 (이사야 49:13).

위로하시는 하나님 아버지,
오늘도 하나님이 나의 아버지이심을 찬양합니다.
내가 아버지의 자녀임에 감사합니다.
이 아침에 주님이 나를 지키시고 보호하심에 감사합니다.
오늘도 주님께 모든 것을 맡겨드리고 새롭게 시작합니다.
나의 모든 것의 주도자가 되어주소서.

내가 고난당할 때에 나를 불쌍히 여겨주소서.
내가 넘어질 때에 나를 일으키소서.
내가 낙심할 때에 나의 위로자가 되어주소서.
내가 길을 잃을 때에 나의 인도자가 되어주소서.
내가 굶주릴 때에 일용할 양식을 허락하소서.

내가 날마다 아버지를 찬양합니다.
내 마음이 주님을 향하여 노래하겠습니다.
나는 죽어도 아깝지 않은 죄인인데 나를 구원하셨습니다.
천국을 잃은 자에게 천국을 주셨습니다.
내가 이 은혜를 일평생 잊지 말게 하소서.
내가 받은 은혜가 얼마나 위대한지 알고 기뻐하게 하소서.
아버지께서는 유일한 신이시며 위대한 하나님이십니다.
나의 모든 것 되시는 예수 그리스도의 이름으로 기도합니다. 아멘!

06 | 21

두려워하지 말라 내가 너와 함께함이라

> 두려워하지 말라 내가 너와 함께함이라 놀라지 말라 나는 네 하나님이 됨이라 내가 너를 굳세게 하리라 참으로 너를 도와주리라 참으로 나의 의로운 오른손으로 너를 붙들리라 (이사야 41:10).

나의 구원자 되시는 하나님 아버지,
오늘도 새로운 날을 선물로 주신 아버지, 감사합니다.
세상에는 부자인 사람들과 가난한 사람들이 많이 있지만
모두가 공평하게 하루를 시작하게 하시니 감사합니다.
돈은 불공평하지만 아침은 공평함에 감사합니다.
오늘 나에게 주신 이 선물을 버리지 말게 하소서.

오늘도 나를 두렵게 하는 것에 놀라지 말게 하소서.
오늘 나의 약함을 깨닫고 놀라지 말게 하소서.
나의 하나님이 나와 함께하시니 두려울 것이 없습니다.
나의 하나님이 완벽한 능력을 가지고 계시니 놀랄 것이 없습니다.
그 하나님이 나를 도와주겠다 약속하시니 얼마나 감사한 일입니까.
오늘 나를 돕겠다고 결정하신 아버지의 강력한 의지를 믿습니다.
나를 붙들겠다고 선포하신 그 의지를 신뢰합니다.
나의 의지가 아니라 아버지의 의지를 믿습니다.
그래서 오늘 내가 사는 것이 아니라 주님이 사시는 것임을 고백합니다.

오늘도 담대할 수밖에 없음을 선포합니다.
오늘 나의 모든 약함과 사건, 사고들이 아무 문제 될 것이 없습니다.
나의 주 하나님 아버지의 도우심을 오늘 곧 베풀어주소서.
나의 힘이 되시는 예수 그리스도의 이름으로 기도합니다. 아멘!

06 | 22

내가 너와 함께 있어 네가 어디로 가든지 너를 지키며

> 내가 너와 함께 있어 네가 어디로 가든지 너를 지키며
> 너를 이끌어 이 땅으로 돌아오게 할지라 내가 네게 허락한 것을 다 이루기까지
> 너를 떠나지 아니하리라 하신지라 (창세기 28:15).

어디든 계시는 하나님 아버지,
매일 아침마다 일어나 세수하고 옷을 갈아입고 시작하는 일상처럼
주님을 만납니다.
내 삶의 어떤 일상보다 주님을 만나는 기도의 일상이 가장 소중합니다.
어떤 몸에 배인 일상보다 이 기도의 일상이 가장 익숙하게 하소서.
세수를 하지 않아도 기도하게 하소서.

내가 어느 곳에 있든지 그곳에 함께하시는 아버지를 찬양합니다.
하나님은 장소에 한계가 없으심을 찬양합니다.
그래서 내가 어디에 있든지 나를 지키심을 믿고 신뢰합니다.
사랑하는 가족이 지금 한국에 있든 외국에 있든 걱정하지 않습니다.
나의 기도가 어디에서든, 어느 시간이든 일하시는 아버지를
향하고 있기 때문입니다.

인간은 거리에 따라 멀다고 느끼지만 하나님은 그렇지 않으십니다.
어느 곳에든 함께해주시고, 어느 시간이든 지켜주소서.
내 마음에 멀다 생각지 않고 기도 중에 만나게 하시고 일하여 주소서.
나의 상식으로 아버지를 가두지 않고 있는 그대로 신뢰하게 하소서.
오늘도 내가 가는 곳마다 일하시는 주님을 찬양합니다.
오늘도 내가 존재하는 시간마다 함께하시는 주님을 찬양합니다.
나의 주 예수 그리스도의 이름으로 기도합니다. 아멘!

06 | 23

여호와께서 사람의 걸음을 정하시고

> 여호와께서 사람의 걸음을 정하시고 그의 길을 기뻐하시나니
> 그는 넘어지나 아주 엎드러지지 아니함은
> 여호와께서 그의 손으로 붙드심이로다 (시편 37:23-24).

길을 이끄시는 하나님 아버지,
오늘도 상쾌한 아침을 주시니 감사합니다.
어제의 고단함을 씻고 일어날 수 있는 힘을 주시니 감사합니다.
오늘 해야 하는 많은 일을 주님께 먼저 올려드립니다.
일의 우선순위를 잘 정하게 하소서.
급하다고 서두르지 말게 하시고, 급하지 않다고 무시하지 말게 하소서.

오늘도 나의 걸음을 정하시는 분이 하나님이심을 믿습니다.
때문에 주님께 상의하고 걷게 하소서.
나의 가는 길과 살아가는 모든 길을 주님께 의존합니다.
내가 아무리 계획할지라도 주님이 이루게 하셔야 가능합니다.
하기 전에 하나님께 묻고 상의하게 하소서.

오늘도 주님이 나의 마음에 확정함을 주실 것을 믿습니다.
하나님은 살아 계셔서 나에게 응답 주시는 분임을 믿습니다.
들리지 않아서 마음대로 했다 하지 말게 하소서.
보이지 않아서 내가 길을 정했다 하지 말게 하소서.
살아 계신 아버지께서 올바른 결정으로 인도하실 것을 믿습니다.
오늘도 나의 가는 길의 인도자가 되어주소서.
내가 그 길을 맡겨드립니다.
나의 길이 되시는 예수 그리스도의 이름으로 기도합니다. 아멘!

06 | 24

그가 너로 말미암아 기쁨을 이기지 못하시며

너의 하나님 여호와가 너의 가운데에 계시니 그는 구원을 베푸실 전능자이시라
그가 너로 말미암아 기쁨을 이기지 못하시며 너를 잠잠히 사랑하시며
너로 말미암아 즐거이 부르며 기뻐하시리라 (스바냐 3:17).

아침마다 나를 새롭게 하시는 아버지, 찬양합니다.
나로 오늘을 살아갈 수 있는 힘을 주시니 감사합니다.
내가 누리는 모든 것이
모두에게 당연히 주어지는 것이 아님에 감사합니다.
내가 누리는 모든 것에 감사하게 하소서.

오늘도 나에게 구원을 베풀어주시니 감사합니다.
나로 인하여 기뻐하시고, 나를 사랑하시니 감사합니다.
나를 즐거워하시며 기뻐하시니 감사합니다.
내가 그럴만한 존재가 아님을 시인합니다.
그래서 아버지의 사랑은 기적과 같은 은혜입니다.

내가 때로 사람들에게 사랑받지 못할 때에 기죽지 말게 하소서.
내가 사람들에게 인정받지 못할 때에 실망하지 말게 하소서.
나를 사랑하시는 이가 위대한 하나님이심을 기억하게 하소서.
나를 인정하시는 이가 창조주 하나님이심을 알게 하소서.
그래서 나는 사랑과 인정에 부족함 없는 존재임을 깨닫게 하소서.
오늘도 사랑을 듬뿍 받고 자란 사람처럼 살겠습니다.
밝고, 명랑하고, 긍정적이고, 즐겁게 살겠습니다.
나를 사랑하셔서 죽기까지 희생하신
예수 그리스도의 이름으로 기도합니다. 아멘!

06 | 25

세상을 이기는 자가 누구냐

> 무릇 하나님께로부터 난 자마다 세상을 이기느니라 세상을 이기는 승리는 이것이니 우리의 믿음이니라 예수께서 하나님의 아들이심을 믿는 자가 아니면 세상을 이기는 자가 누구냐 (요한일서 5:4-5).

승리 되시는 하나님 아버지,
모든 순간 아버지 하나님의 승리하심이 있음을 믿습니다.
그 아버지를 믿고 신뢰함으로 담대히 살게 하소서.
어두움을 이기시고 아침을, 근심을 이기시고 평안을 주셨습니다.

오늘도 늘 이기시는 주님을 닮아 영적 전쟁에서 이기게 하소서.
나를 좌절로 끌고 가는 사탄의 유혹을 이기게 하소서.
나를 실패감으로 몰고 가려는 생각의 흐름을 이기게 하소서.
나를 분노로 끌고 가려는 감정의 욕망을 이기게 하소서.
오늘 나의 모든 순간, 악함을 선함으로 이기는 사람 되게 하소서.

나의 승리는 이것이니 오직 예수 그리스도이십니다.
그 그리스도의 사랑이 나를 향하고 있음을 믿습니다.
내가 예수 그리스도를 믿음으로 세상을 이길 것을 믿습니다.
내가 이겨야 하는 세상은 사람을 밟고 일어서는 것이 아닙니다.
죄의 유혹과 좌절과 사탄적인 것을 떨치고 일어나는 것입니다.
사람은 사랑의 대상이며, 긍휼의 대상이고,
그리하는 것이 승리임을 믿습니다.
이 싸움은 영적인 사탄의 유혹과 계략을 이기는 것임을 선포합니다.
승리의 날 되게 하소서.
나의 주 예수 그리스도의 이름으로 기도합니다. 아멘!

06 | 26

선한 말은 꿀송이 같아서 마음에 달고

> 선한 말은 꿀송이 같아서 마음에 달고
> 뼈에 양약이 되느니라
> (잠언 16:24).

날마다 아버지의 품 안에서 일어나게 하신 하나님, 감사합니다.
모든 피곤을 씻어주시고 새 육체로 시작하게 하시니 감사합니다.
아직 남아 있는 고단함도 회복시켜주소서.
무엇보다 마음이 먼저 새로워지게 하소서.
마음에 남아 있는 모든 찌꺼기도 제거하여 주소서.

오늘 나의 입술을 정결하게 하기 원합니다.
아버지를 닮아 선한 말을 나의 입에 담게 하소서.
나쁜 말은 생각도 하지 않게 하소서.
하나님을 찬양하고, 높여드리고, 감사하고, 기도하는 입술 되게 하소서.
그래서 나의 하루가 나의 선한 말로 가득하기를 소원합니다.

다른 사람을 향해 장점을 드러내고 단점을 숨기는 자 되기 원합니다.
나의 생각이 결국 말로 나온다면 먼저 나의 생각을 고치게 하소서.
나의 본능은 지적하기 좋아하고 비판을 즐겨합니다.
나의 죄악된 성품을 사하시고, 나로 성령의 임재로 변화받게 하소서.
그래서 격려와 위로와 힘과 용기를 주는 말을 담게 하소서.
오늘도 나의 언어가 정직하고, 선하고, 온유하게 하소서.
모든 사람이 나의 말을 기다리는 좋은 사람 되기 원합니다.
오늘도 주님의 도우심으로 언어가 회복되는 귀한 날 되게 하소서.
나의 주 예수 그리스도의 이름으로 기도합니다. 아멘!

06 | 27

네가 부를 때에는 나 여호와가 응답하겠고

네가 부를 때에는 나 여호와가 응답하겠고
네가 부르짖을 때에는 내가 여기 있다 하리라
(이사야 58:9상).

날마다 나의 부르짖음에 응답하시는 나의 주 하나님, 감사합니다.
나의 기도에 언제나 신실하게 응답하여 주소서.
오늘도 나에게 일어날 많은 일을 알 수 없어 두렵고 막막합니다.
그러나 알 수 없기에 더욱 주님을 의지합니다.
그래서 알 수 없는 것이 더 큰 은혜입니다.
오늘 나에게 일어날 모든 일을 아시는 주님이
나를 지키시고 인도하소서.

나의 고통의 때에 나를 주목하시는 아버지를 찬양합니다.
내가 어려움을 당할 때에 더 나에게 집중하시는 주님께 감사합니다.
모든 순간 나를 기억하소서.
그래서 내가 넘어질 때에 붙들어주소서.
내가 쓰러질 때에 일으키소서.
나 또한 모든 순간 주님을 기억하며 기도합니다.
모든 순간 주님을 향해 찬양을 올려드리며 감사하겠습니다.

오늘도 나의 신음까지 귀 기울이시는 주님으로 인해 담대합니다.
내 곁에 어떤 사람이 없어도 두려워하지 않겠습니다.
나를 건지실 능력자이신 여호와 하나님과 동행하겠습니다.
나의 곁에서 "내가 여기 있다" 말씀하소서. 내가 듣겠습니다.
나의 주 예수 그리스도의 이름으로 기도합니다. 아멘!

06 | 28

하나님이 능히 모든 은혜를 너희에게 넘치게 하시나니

하나님이 능히 모든 은혜를 너희에게 넘치게 하시나니
이는 너희로 모든 일에 항상 모든 것이 넉넉하여
모든 착한 일을 넘치게 하게 하려 하심이라 (고린도후서 9:8).

충만하신 하나님 아버지,
넘치는 은혜로 아침을 여신 아버지, 감사합니다.
오늘 나에게 주신 모든 것이 넉넉함을 고백합니다.
얼마나 많은 것을 가지고 새날을 시작하는지요.
모든 것에 부족함이 없음을 고백합니다.
내 모든 부족함은 만족하지 못하는 내 욕심의 크기임을 회개합니다.
내가 느끼는 필요가 많아서 부족하다 착각하지 말게 하소서.
과연 '그것이 있으면 더 좋다'는 원함이 올바른지 돌아보게 하소서.
더 많고, 더 좋고, 더 넘치기 원하는 나의 욕심을 돌아보게 하소서.

하나님이 아들을 죽이기까지 하여 주신 구원의 은혜가
어떤 것인지 기억하게 하소서.
아들을 주셨다면 더 아끼실 것이 없음입니다.
잊지 말고 기억하게 하소서.
받아놓고 없는 척하지 말게 하소서.
부족하다, 부족하다 해도 얻지 못할 것은 나의 욕심이기 때문입니다.

모든 필요를 아시고, 채우시며, 넉넉하게 하시는 은혜를 신뢰합니다.
그리고 선하신 뜻으로 마땅한 것을 채우심을 믿습니다.
오늘 그 모든 은혜에 감사와 찬양을 올려드립니다.
나의 만족이 되시는 예수 그리스도의 이름으로 기도합니다. 아멘!

06 | 29

끝까지 견디는 자는 구원을 얻으리라

또 너희가 내 이름으로 말미암아
모든 사람에게 미움을 받을 것이나
끝까지 견디는 자는 구원을 얻으리라 (마태복음 10:22).

오늘도 나의 가는 길을 인도하시는 아버지, 감사합니다.
나를 모태에서 부르시고 자녀 삼아주시니 감사합니다.
이 세상에서 하나님을 알게 하시고 품에 안기게 하시니 감사합니다.
이 구원의 은혜가 내 삶에 가장 크고 위대한 은혜임을 고백합니다.

이 땅에서 사는 동안 때로 신앙 때문에 미움받을 수 있습니다.
잘못한 것이 없는데도 누군가의 질타의 대상이 될 수 있습니다.
그러나 그때에 그것이 하나님 때문이라면 기쁨으로 감당하게 하소서.
실수 때문이라면 회개하게 하시고, 믿음 때문이라면 담대하게 하소서.
좋은 세상을 만나서 신앙을 지키는 것이 어렵지 않음에 감사합니다.
신앙이 곧 죽음이던 때에 태어나지 않음에 감사합니다.
믿음이 곧 순교인 장소에 머물지 않음에 감사합니다.
그러나 그래서 나태해지지 말게 하시고 깨어 올바로 살게 하소서.
혹 그런 자리에 있다면 견디고 이기게 하소서.
핍박을 견딤으로 믿음을 증명하게 하소서.

하늘의 복을 가진 자의 삶을 살아가게 하소서.
이 땅에서의 복을 구하며
어떤 신앙도 가볍게 버리는 자 되지 말게 하소서.
이 땅의 복을 버리더라도 하늘의 복을 구하는 자로 살게 하소서.
나의 구원이 되시는 예수 그리스도의 이름으로 기도합니다. 아멘!

06 | 30

이는 그가 너희를 돌보심이라

> 너희 염려를 다 주께 맡기라
> 이는 그가 너희를 돌보심이라
> (베드로전서 5:7).

나에게 자유를 주시는 아버지, 감사합니다.
이 세상에서 나를 얽매이게 하는 모든 죄악에서 자유하게 하소서.
지금까지 지었던 모든 죄악을 주님 앞에 내어놓습니다.
예수 그리스도의 보혈의 공로로 나를 정결케 하소서.
오늘도 죄로부터 자유하고 시작하는 아침 되게 하소서.

모든 염려를 주님께 맡겨드리니 걱정과 근심에서 자유하게 하소서.
내가 걱정해서 좋아지는 것이 하나도 없음을 믿습니다.
내가 고민해서 온전히 해결되는 것이 없음을 믿습니다.
모든 문제의 답은 여호와 하나님이신 것을 믿습니다.

올바른 믿음으로 서게 하소서.
내가 나를 돌보는 것보다 하나님이 나를 돌보시는 것이 최고입니다.
이제 내가 하나님보다 나를 더 위한다는 착각을 버리게 하소서.
내가 하나님의 일하심을 걱정할 필요가 없음을 믿게 하소서.
하나님이 제대로 일하실까, 타이밍을 놓치시지 않을까
점검하지 말게 하소서.
나는 오늘 나에게 주어진 삶을 믿음으로 살겠습니다.
하나님이 하시는, 나를 지키시고 위하시는 모든 일을 믿습니다.
나를 돌보시는 아버지의 사랑을 믿습니다.
나의 주 예수 그리스도의 이름으로 기도합니다. 아멘!

모든 문제의 답은
여호와 하나님이신 것을
믿습니다.

인자와 진리가 네게서 떠나지 말게 하고
그것을 네 목에 매며 네 마음판에 새기라
_ 잠언 3:3

이 달 의 기 도 제 목

-
-
-
-
-

07 | 01

의와 진리의 거룩함으로 지으심을 받은 새사람을 입으라

> 오직 너희의 심령이 새롭게 되어
> 하나님을 따라 의와 진리의 거룩함으로 지으심을 받은
> 새사람을 입으라 (에베소서 4:23-24).

날마다 새롭게 하시는 아버지, 감사합니다.
오늘을 새롭게 하셔서 어제와 다르게 하시니 감사합니다.
어제의 모든 나쁜 일과 기억을 다 내어버립니다.
그리고 오늘은 오늘의 복을 기대합니다.
날마다 모든 것을 새롭게 하시는 주님의 은혜가 임할 줄 믿습니다.

오늘 나의 심령이 새롭게 되게 하소서.
나의 영혼이 새롭게 되게 하소서.
나의 불의함과 거짓됨과 온전하지 못함을 모두 내어버립니다.
하나님을 따라 의와 진리의 거룩함으로 지으심 받은 자 되게 하소서.
예수 그리스도 안에서 새사람을 입게 하소서.
날마다 새롭게 주시는 은혜를 빈 그릇으로 받기 원합니다.
어제까지 채워진 모든 불의를 쏟아버리고 빈 그릇으로 나아갑니다.
오늘 허락하신 모든 공백을 주님의 은혜로 채우게 하소서.
오늘 나 스스로가 새사람이 된 마음으로 살게 하소서.
스스로를 귀히 여기는 하루 되게 하소서.

나의 주 하나님은 언제나 새로운 기회를 주시는 분이십니다.
어제의 실패가 나를 좌절시킬 수 없음을 선포합니다.
오늘 내가 새로움을 입고 기대감을 채워 하루를 시작합니다.
나의 주 예수 그리스도의 이름으로 기도합니다. 아멘!

07 | 02

나를 눈동자같이 지키시고 주의 날개 그늘 아래에 감추사

> 나를 눈동자같이 지키시고 주의 날개 그늘 아래에 감추사
> 내 앞에서 나를 압제하는 악인들과 나의 목숨을 노리는 원수들에게서
> 벗어나게 하소서 (시편 17:8-9).

보호자 되시는 나의 하나님 아버지, 찬양합니다.
나를 지키시고 보호하셔서 이 아침을 맞을 수 있음에 감사합니다.
내가 알지 못하는 많은 어려움을 피하게 하심을 찬양합니다.
수많은 위험에서 나를 눈동자같이 지키시고 품으심을 찬양합니다.

오늘도 새로운 날을 맞이했습니다.
나의 가족과 이 나라와 아버지께서 사랑하시는 이 세상을 지켜주소서.
어떤 질병도, 어떤 재난도 우리를 사탄의 손에 넘기게 못하게 하소서.
어려움을 당할 수는 있으나 영적으로 패배하지 말게 하소서.
고난을 당할 때에도 주님의 날개 아래로 나를 인도하소서.

나의 목숨을 노리는 것이 단지 육체를 죽이는 것만이 아닙니다.
나의 영혼을 죽이려는 자들로부터 보호하여 주소서.
때로 더 풍요롭고, 더 잘 풀리고, 더 높아질 때에 주의하게 하소서.
꼭 고난이 나를 죽이는 것이라는 착각을 버리게 하소서.
방만해지고, 게을러지고, 하나님을 잊어버리는 것이
얼마나 위험한지 알게 하소서.
오늘도 주님의 날개 아래로 피합니다.
그 안에서 가장 안전함을 믿습니다.
이 하루가 온전히 주님의 손안에 있게 하소서.
나의 피난처 되시는 예수 그리스도의 이름으로 기도합니다. 아멘!

07 | 03

나는 목마른 자에게 물을 주며

> 나는 목마른 자에게 물을 주며 마른 땅에 시내가 흐르게 하며
> 나의 영을 네 자손에게, 나의 복을 네 후손에게 부어 주리니 그들이
> 풀 가운데에서 솟아나기를 시냇가의 버들같이 할 것이라 (이사야 44:3-4).

날마다 새로운 생명으로 일어나게 하신 생명의 하나님, 감사합니다.
죽음 같은 밤을 지나고 생명 같은 아침을 맞이했습니다.
오늘도 하나님이 주신 삶의 기회를 부여잡습니다.
어제보다 더 아버지를 꼭 붙잡고 시작하겠습니다.
나의 손을 붙들어 이 하루를 온전하게 하소서.

목마른 자에게 물을 주시는 아버지,
모든 갈망하는 자를 풍족하게 하시는 주님을 찬양합니다.
마른 땅과 같은 나의 인생에 시내가 흐르게 하소서.
하나님으로부터 내려오는 복이 온전히 이 땅에 임하게 하소서.
생명이 살아나는 하늘의 복을 내려주소서.
내 삶이 무미건조해질 때 주님을 바라보게 하소서.
나의 하는 일이 꼬일 대로 꼬일 때 하늘을 바라보게 하소서.
사는 일이 너무 어렵고 힘들 때에 아버지를 찾게 하소서.
사막을 푸른 초장으로 만드시는 아버지께 나아갑니다.
모든 것에 생명을 불어넣으시는 하늘의 복을 오늘 허락하소서.

오늘 내가 만나는 사람들에게 그 하나님을 알려 주기 원합니다.
내가 받아 누리는 하늘의 복이 더 많은 사람에게 전해지게 하소서.
내가 그 통로가 되는 하루 되기를 기도합니다.
나의 주 예수 그리스도의 이름으로 기도합니다. 아멘!

07 | 04

의를 위하여 박해를 받은 자는 복이 있나니

의를 위하여 박해를 받은 자는 복이 있나니
천국이 그들의 것임이라
(마태복음 5:10).

의로우신 하나님 아버지.
말씀으로 하늘을 여시고 만물을 창조하신 아버지를 찬양합니다.
내가 아버지의 창조의 작품임을 인정하고 기뻐합니다.
하나님이 만드신 것이라면 얼마나 아름답고 소중한지요.
내가 나의 가치를 믿어서가 아니라
아버지의 선택을 믿어서 나를 귀히 여깁니다.
하나님이 나를 만드시고 선택하셨다면 나는 정말 귀한 존재입니다.

오늘 하나님의 창조물로서 온전한 모습으로 살게 하소서.
나의 존재에 대한 자긍심과 기쁨으로 더 값진 하루를 살게 하소서.
아버지를 닮아 정의를 행하게 하시고 공의를 지키게 하소서.
약자를 보호하며 옳고 선한 일을 선택하게 하소서.
나에게 손해가 된다 하더라도 의로운 길에 서게 하소서.
아버지의 뜻을 따르느라 받는 피해가 있다면 기뻐하게 하소서.
의롭고 선한 일을 실천하느라 고통을 당한다면 감사하게 하소서.

내가 하나님의 자녀인 것과 천국이 나의 것임을 증명하게 하소서.
오늘도 하나님의 작품으로서 품위 있는 삶을 살겠습니다.
영적인 품위를 지키는 날 되게 하소서.
아버지의 자녀로 오늘 하루를 시작하고 마감하겠습니다.
나의 길을 인도하시는 예수 그리스도의 이름으로 기도합니다. 아멘!

07 | 05

내가 그리스도와 함께 십자가에 못 박혔나니

내가 그리스도와 함께 십자가에 못 박혔나니
그런즉 이제는 내가 사는 것이 아니요
오직 내 안에 그리스도께서 사시는 것이라 (갈라디아서 2:20상).

날마다 모든 순간, 숨 쉬는 순간까지 은혜 주시는 아버지, 감사합니다.
나의 모든 걷는 발걸음을 지키시는 아버지를 찬양합니다.
아버지를 사랑한다 말하면서
하루 24시간을 믿음과 상관없이 사는 나를 용서하소서.
말로는 목숨도 드릴 것처럼 하면서,
동전 한 푼도 흔쾌히 드리지 못함을 용서하소서.
내 믿음이 좋다 하면서 어느 것 하나 손해 보기 싫어함을 용서하소서.
다 말뿐이요, 다 허세이며, 다 껍질임을 용서하소서.
오늘 내 안에 누가 살고 있는지 정직하게 바라보게 하소서.

오늘 생활 속에서 그리스도와 함께 십자가에 못 박히기 원합니다.
내가 사는 것이 아니라
내 안에 그리스도께서 사시는 날 되기를 간절히 원합니다.
내 뜻을 버리고 주님의 뜻을 실천하게 하소서.
죽어도 못 박히기 싫어하는 자아를 버리게 하소서.
죽지 않고 부활만 차지하려는 이기심을 버리게 하소서.

오늘은 예수님처럼 살게 하소서.
아니, 일평생 예수님이 나로 사시는 일에 동의하고 내어드리게 하소서.
이제 말만의 신앙을 버리고 삶의 신앙으로 가게 하소서.
나의 주인이신 예수 그리스도의 이름으로 기도합니다. 아멘!

07 | 06

자기의 이웃을 은근히 헐뜯는 자를 내가 멸할 것이요

> 자기의 이웃을 은근히 헐뜯는 자를 내가 멸할 것이요
> 눈이 높고 마음이 교만한 자를 내가 용납하지 아니하리로다
> (시편 101:5).

사랑의 하나님 아버지,
모든 피곤한 몸을 회복시키시고 단잠을 주신 아버지, 감사합니다.
나에게 머리를 누일 곳과 돌아올 집을 허락하시니 감사드립니다.
돌아올 곳이 있어 오늘 나갈 수 있음에 감사합니다.

어제 지었던 모든 죄악을 깨끗하게 하소서.
예수 그리스도의 보혈로 씻어주소서.
아버지께서 나의 잘못을 사람들에게 알리고 헐뜯지 않으시는데
나는 하나님도 아니면서 얼마나 많은 사람의 잘못을 떠벌이는지요.
내 의도의 악함과 입의 가벼움을 보혈로 씻어주소서.
나는 마치 너와 다르다는 양 가까운 사람을 헐뜯지 말게 하소서.
그 안에 교만이 숨어 있음을 발견하게 하소서.
하나님이 미워하시는 일을 행하여 분노를 자처하지 말게 하소서.

정죄하는 것은 사탄의 일이니
내가 사탄의 종이 되는 것임을 알게 하소서.
교만은 하나님이 가장 미워하시는 일임을 알고 두려워하게 하소서.
오늘도 내 입에 파수꾼을 세우시고 정결하게 하소서.
마음의 시기와 질투를 버리고 선한 말을 하기 원합니다.
사람을 세우는 말, 격려의 말, 칭찬의 말로 나를 채우기 원합니다.
나를 정결케 하시는 예수 그리스도의 이름으로 기도합니다. 아멘!

07 | 07

무엇을 하든지 다 하나님의 영광을 위하여 하라

> 그런즉 너희가 먹든지 마시든지 무엇을 하든지
> 다 하나님의 영광을 위하여 하라
> (고린도전서 10:31).

오늘도 새날을 주신 영광의 아버지, 감사와 찬양을 드립니다.
해가 뜨고 지는 모든 것을 주관하시고
이 우주의 통치자 되시는 아버지를 높여드립니다.
천지의 모든 것을 만드시고 선물로 주신 아버지, 감사합니다.
내가 만들 수 없는 고귀한 것들을 안겨주심에 감사합니다.

나에게 물을 주셔서 마시게 하신 아버지를 찬양합니다.
나에게 공기를 주셔서 숨 쉬게 하신 아버지를 찬양합니다.
나에게 땅을 주시고, 하늘을 주시고, 나무를 주신 아버지, 감사합니다.
아름다운 동물들과 더불어 살 사람들을 주신 아버지, 감사합니다.
나를 이 땅에 보내셔서 삶을 영위하게 하신 아버지의 뜻에 감사합니다.

오늘 내가 존재하여 하루를 살아갈 때에 너무 작게 보지 말게 하소서.
'점심에 무엇을 먹을까? 어제 싸운 사람에게 무슨 말을 해줄까?' 하며
나의 작은 하루에 묶여서 하나님이 주신 큰 것들을 놓치지 말게 하소서.
베푸신 우주의 아름다움에 감탄하며 살게 하소서.
먹고 마시는 모든 것이 하나님의 행하심을 바라보는 데 쓰이게 하소서.
점점 사소해지는 나의 관심과 고민에서 해방되는 날 되기를 원합니다.
하나님께 영광을 올려드리는 삶은 아버지를 바라봄에 있습니다.
시선을 돌려 주를 보게 하시고 주를 기뻐하게 하소서.
영광 받기 합당하신 예수 그리스도의 이름으로 기도합니다. 아멘!

07 | 08

나의 힘이신 여호와여 내가 주를 사랑하나이다

나의 힘이신 여호와여 내가 주를 사랑하나이다 여호와는 나의 반석이시요 나의 요새시요 나를 건지시는 이시요 나의 하나님이시요 내가 그 안에 피할 나의 바위시요 나의 방패시요 나의 구원의 뿔이시요 나의 산성이시로다 (시편 18:1-2).

언제나 나의 뒤에서 나를 도우시는 하나님 아버지, 감사합니다.
아침마다 새롭게 주시는 그 은혜를 인해 감동합니다.
나의 터전이 흔들려 삶을 지탱할 수 없을 때에 반석이 되어주시어
오늘도 내가 튼튼히 나의 발을 디디고 일어섭니다.

오늘도 나를 공격하는 수많은 영적인 공격에서 나를 지켜주소서.
나의 요새가 되어주셔서 나로 공격받지 않게 도와주소서.
내가 두려움에 쫓겨 도망갈 때에 나의 피할 바위가 되어주소서.
내가 안전하다는 확신을 누리는 평안의 처소가 되소서.
내가 죽을 것 같을 때에 나의 구원이 되어주소서.

이 세상을 살아가는 일이 전쟁 같음을 고백합니다.
쫓는 자가 없으나 나의 마음은 때로 쫓겨 다닙니다.
공격하는 자가 없으나 나는 피해를 봅니다.
흔드는 자가 없으나 나는 언제나 흔들립니다.
빼앗는 자가 없으나 빼앗기는 것같이 속상할 때가 있습니다.
나의 모든 연약함을 불쌍히 여겨주소서.
나의 반석, 나의 요새, 나의 구원, 나의 산성이 되소서.
내가 주님을 사랑하고 또 사랑합니다.
나를 건지시는 예수 그리스도의 이름으로 기도합니다. 아멘!

07 | 09

여호와를 경외하는 자에게는 견고한 의뢰가 있나니

여호와를 경외하는 자에게는 견고한 의뢰가 있나니
그 자녀들에게 피난처가 있으리라
(잠언 14:26).

나의 주 하나님 아버지,
지난밤의 피로가 남아 일어나기 힘든 아침에도 나를 일으키소서.
아침인데 저녁처럼 고단할 때에도 나의 힘이 되어주소서.
시작인데 끝내고 싶은 마음으로 하루를 맞이해야 하는 나를 도와주소서.
그래도 아침마다 새로운 은혜를 부어주실 주님을 찬양합니다.

나의 컨디션과 상관없이 여호와 하나님을 찬양합니다.
내가 해야 할 일로 마음이 무너질 것 같아도 주님을 찬양합니다.
퇴근해야 할 것 같은 아침을 맞이할 때에도 주님을 기뻐합니다.
주님만이 나의 모든 소망이시기 때문입니다.
내가 무엇보다 여호와 하나님을 경외합니다.
두려워하는 마음으로 사랑합니다.
감히 바라볼 수 없는 거룩한 신이신 여호와를 높여드립니다.
모든 상황과 상관없이 나의 기쁨이 되어주소서.
그래서 오늘은 상황을 바라보지 않고
하나님을 바라보고 살게 하소서.

나와 나의 가정은 오직 여호와 하나님만을 사랑하게 하소서.
어떤 상황에서도 주님을 신뢰하게 하소서.
그래서 언제나 나의 피난처가 되시는 주님을 경험하게 하소서.
나의 모든 것 되시는 예수 그리스도의 이름으로 기도합니다. 아멘!

07 | 10

모든 눈물을 그 눈에서 닦아 주시니

> 모든 눈물을 그 눈에서 닦아 주시니 다시는 사망이 없고
> 애통하는 것이나 곡하는 것이나 아픈 것이 다시 있지 아니하리니
> 처음 것들이 다 지나갔음이러라 (요한계시록 21:4).

위로의 하나님 아버지,
오늘도 나에게 여전히 새날을 주신 아버지, 감사합니다.
이 아침에 하나님의 복을 내려주소서.
영적인 복이 이 땅에 임하여서
하나님을 아는 모든 자가 주님을 찬양하게 하소서.
아버지를 모르는 모든 사람은 하나님을 깨달을 수 있는 은혜를 주소서.
오늘 하늘에서 내려온 만나처럼 영적인 만나를 허락하소서.

지난날의 어려움을 씻어주시는 아버지, 감사합니다.
모든 눈물을 그 눈에서 닦아주겠다 약속하신 아버지를 높여드립니다.
주님 안에 다시는 사망이 없고 애통함이 없음을 믿습니다.
영원한 승리가 나의 것임을 믿고 신뢰합니다.
어제 내가 슬펐다 하더라도 오늘 기뻐 웃을 수 있음을 믿습니다.

모든 비관적인 생각과 판단을 거부하게 하소서.
부정적이고 나쁜 것을 믿는 믿음을 버리게 하소서.
오직 소망과 사랑과 기쁨과 평안을 주시는 주를 믿게 하소서.
나를 나보다 사랑하시는 그 사랑을 믿고 신뢰합니다.
나의 아픔을 위로하시는 아버지를 의뢰해 다시 힘을 내 달려갑니다.
연민에 빠지는 대신에 용기를 갖게 하소서.
나를 위해 죽으신 예수 그리스도의 이름으로 기도합니다. 아멘!

07 | 11

그는 너희 형제로다

> 너희가 피차 고발함으로 너희 가운데 이미 뚜렷한 허물이 있나니
> 차라리 불의를 당하는 것이 낫지 아니하며 차라리 속는 것이 낫지 아니하냐
> 너희는 불의를 행하고 속이는구나 그는 너희 형제로다 (고린도전서 6:7-8).

긍휼의 하나님 아버지,
나의 허물을 씻어주시고 나를 기대하시는 아버지, 감사합니다.
어제도 실수가 많았는데 그 실수대로 기억하시지 않음에 감사합니다.
나의 잘한 것이 부족함에도 잘했다 칭찬하시는 아버지, 감사합니다.
하나님이 다 하시고도 그 공로를 나에게 주시는 아버지, 감사합니다.

오늘 하루를 살면서 나에게 잘못한 자를 용서하게 하소서.
아버지께서 나를 대하셨던 것처럼 그들을 대하게 하소서.
나는 하염없이 아버지께 용납되었으면서
그들을 눈곱만큼도 용납지 못함을 용서하소서.
참을 만큼 참았다 분노하며 정의의 사도처럼 고발하지 말게 하소서.
하나님이 나를 고발하셨더라면 죽었을 존재임을 기억하게 하소서.

내가 형제를 고발한다면 그 마음 자체로 하나님 앞에 허물입니다.
믿는 자들끼리 이익으로, 자존심으로, 시기로 다투지 말게 하소서.
"차라리 불의를 당하라. 속는 것이 낫다" 하신 말씀을 기억합니다.
똑똑한 척하다가 하나님께 밉보이는 일을 택하지 말게 하소서.
나를 한없이 용서하신 은혜를 제대로 기억하고 마음에 새깁니다.
나의 용납받음을 기억하며 나를 힘들게 한 자를 용서하겠습니다.
나를 위해 죄 없이 십자가를 선택하신
예수 그리스도의 이름으로 기도합니다. 아멘!

07 | 12

너희 중에 고난당하는 자가 있느냐 그는 기도할 것이요

> 너희 중에 고난당하는 자가 있느냐 그는 기도할 것이요
> 즐거워하는 자가 있느냐 그는 찬송할지니라
> (야고보서 5:13).

모든 삶의 주인이 되시는 나의 주 아버지, 감사합니다.
오늘도 나를 택하시고 인도하시니 감사합니다.
나의 시작과 끝을 모두 돌보실 주님께 오늘 하루를 맡겨드립니다.
오늘 일어날 모든 일 속에서 일하여 주소서.

이 세상 가운데 일어나는 모든 어려움을 살피시는 주님을 의지합니다.
인간의 힘으로 감당할 수 없는 많은 일이 벌어집니다.
그때마다 굳건하게 붙잡아주소서.
고난당할 때에는 기도를 멈추지 말게 하소서.
고난의 종식이 주님의 손에 있기 때문입니다.
즐거울 때에 주님을 찬양하게 하소서.
기쁜 일을 만날 때에 사람을 찾아 기쁨을 나누느라
아버지를 잊어버립니다.
그 기쁨을 허락하신 이가 하나님이심을 먼저 깨닫게 하소서.
그래서 기도와 찬양이 나의 하루를 가득 채우기를 소망합니다.
오늘도 나의 입술이 하나님과 대화를 나누게 하소서.

피할 수 있는 고난이 있거든 도와주소서.
나의 어리석음으로 고난을 만들어내지 말고
화목하고 돕는 자로 살게 하소서.
나의 주 예수 그리스도의 이름으로 기도합니다. 아멘!

07 | 13

자기를 깨끗하게 하면 귀히 쓰는 그릇이 되어

> 큰 집에는 금 그릇과 은 그릇뿐 아니라 나무 그릇과 질그릇도 있어
> 귀하게 쓰는 것도 있고 천하게 쓰는 것도 있나니 그러므로 누구든지 이런 것에서
> 자기를 깨끗하게 하면 귀히 쓰는 그릇이 되어 거룩하고 주인의 쓰심에 합당하며
> 모든 선한 일에 준비함이 되리라 (디모데후서 2:20-21).

나를 만드신 하나님 아버지,
하루가 어떻게 펼쳐질지 전혀 모르지만, 그래서 주님을 의지합니다.
나는 나의 삶을 주도하기에 너무 무지하고 연약합니다.
1분 뒤의 일도 예측할 수 없는 작은 자임을 고백합니다.
오늘 나의 모든 미래와 상황을 아시는 주님께 나아갑니다.

오늘도 나를 만드신 그 뜻을 깨달아 알기 원합니다.
내 눈에 좋아 보이는 성공한 모습만을 향해 달려가지 말게 하소서.
큰 그릇 되겠다고, 귀한 그릇 되겠다고 작심하지 말게 하소서.
내 눈에 큰 그릇이 아버지 눈에 큰 그릇이 아닐 수 있습니다.
큰 그릇 되려고 더러움을 마다하지 않다가
버림받는 그릇이 될 수 있음을 알게 하소서.
나에게 주어진 삶의 기업을 받아들이게 하소서.
그리고 커지고 귀해지기보다 깨끗해지기 위해 노력하게 하소서.
더러운 그릇에 음식을 담는 주인은 아무도 없습니다.
오늘 나의 모든 더러움을 주님 앞에 내려놓습니다.

나를 빚으신 토기장이의 뜻대로, 만들어진 모양대로 살겠습니다.
남을 부러워하지 않고 나의 존재를 받아들이겠습니다.
아버지의 소중한 그릇이 되기 위해 더욱 깨끗해지게 하소서.
나의 주인 되시는 예수 그리스도의 이름으로 기도합니다. 아멘!

보라 지금은 구원의 날이로다

내가 은혜 베풀 때에 너에게 듣고 구원의 날에 너를 도왔다 하셨으니
보라 지금은 은혜 받을 만한 때요
보라 지금은 구원의 날이로다 (고린도후서 6:2).

날마다 은혜 주시기를 물 붓듯 하시는 나의 아버지, 감사합니다.
오늘도 하나님의 은혜로 하루를 시작합니다.
하늘로부터 내려오는 은혜가 하루 종일 가득하게 하소서.
새로운 마음으로 시작할 때 무엇보다 영혼이 새로워지게 하소서.
나의 시선을 하늘로 향하며 하루를 시작합니다.

오늘도 해야 할 많은 일을 주님께 부탁드립니다.
어떻게 시간 안배를 해야 할지 지혜를 주소서.
내가 만나야 할 사람들이 떠오르게 하소서.
내가 먼저 해야 할 일들을 놓치지 말게 하소서.
무엇보다 하나님을 만나는 일을 가장 귀히 여기게 하소서.

오늘도 내가 부르짖을 때에 나의 기도에 응답하소서.
오늘이 바로 은혜 받을 만한 때임을 믿습니다.
오늘이 바로 구원의 날임을 믿습니다.
나와 가장 가까이 계시는 하나님을 믿습니다.
모든 순간 동행하게 하시고 나를 인도하소서.
나의 영혼이 메말라가지 않도록 주님을 붙잡는 하루 되기 원합니다.
무엇을 하든 주님을 기억합니다.
이 세상 속에서 주님과 함께하게 하소서.
나의 주 예수 그리스도의 이름으로 기도합니다. 아멘!

07 | 15

넉넉히 이기느니라

**그러나 이 모든 일에
우리를 사랑하시는 이로 말미암아
우리가 넉넉히 이기느니라** (로마서 8:37).

승리의 하나님 아버지,
어제의 모든 시간에 함께하신 아버지를 찬양합니다.
나 혼자 고군분투하는 것 같지만 대신 싸우신 이는 하나님이십니다.
오늘도 나의 영적인 싸움 앞에 주님을 의지합니다.
마치 전사와 같은 마음으로 기도하오니 나와 함께 싸워주소서.

모든 일에 우리를 사랑하시는 하나님으로 인해
넉넉히 이길 것을 믿습니다.
내가 이기는 것이 아니라 아버지께서 이기실 것을 믿습니다.
나는 그 이김에 함께하기에 그것은 나의 승리임을 믿습니다.
오늘 넉넉한 이김을 믿고 살게 하소서.

내가 지는 것 같을 때에 전전긍긍하지 말게 하소서.
하나하나 내가 이겨야 된다는 강박을 버리게 하소서.
넉넉히 양보하고, 넉넉히 인정해주는 사람으로 살기 원합니다.
나의 이김이 하나님께 있으니 내가 패배자라는 생각을 버리게 하소서.
악착같은 마음보다 넓은 마음을 갖게 하소서.
그리고 그 근거가 하나님의 이김에 있게 하소서.
오늘도 나의 만군의 여호와 하나님이 되심을 찬양합니다.
넉넉히 이김을 주시는 아버지께서 나를 사랑하심을 찬양합니다.
나의 이김이 되시는 예수 그리스도의 이름으로 기도합니다. 아멘!

07 | 16

주의 집에 사는 자들은 복이 있나니

> 나의 왕, 나의 하나님, 만군의 여호와여 주의 제단에서 참새도 제 집을 얻고 제비도 새끼 둘 보금자리를 얻었나이다 주의 집에 사는 자들은 복이 있나니 그들이 항상 주를 찬송하리이다 (셀라) (시편 84:3-4).

어제도 지키시고 보호하신 아버지, 감사합니다.
비를 피할 집을 주시고, 단잠을 잘 잠자리를 주시니 감사합니다.
오늘 나에게 주시지 않은 것이 있다면
그것은 오늘 나에게 필요하지 않음을 믿습니다.
하나님의 공급하심을 의심하지 않습니다.

주의 제단에서 참새도 제 집을 얻고
제비도 보금자리를 얻는다 하셨습니다.
수많은 아파트를 보면서
"저 많은 집 중에서 내 집은 없다"고 한탄하지 말게 하소서.
그중 하나가 내 것이라면 아마 더 큰 것을 바랄 것이기 때문입니다.
내가 머리 둘 곳을 얻었다면 그것에 감사하게 하소서.
나의 영혼이 주님의 제단 앞에 머물 때에
모든 거주에서 감사할 것을 믿습니다.

오늘도 주님의 돌보심을 믿습니다.
나의 영혼이 주님 앞에서 자유롭게 하소서.
가장 먼저 주님 앞에 머물게 하소서.
그리고 복을 주시는 주님을 믿고 오늘 복이 되는 삶을 살게 하소서.
아버지께서 베푸시는 복을 전달하는 사람 되게 하소서.
나의 모든 것 되시는 예수 그리스도의 이름으로 기도합니다. 아멘!

07 | 17

내가 주는 물을 마시는 자는 영원히 목마르지 아니하리니

내가 주는 물을 마시는 자는 영원히 목마르지 아니하리니
내가 주는 물은 그 속에서 영생하도록 솟아나는
샘물이 되리라 (요한복음 4:14).

생수 되시는 하나님 아버지,
내 안에 있는 모든 걱정과 근심을 내려놓고 주님 앞에 나아갑니다.
해결해야 하는 모든 일이 주님 앞에서 녹아내릴 것을 믿습니다.
근심의 흙탕물을 흘려보내고 생수로 넘치게 하소서.

오늘 무엇을 하여도 주린 나의 목을 넘치게 채워주소서.
나의 존재가 하나님 앞에 마땅히 온전하게 서게 하소서.
사람들 앞에 인정받기 위해 노력하는 만큼만이라도
하나님 앞에 서게 하소서.
하나님이 보이지 않는다고 하나님을 무시하지 말게 하소서.
마치 하나님이 정면으로 바라보고 계신 것처럼 살게 하소서.
앉을 때나, 걸을 때나, 누구를 만날 때나 주의 임재를 의식하게 하소서.
하나님이 무엇을 기뻐하실지 고민하며 살게 하소서.
이 세상 가운데 흑암이 덮일 때에
이 세상 가운데 아버지께서 계시도록 기도하게 하소서.
나만 잘 살아서 될 일이 아님을 알고 더욱 중보 기도 합니다.

모든 갈한 자의 목마름을 기억하소서.
내 인생의 만족은 오직 아버지께만 있음을 고백합니다.
갈한 자의 손을 잡고 주님께 달려가는 하루 되게 하소서.
나의 생수가 되시는 예수 그리스도의 이름으로 기도합니다. 아멘!

사랑은 여기 있으니 하나님이 우리를 사랑하사

> 사랑은 여기 있으니 우리가 하나님을 사랑한 것이 아니요
> 하나님이 우리를 사랑하사 우리 죄를 속하기 위하여
> 화목제물로 그 아들을 보내셨음이라 (요한일서 4:10).

날마다 우리를 돌보시는 사랑의 아버지, 감사합니다.
오늘도 건강하게 일어나게 하신 아버지, 감사합니다.
가족들이 모두 무사하고 이 나라를 지켜주시니 감사합니다.
모든 사람을 사랑하시는 아버지께 영광을 올려드립니다.

먼저 나를 사랑하셔서 아버지의 자녀 삼아주시니 감사합니다.
나의 일평생 가장 감사할 것은 내가 아버지의 자녀 됨입니다.
내가 가장 사람들에게 알려야 할 것도 주님의 자녀 될 수 있음입니다.
이 구원의 은혜를 잊지 말게 하소서.
오늘도 내가 먼저 사랑한 것이 아니라
하나님이 먼저 사랑하심에 감사드립니다.

누군가가 나를 사랑할 때 목숨을 내놓았다면 모든 것을 준 것입니다.
예수 그리스도의 사랑이 그러했습니다.
나를 사랑하시되 목숨을 주고 사랑하셨습니다.
그 예수님 앞에서 오늘 나의 돈 없음을 불평하지 말게 하소서.
그 죽으신 그리스도 앞에서 오늘 나의 질병을 원망하지 말게 하소서.
나의 사랑받음은 세계 최고입니다.
오늘 나의 상황과 형편이 사랑의 척도가 되지 말게 하소서.
오직 받은 사랑이 얼마나 거대한지를 기억하게 하소서.
목숨을 주고 사랑하신 예수 그리스도의 이름으로 기도합니다. 아멘!

07 | 19

너희도 상을 받도록 이와 같이 달음질하라

> 운동장에서 달음질하는 자들이 다 달릴지라도
> 오직 상을 받는 사람은 한 사람인 줄을 너희가 알지 못하느냐
> 너희도 상을 받도록 이와 같이 달음질하라 (고린도전서 9:24).

상 주시는 하나님 아버지,
오늘도 여름의 아름다움을 주신 아버지, 감사합니다.
푸르른 초록과 쏟아지는 빗줄기를 주신 아버지, 감사합니다.
당연한 것들을 잃어버린 후에 감사했던 것을 용서하소서.
마음껏 숨 쉴 공기에 감사하지 못했음을 용서하소서.
오늘 아직 가지고 있는 여름 더위와 장마에 감사를 드립니다.

모든 것에 감사하고, 작은 것에 감사하게 하소서.
감당할 수 없는 큰 것에 감사하게 하소서.
나에게 언제나 존재하는 당연한 것에 감사하게 하소서.
그리고 그것을 지키기 위해 최선을 다하게 하소서.

오늘도 주님의 법대로 삶이라는 경기를 치르기 원합니다.
최선을 다하여 주신 사명을 향해 달려가기 원합니다.
모두가 달린다고 모두가 상을 얻는 것이 아님을 기억하게 하소서.
주신 힘으로 최선을 다하게 하시고, 경기의 법도를 지키게 하소서.
그래서 세상 앞이 아니라 하나님 앞에서 칭찬받는 자녀 되게 하소서.
오늘도 아버지의 법을 지켜 행하는 날 되기 원합니다.
사람의 인정에 목매지 않고 아버지의 인정에 목매어 살게 하소서.
내 눈이 향한 곳이 눈앞의 편안함이 아니라 삶의 목적지가 되게 하소서.
나의 참된 기준이 되시는 예수 그리스도의 이름으로 기도합니다. 아멘!

07 | 20

인자와 진리가 네게서 떠나지 말게 하고

인자와 진리가 네게서 떠나지 말게 하고
그것을 네 목에 매며 네 마음판에 새기라
(잠언 3:3).

어제의 모든 어려움을 이기고 단잠 자게 하신 아버지, 감사합니다.
어제의 근심은 어제로 족하니 모두 버리게 하소서.
오늘 주시는 새로운 기대와 소망으로 새롭게 시작하게 하소서.
주님의 인자하심과 진리로 나를 다스려주소서.

오늘도 주님의 말씀으로 나를 인도하소서.
말씀의 인도를 받기 위해 오늘도 말씀을 읽기 원합니다.
어찌해야 할 바를 알지 못할 때 주님의 말씀 앞에 나아갑니다.
진리가 나를 떠나지 않도록 진리 앞에 나아갑니다.
내 목에 매고 마음판에 새기게 하소서.

오늘도 모든 선택 앞에 말씀을 기억하게 하소서.
선택의 기준이 나의 감정이나 이익이 되지 말게 하소서.
선택의 모든 기준이 하나님의 뜻과 말씀이 되게 하소서.
기도할 때만 하나님의 뜻을 구하는 것이 아니라
살면서 하나님의 뜻을 구하게 하소서.
나의 손과 발로, 나의 삶으로 말씀을 행하는 자 되게 하소서.
오늘도 주님의 인자하심을 의지하여 나아가오니
나와 동행하소서.
이 나라와 온 세상을 지키시고 보호하소서.
나의 주 예수 그리스도의 이름으로 기도합니다. 아멘!

07 | 21

화평하게 하는 자는 복이 있나니

> 화평하게 하는 자는 복이 있나니
> 그들이 하나님의 아들이라 일컬음을 받을 것임이요
> (마태복음 5:9).

오늘도 평안의 하루를 허락하신 평화의 아버지, 감사합니다.
내 마음에 평화가 없다 하더라도 주님을 인해 평화를 누리게 하소서.
어제의 모든 전쟁과 같은 상황을 내려놓고 주님 앞에 나아갑니다.
고민이 있다면 해결의 아버지께 나아가게 하소서.
질병이 있다면 고치시는 아버지께 나아가게 하소서.

오늘도 모든 것의 근원이시요, 열쇠가 되시는 주님 앞에 나아갑니다.
오늘 하루 열어야 할 문의 열쇠가 되어주소서.
닫힌 문을 만날 때마다 기도하게 하소서.
때로 사람과 닫힐 때가 있음을 고백합니다.
어찌해야 할지 모를 때에 평화의 길을 선택하게 하소서.

오늘 내가 판단하는 자가 되지 않게 하소서.
오늘 내가 고치려는 자가 되지 않게 하소서.
오늘 내가 정죄하는 자가 되지 않게 하소서.
연결하는 사람으로, 이해하는 사람으로 서게 하소서.
다툼이 있는 자리에서 화평의 길로 이끄는 자 되게 하소서.
하나님의 아들이신 그리스도께서 하신 그 일을 하게 하소서.
그래서 그 화평의 사역에 나도 동참하게 하소서.
그로 말미암아 나로 하나님의 아들이라 칭함을 받게 하소서.
온전한 평화가 되시는 예수 그리스도의 이름으로 기도합니다. 아멘!

07 | 22

부요하신 이로서 너희를 위하여 가난하게 되심은

> 우리 주 예수 그리스도의 은혜를 너희가 알거니와 부요하신 이로서 너희를 위하여 가난하게 되심은 그의 가난함으로 말미암아 너희를 부요하게 하려 하심이라 (고린도후서 8:9).

오늘도 나에게 풍성한 은혜를 베푸시는 아버지, 감사합니다.
나의 가진 것을 생각하면 부요하다 할 수 없으나
아버지의 부요하심을 받아 나도 부요함을 선포합니다.
나를 위해 가난하게 되시고 나에게 부요함을 선물해주심을 찬양합니다.
내 부요함의 근원이 예수 그리스도께 있음을 고백합니다.

오늘도 주신 것의 풍성함을 알게 하소서.
욕심의 고삐를 풀어버리면 어떤 부자도 부요할 수 없습니다.
부자라고 모두 부요한 것이 아니듯
나의 마음이 소유와 상관없이 부요하게 하소서.
주님이 주신 마음이 나를 가장 부요한 자로 만들 것을 믿습니다.

오늘도 자족하는 법을 배우게 하소서.
못 먹는 포도더러 시다고 불평하는 여우 같은 마음이 아니라
전심으로 내게 부족함이 없다는 다윗의 마음을 갖게 하소서.
하나님만이 나의 모든 것이심을 고백합니다.
주신 은혜로 충분히 족하다는 진심 어린 고백을 하게 하소서.
오늘 나를 채우기 위해 모든 것을 버리신 예수님을 찬양합니다.
나를 부요하게 하기 위해 가난을 택하신 주님을 찬양합니다.
내 삶의 모든 족함의 근원이 예수 그리스도이심을 선포합니다.
나의 모든 만족이 되시는 예수 그리스도의 이름으로 기도합니다. 아멘!

07 | 23

누가 철학과 헛된 속임수로 너희를 사로잡을까 주의하라

누가 철학과 헛된 속임수로 너희를 사로잡을까 주의하라
이것은 사람의 전통과 세상의 초등학문을 따름이요
그리스도를 따름이 아니니라 (골로새서 2:8).

오늘도 나의 생명을 연장시켜주신 아버지, 감사합니다.
하루를 더 사는 것이 당연한 듯하지만 전혀 그렇지 않음을 고백합니다.
오늘은 하나님이 주신 아름다운 선물입니다.
오늘이 마지막이라면 어떤 삶을 살지 생각하고 하루를 보내게 하소서.
이 귀한 시간을 무엇에 낭비하지 않을지 생각하게 하소서.

소중한 하루를 헛된 소리와 뜬구름 잡는 소문에 낭비하지 말게 하소서.
나와 상관없는 많은 잡소리에 마음을 빼앗기지 말게 하소서.
세상 사람들의 난리에 흔들려 하나님을 잊고 살지 말게 하소서.
이것이 옳다, 저것이 옳다는 논쟁에 휘말려 허송세월하지 말게 하소서.
오직 하나님을 사랑하며, 여호와 하나님을 찬양하며 보내게 하소서.

나에게 주어진 시간을 늘 하나님 앞에서 살기 원합니다.
이 시간이 어떻게 하면 보람찰 수 있을지 고민하게 하소서.
오늘 내가 어떤 일을 하기 원하시는지 하나님의 뜻을 묻게 하소서.
오늘 나에게 가장 소중한 사람을 위해 할 수 있는 일을 찾게 하소서.
나의 존재가 아버지 앞에 가장 의미 있는 일을 놓치지 않게 하소서.
내일이 없는 사람처럼 오늘을 소중히 여기기 원합니다.
때문에 세상 헛된 속임수에 귀 기울일 시간이 없음을 알게 하소서.
오늘 주의 말씀 앞에 살게 하시고 기도하며 찬양하게 하소서.
나의 주 예수 그리스도의 이름으로 기도합니다. 아멘!

너희는 내 목소리를 들으라

> 오직 내가 이것을 그들에게 명령하여 이르기를 너희는 내 목소리를 들으라 그리하면 나는 너희 하나님이 되겠고 너희는 내 백성이 되리라 너희는 내가 명령한 모든 길로 걸어가라 그리하면 복을 받으리라 하였으나
> (예레미야 7:23)

나의 주 하나님 아버지, 오늘도 나를 일으키시니 감사합니다.
아침마다 새로운 인자하심으로 나를 채워주시니 감사합니다.
어제의 모든 더러운 죄악을 그리스도의 십자가 보혈로 씻어주소서.
오늘도 나의 아버지가 되어주소서.
내가 주님의 목소리를 듣게 하소서.

오늘도 하나님의 음성을 듣고 순종하기 원합니다.
내가 아버지의 백성 되고 하나님이 나의 하나님 되시기를 원합니다.
주님의 목소리를 듣고 그 길로 따라가게 하소서.
나의 순종함이 나와 하나님의 관계를 증명함을 알게 하소서.
자녀라 하면서 듣지도, 따르지도 않는 이중적 삶을 버리게 하소서.

오늘도 기도로 주님의 음성을 듣기 원합니다.
"오늘 내가 어떻게 살아야 합니까?",
"오늘 나는 무엇을 해야 합니까?" 묻게 하시고 듣게 하소서.
그리고 찬양하고 높여드리는 목소리로 주님께 올려지게 하소서.
나의 주 하나님만이 나의 모든 것이심을 고백합니다.
나의 가장 소중한 것은 하나님 아버지를 사랑하는 것입니다.
나의 구원을 노래하고, 나를 인도하시는 주님을 찬양합니다.
나의 인도자 되시는 예수 그리스도의 이름으로 기도합니다. 아멘!

07 | 25

너는 범사에 그를 인정하라

**너는 범사에 그를 인정하라
그리하면 네 길을 지도하시리라**
(잠언 3:6).

이 땅을 지키시고 인도하시는 아버지, 감사합니다.
전 세계의 모든 것이 하나님의 손에 있음을 믿습니다.
오늘도 그 안에서 이 작은 한 사람이 살아 있음에 감사를 드립니다.
가장 작은 자의 머리카락까지 세시는 아버지의 사랑을 믿습니다.
오늘도 그 사랑을 힘입어 하루를 시작합니다.

아버지께서 행하시는 모든 것이 선하고 아름다움을 믿습니다.
아버지의 뜻은 크고, 놀라우며, 아름답고, 멋짐을 찬양합니다.
보이지 않는 하나님의 계획 안에 나는 안전함을 믿고 신뢰합니다.
범사를 주시하시고 나의 모든 행함을 보시는 아버지를 사랑합니다.
오늘 그 아버지의 모든 행하심을 인정합니다.

인간의 눈에 들어올 수조차 없는 온 우주를 다스리시는
크신 아버지를 찬양합니다.
인간의 눈에 보이지도 않는 아주 작은 세포들을 다스리시는
아버지를 찬양합니다.
나의 선을 넘어서는 모든 것을 다 포용하시는 주의 크심을 찬양합니다.
아버지의 모든 것을 인정하고 받아들이오니 나의 길을 인도하소서.
주님의 손을 붙잡고 오늘을 살아갑니다.
크심으로 나를 안으시고, 섬세하심으로 나를 돌보아주소서.
나의 주 예수 그리스도의 이름으로 기도합니다. 아멘!

07 | 26

너희 빛이 사람 앞에 비치게 하여

이같이 너희 빛이 사람 앞에 비치게 하여
그들로 너희 착한 행실을 보고 하늘에 계신 너희 아버지께
영광을 돌리게 하라 (마태복음 5:16).

영광 받으시는 아버지,
아침마다 새로운 은혜로 채우시는 아버지, 감사합니다.
언제나 성령님의 공기는 신선하며 나를 새롭게 합니다.
오늘도 육체를 씻기 전에 나의 영혼을 씻게 하소서.
예수 그리스도의 보혈로 나를 정결하게 하소서.

오늘도 나의 선한 행실이 사람들과 하나님 앞에 드러나게 하소서.
마음으로만 하나님을 사랑한다고 고백하는 것이 아니라
그 사랑함을 보이기 위해 사람을 사랑하고 선을 행하게 하소서.
하나님이 기뻐하시는 일이 무엇인지를 돌아보게 하소서.
그리고 나를 필요로 하는 곳을 발견한 순간, 그 일을 감당케 하소서.

나의 행함이 빛이 되기를 원합니다.
나의 행함이 누군가를 어둡게 만들지 말게 하소서.
나의 행함이 누군가를 웃게 만들게 하소서.
힘든 자를 일으키고 약한 자를 도와 하나님의 늘어난 손 되게 하소서.
내가 예수님을 믿는다는 것을 말이 아니라 삶으로 드러내게 하소서.
내가 복음을 부끄러워하지 않습니다.
나의 복음을 나의 삶이 외치게 하소서.
그래서 아버지 앞에 자랑스러운 자녀 되기 원합니다.
나의 사랑이 되시는 예수 그리스도의 이름으로 기도합니다. 아멘!

07 | 27

믿음이 연약한 자를 너희가 받되

**믿음이 연약한 자를 너희가 받되
그의 의견을 비판하지 말라
(로마서 14:1).**

나의 힘이신 여호와 하나님, 아침에 내가 주님을 찬양합니다.
가장 먼저 하나님을 기억하게 하시니 감사합니다.
나의 마음이 걱정에 머물지 않고 기도하게 하시니 감사합니다.
나의 영혼이 세상을 향하여 나가기 전에
주님을 향하게 하시니 감사합니다.

오늘 나보다 믿음이 연약한 자들을 포용하는 날 되게 하소서.
하나님을 알지 못하여 때로 어리석음을 용납하게 하소서.
아직 어리고 미숙하여 실수가 많음을 귀엽게 봐주게 하소서.
나도 그런 적이 있음을 기억하고 이해하게 하소서.
하나님은 언제나 나의 연약함과 실수를 받아주셨습니다.

하나님이 나를 용납하셨듯이 나도 약한 자를 용납하게 하소서.
하나님이 나를 사랑스럽게 보셨듯이
나도 실수하는 자를 사랑으로 보게 하소서.
하나님이 나를 기다리셨듯이 아직 미숙한 자들을 기다려주게 하소서.
나는 실수가 없는 완벽한 사람이었던 것처럼 착각하지 말게 하소서.
미숙한 누군가를 볼 때 나를 보는 것 같은 마음으로 살기 원합니다.
표정으로 티를 내고, 말로 비난하고, 은근히 무시하지 않겠습니다.
오늘 용납하고 사랑하는 날 되게 하소서.
나를 받아주신 예수 그리스도의 이름으로 기도합니다. 아멘!

07 | 28

하물며 너희일까 보냐 믿음이 작은 자들아

오늘 있다가 내일 아궁이에 던져지는 들풀도
하나님이 이렇게 입히시거든
하물며 너희일까 보냐 믿음이 작은 자들아 (마태복음 6:30).

돌보시는 하나님 아버지,
눈을 떠 하늘을 보며 하나님을 기억합니다.
오늘도 나의 모든 환경을 아시는 아버지를 신뢰합니다.
나의 필요를 채우시며 나의 고난을 돌아보시는 아버지, 감사합니다.

나의 문제는 나만이 고민하고 있다 생각하지 말게 하소서.
내가 가장 잘 이해하고 해결할 수 있다 착각하지 말게 하소서.
나의 모든 문제를 더 잘 아시는 하나님이 나를 돌보십니다.
내 문제의 가장 핵심은 하나님이 잘 아시며 풀어가십니다.
나의 때가 아니라 아버지의 때에 이루어가실 것을 믿습니다.

나는 하나님의 관심 밖이라 여기게 하는 꼬임에 넘어가지 말게 하소서.
들풀도 입히시는 하나님이
손수 빚으신 인간을 그만 못하게 여기시겠습니까.
참새 한 마리도 그냥 떨어지게 하는 법이 없으신 하나님을 믿습니다.
나의 머리카락까지 세신 바 되신 아버지를 신뢰하게 하소서.
나를 입히시고, 먹이시며, 누이실 것을 믿습니다.
오늘도 비교할 수 없는 사랑으로 우리를 돌보심을 믿습니다.
이 땅의 어려움을 돌아보실 것을 믿습니다.
오늘도 그 하나님께 모든 걱정과 근심을 내어드립니다.
나의 보호자 되시는 예수 그리스도의 이름으로 기도합니다. 아멘!

07 | 29

두려워하지 말라 대저 여호와는 네가 의지할 이시니라

> 너는 갑작스러운 두려움도 악인에게 닥치는 멸망도 두려워하지 말라
> 대저 여호와는 네가 의지할 이시니라 네 발을 지켜 걸리지 않게 하시리라
> (잠언 3:25-26).

굳건하신 하나님 아버지,
하늘을 열고 비를 내리시며, 구름을 열고 해를 비추시니 감사합니다.
바람이 불 때 감사하게 하시고, 계절이 바뀔 때 찬양하게 하소서.
여름의 더위와 비를 주심에 감사합니다.
모든 것이 다 좋기를 바라지만 이 세상에서 이룰 수 없습니다.
이곳이 에덴동산이 아닌데도 우리는 완벽한 선을 원함을 용서하소서.

인간이 죄를 지어 지구가 상했는데, 원망은 하나님께 돌립니다.
이 세상 권세 잡은 악한 영들에 의해 불완전한 세상에 살면서
모든 사람에게 완벽을 원하는 욕심을 회개합니다.
세상의 환경으로 인해 두려움에 싸이지 말게 하소서.
마음을 빼앗겨 혼란에 빠지지 말게 하소서.

오직 내가 의지해야 할 분은 굳건하신 하나님이심을 고백합니다.
흔들리시지 않고 변함이 없으신 주님만이 나의 반석이십니다.
죄악이 가득한 세상이라도 나의 온전한 의지처가 되심을 믿습니다.
오늘도 흔들리는 세상 속에서 하나님을 꼭 붙잡고 가게 하소서.
나의 모든 삶의 기준이 하나님이 되게 하소서.
나의 기준은 예수 그리스도이심을 잊지 말게 하소서.
나의 곁에서 나를 지키시는 주님을 바라보며 오늘을 살아갑니다.
나의 힘이 되시는 예수 그리스도의 이름으로 기도합니다. 아멘!

07 | 30

긍휼하심을 받고 때를 따라 돕는 은혜를 얻기 위하여

> 그러므로 우리는 긍휼하심을 받고
> 때를 따라 돕는 은혜를 얻기 위하여
> 은혜의 보좌 앞에 담대히 나아갈 것이니라 (히브리서 4:16).

긍휼의 하나님 아버지,
지루하고 고독한 일상을 사는 사람에게도,
번잡한 일상에 고단한 하루를 보내는 사람에게도
늘 동행하심으로 위로가 되어주시니 감사합니다.
오늘 어떤 일이 일어날지 아무도 모르나 주님의 사랑을 의지합니다.
때마다 시마다 도우시는 은혜를 베풀어주소서.

우리의 모든 일 속에 긍휼하심으로 함께하소서.
아버지의 은혜를 얻기 위해 날마다 은혜의 보좌에 나가게 하소서.
몸은 이 땅에서 살아가지만 영은 언제나 보좌를 향해 나아갑니다.
나의 갈망이 주님께 있음을 고백합니다.
일상생활의 번잡함이 나의 영혼을 사로잡지 못하게 하소서.
나는 은혜의 보좌 앞에서 담대하겠습니다.
세상이 요동해도 나의 영혼은 주님과 함께함으로 평안하겠습니다.
내 영혼의 중심이 주님을 떠나지 않고 그 안에 머물게 하소서.

주님의 손에 완전히 붙잡혀 평강의 은혜를 누리게 하소서.
힘들 때, 두려울 때, 기쁠 때, 모든 때에 나아갈 분은 주님이십니다.
오늘도 모든 순간 아버지를 향한 시선을 거두지 않겠습니다.
주님도 나를 주목하시며 나와 동행하여 주소서.
나의 주 예수 그리스도의 이름으로 기도합니다. 아멘!

07 | 31

풀은 마르고 꽃은 떨어지되 오직 주의 말씀은

> 그러므로 모든 육체는 풀과 같고 그 모든 영광은 풀의 꽃과 같으니 풀은 마르고 꽃은 떨어지되 오직 주의 말씀은 세세토록 있도다 하였으니 너희에게 전한 복음이 곧 이 말씀이니라 (베드로전서 1:24-25).

영원하신 하나님 아버지,
오늘도 새로운 아침을 펼쳐주신 아버지, 감사합니다.
누구도 스스로 생명을 연장할 수 없는 아침에 생명 주시니 감사합니다.
하나님의 은혜가 아니면 오늘 하루도 살 수 없음을 고백합니다.
그래서 오늘도 소중한 이 시간을 더 가치 있게 살기 원합니다.
아버지 앞에 부끄럼 없는 하루를 살기 원합니다.

모든 육체가 풀과 같음을 고백합니다.
바람에 날리는 겨와 같은 인생임을 고백합니다.
인간의 모든 영광도 풀과 같음을 고백합니다.
그래서 더욱 오늘 가치 있는 것을 찾아 취하게 하소서.
영원히 변하지 않는 주님의 말씀 앞에 서게 하소서.
영원히 살 것처럼 떵떵거리지 말게 하소서.
나의 생은 내가 주관하는 것처럼 착각해 교만하지 말게 하소서.
하나님이 인도하셨습니다.
주님 때문에 오늘의 내가 존재함에 감사를 드립니다.

오늘 영원히 변하지 않으시는 하나님의 영광을 위해 살게 하소서.
풀 같은 인생, 들꽃 같은 영광을 얻고자 시간을 낭비하지 말게 하소서.
오늘도 주님의 사랑을 갚는 마음으로 살기 원합니다.
나의 영광이 되시는 예수 그리스도의 이름으로 기도합니다. 아멘!

하나님의 말씀은 다 순전하며
하나님은 그를 의지하는 자의 방패시니라
_ 잠언 30:5

이 달 의 기 도 제 목

-
-
-
-
-

08 | 01

세계가 다 내게 속하였나니

> 세계가 다 내게 속하였나니 너희가 내 말을 잘 듣고 내 언약을 지키면
> 너희는 모든 민족 중에서 내 소유가 되겠고 너희가 내게 대하여
> 제사장 나라가 되며 거룩한 백성이 되리라
> 너는 이 말을 이스라엘 자손에게 전할지니라 (출애굽기 19:5-6).

모든 천하 만물의 왕이 되시는 하나님 아버지, 감사합니다.
어제도 하루를 온전히 보내도록 지키시고 인도하심에 감사드립니다.
오늘 새날도 주님의 손에 모든 것이 있음을 고백합니다.
오늘 하루를 주님 앞에 맡겨드립니다.

우리가 사는 이 세상이 하나님의 손에 있음을 믿고 신뢰합니다.
강대국의 대통령에 의해서가 아니라 하나님에 의해 움직입니다.
나보다 힘 센 사람이 아니라 하나님의 눈치를 보게 하소서.
하나님 앞에 정직하게 하시고, 하나님의 말씀대로 살게 하소서.
전 세계가 하나님의 권세 안에 있음을 믿고 나아갑니다.
하나님의 말씀대로 살기 위해 오늘도 최선을 다하게 하소서.
아버지와 했던 약속을 지키는 하루 되게 하소서.
하나님은 언제나 신실하게 언약을 지키시는데
나는 늘 변개함을 용서하소서.
오늘 나도 신실하게 하나님 앞에 서겠습니다.
어린 시절의 약속이든, 어제의 약속이든 신실하게 지키겠습니다.

아버지의 주권을 믿고 신뢰하는 하루 되게 하소서.
진짜 믿는다면 나에게 일어나는 일들을 수용하며 순종하게 하소서.
모든 순간 주님 앞에 기도함으로 나아가게 하소서.
나의 주인 되시는 예수 그리스도의 이름으로 기도합니다. 아멘!

08 | 02

만일 그들이 순종하여 섬기면 형통한 날을 보내며

> 만일 그들이 순종하여 섬기면
> 형통한 날을 보내며 즐거운 해를 지낼 것이요
> (욥기 36:11).

말씀하시는 하나님 아버지,
하나님은 살아 계셔서 나와 함께하시는 분이심을 찬양합니다.
나처럼 작은 자에게 말을 거시고, 뜻을 보이심에 감사합니다.
오늘도 이 아침에 가장 먼저 주님께 나아갑니다.
아버지의 뜻을 보여주소서. 내가 듣겠나이다.

"오늘 내가 어떻게 살아야 합니까?"
"오늘 내가 회개해야 할 것들은 무엇입니까?"
"오늘 내가 무엇을 위해 살기를 원하십니까?"
아버지의 뜻을 아는 것이 있거든 바로 실천하기 원합니다.
말로만의 신앙이 아니라 살아가는 행함의 신앙이 되겠습니다.
나에게 납득되지 않는 명령이 있을 때에도 순종하겠습니다.
내 머리로 판단하지 않고 주님의 판단에 모든 것을 맡겨드립니다.
형통을 기대하며 제비 다리를 부러뜨린 놀부처럼 순종하지 않겠습니다.
사심을 가지고 마음 없이 주님께 나아가는 위선자가 되지 않겠습니다.
마음의 중심을 모두 아시는 주님 앞에 투명한 신앙으로 나아갑니다.

오늘 순종의 날로 만들어 기쁨의 저녁을 맞이하기 원합니다.
작은 것부터 아버지께서 원하시는 길로 가기 원하니 힘을 주소서.
나로 행할 때 타협하고자 하는 유혹을 이기게 하소서.
나의 길을 동행하시는 예수 그리스도의 이름으로 기도합니다. 아멘!

08 | 03

구부러진 말을 네 입에서 버리며

**구부러진 말을 네 입에서 버리며
비뚤어진 말을 네 입술에서 멀리하라**
(잠언 4:24).

완전하신 하나님 아버지,
새날은 새로운 기회이며 새로운 가능성의 날임을 고백합니다.
아침마다 그 기쁨을 주시니 감사합니다.
오늘도 완전하신 주님 앞에 부끄럽지 않은 자녀 되게 하소서.
부족하지만 주님을 사랑하는 마음만큼은 온전하게 하소서.

오늘도 나의 입술로 범죄하지 않기를 원합니다.
구부러진 말을 버리게 하소서.
비뚤어진 말을 내 입술에서 멀리하게 하소서.
결국 구부러진 마음과 비뚤어진 생각을 버리게 하소서.
그리고 그것을 생각 없이 내뱉는 얄팍함을 버리게 하소서.
가장 먼저 가족에게 상처를 주었던 일을 회개합니다.
가까이 있는 동료와 이웃에게 실수했던 일을 회개합니다.
가까운 사람에게 너무 쉽게 말로 죄를 지었던 일을 용서하소서.
가까이 있으니 더 소중하다는 것을 명심하고 귀히 여기게 하소서.
나의 행함보다 말이 훨씬 더 많은 죄를 지음을 기억하게 하소서.

오늘 나의 입술이 가장 예수 그리스도를 닮게 하소서.
행할 수 없다면 말이라도 고치게 하소서.
아름다운 말이 곧 내가 되는 하루 되게 하소서.
나의 모든 것 되시는 예수 그리스도의 이름으로 기도합니다. 아멘!

08 | 04

우슬초로 나를 정결하게 하소서 내가 정하리이다

> 우슬초로 나를 정결하게 하소서 내가 정하리이다
> 나의 죄를 씻어 주소서
> 내가 눈보다 희리이다 (시편 51:7).

오늘도 나를 깨우시고 일으키시는 아버지, 감사합니다.
나의 첫 마음을, 나의 첫 입술을 주님께 올려드립니다.
가장 먼저 하나님을 생각하고, 가장 먼저 하나님을 찬양합니다.
나를 구원하신 아버지를 찬양합니다.

죄인 된 나를 구원하려고 십자가에 달리신 예수님을 찬양합니다.
주님으로 인해 천국을 누리게 되었습니다.
자격 없는 자에게 하나님의 자녀의 권세를 허락하시니 감사합니다.
오늘 나의 시작이 가장 정결하기를 원합니다.
나의 이제까지의 모든 죄악을 깨끗하게 씻어주소서.

오늘도 나의 행함은 온전하지 못할 것이나 주의 보혈을 의지합니다.
나의 생각은 세상에 물들겠으나
십자가의 피를 의지하여 나아갑니다.
나를 정결하게 하시고 눈보다 더 희게 하소서.
나를 의롭다 하신 그 사랑을 의지하여 보좌 앞에 나아갑니다.
정결한 마음을 허락하시고 주님의 자녀다움을 회복하게 하소서.
오늘도 내가 죄 사함을 받고 정결함을 얻듯이 남을 용서하겠습니다.
내가 큰 죄악을 사함받았음을 기억하며 감사한 하루를 보내겠습니다.
사함받은 영혼의 깃털 같은 가벼움으로 신나게 하루를 시작합니다.
나를 위해 죽으신 예수 그리스도의 이름으로 기도합니다. 아멘!

08 | 05

하나님의 능하신 손 아래에서 겸손하라

> 그러므로 하나님의 능하신 손 아래에서 겸손하라
> 때가 되면 너희를 높이시리라
> (베드로전서 5:6).

지난밤에도 잠잘 수 있는 은혜를 주신 아버지, 감사합니다.
아침에는 조금 더 나아진 컨디션으로 일어나게 하시니 감사합니다.
밤새 나는 아무 하는 일 없이 잠만 잤을 뿐인데,
피로를 씻어주시고 고민을 덜어주신 아버지의 은혜에 감사합니다.
오늘도 주신 힘으로 하루를 시작합니다.

오늘도 하나님의 능하신 손 아래 있음을 인정합니다.
육체의 건강을 내 마음대로 할 수 없는 연약한 존재임을 인정합니다.
마음조차도 스스로 다스릴 수 없는 미약한 자임을 인정합니다.
그래서 나의 육체와 나의 마음과 나의 모든 것을 주님께 맡겨드립니다.
오늘도 나를 만지시고, 고치시고, 바로잡아주소서.

때로 내가 좀 무엇을 했다 생각하여 교만해짐을 용서하소서.
하나님이 하신 일을 내가 가로채서 스스로 뿌듯하게 여김을 용서하소서.
성급하게 인정받고 싶어서 스스로 자랑했던 가벼움을 용서하소서.
내 것이 아닌 것으로 사는 존재이면서
모든 것이 내 것인 척했다면 위선입니다.
모든 것이 주님의 힘이었습니다.
오늘 겸손하겠습니다.
겸손이 아니라, 원래 내 모습을 인정하고 주께 영광 돌리겠습니다.
나의 자랑이 되시는 예수 그리스도의 이름으로 기도합니다. 아멘!

08 | 06

더욱 힘써 너희 믿음에 덕을, 덕에 지식을

**그러므로 너희가 더욱 힘써
너희 믿음에 덕을, 덕에 지식을, 지식에 절제를, 절제에 인내를, 인내에 경건을,
경건에 형제 우애를, 형제 우애에 사랑을 더하라** (베드로후서 1:5-7).

힘이 되시는 하나님 아버지,
날마다 공급하시는 힘으로 오늘도 일어납니다.
매일 같은 일의 반복 같지만, 오늘은 어제와 다른 날임을 믿습니다.
어제의 후회스러운 일들을 버리고 새롭게 시작하게 하소서.

오늘 만나는 모든 일에서 주님의 주권을 인정하는 믿음을 허락하소서.
믿음으로 행할 때에 강퍅하지 않고 덕이 있게 하소서.
그 덕에 하나님을 아는 지식을 갖게 하소서.
모든 일에 절제하여 하나님의 온전하심을 이루는 하루 되기 원합니다.
내가 인내해야 하는 순간에 아버지의 마음으로 견디게 하소서.

오늘도 아버지를 찬양하며 경배하는 경건의 삶을 살기 원합니다.
주님의 말씀을 사모하여 묵상하며 기도하는 하루 되기 원합니다.
만나는 이들마다 아버지의 사랑으로 사랑하게 하소서.
나의 사랑은 바닥이 났으니, 이제 주님의 사랑을 부어주소서.
나의 힘으로 할 수 없는 모든 것을 주님의 힘으로 하게 하소서.
예수님의 아름다운 성품이 내 안에 있음을 믿습니다.
내 안에 사시는 예수 그리스도 때문에
나도 그런 삶을 살 수 있음을 믿습니다.
나로 인하여는 희망이 없으나 주로 인하여 희망을 가집니다.
나의 능력이 되시는 예수 그리스도의 이름으로 기도합니다. 아멘!

08 | 07

깨어 구하기를 항상 힘쓰며

모든 기도와 간구를 하되 항상 성령 안에서 기도하고
이를 위하여 깨어 구하기를 항상 힘쓰며
여러 성도를 위하여 구하라 (에베소서 6:18).

오늘도 나의 기도를 들으시는 아버지, 감사합니다.
매일매일을 살 수 있는 힘이 여호와 하나님께 있음을 고백합니다.
오늘도 어김없이 부어주시는 은혜로 하루를 시작합니다.
나의 가족들을 지켜주소서.
모든 질병과 사고, 세상의 유혹과 폭력적 상황에서 지켜주소서.

나의 힘으로 사랑하는 이들을 보호할 수 없음을 고백합니다.
아버지의 도우심이 없다면 파수꾼의 깨어 있음이 헛되다 하셨습니다.
아버지께서 지키시고 보호하여 주소서.
오늘 내가 감당해야 할 모든 일을 주님께 올려드립니다.
나의 형편과 사정을 아시는 아버지께 맡겨드립니다.

하루 종일 나의 입술에서 기도가 멈추지 않게 하소서.
걸으면서 기도하게 하소서.
앉아서 생각하며 기도하게 하소서.
잠시 누울 때에도 기도하게 하소서.
사람을 만날 때에도 기도하게 하소서.
성령님을 의지하여 기도합니다.
마땅히 구해야 할 것이 떠오르게 하시고, 어김없이 기도하게 하소서.
오늘도 하나님의 은총이 필요한 사람들에게 긍휼을 베풀어주소서.
나의 중보자 되시는 예수 그리스도의 이름으로 기도합니다. 아멘!

08 | 08

예수의 피를 힘입어 성소에 들어갈 담력을 얻었나니

그러므로 형제들아 우리가 예수의 피를 힘입어 성소에 들어갈 담력을 얻었나니
그 길은 우리를 위하여 휘장 가운데로 열어 놓으신 새로운 살길이요
휘장은 곧 그의 육체니라 (히브리서 10:19-20).

희생의 하나님 아버지,
우리를 사랑하셔서 모든 것을 아낌없이 주시는 하나님, 감사합니다.
여호와 하나님이 나의 목자이시기에 내게 부족함이 없음을 고백합니다.
오늘도 예수 그리스도의 피를 힘입어 담대히 아버지께 나아갑니다.
마귀는 언제나 나를 정죄하며 나의 자격을 묻지만,
하나님은 언제나 예수님의 보혈로 덮으시며 내게 자격을 부여하십니다.

나는 무식하고, 나는 지혜 없고, 나는 죄를 따르는 본성을 가졌으나
나를 택하신 주님은 모든 것을 아시며, 완전한 지혜를 가지셨습니다.
나에게 자격을 부여하신 아버지의 권능을 믿고 신뢰합니다.
그래서 나에게 소망을 갖습니다.
오늘도 아들을 주신 하나님 앞에 부족하다 하지 않겠습니다.
오늘도 나는 모든 것이 충분합니다.
오늘도 나는 너무 많은 것을 가지고 있음에 감사합니다.
나는 하나님께 모든 것을 다 받았습니다.
그래서 종일 찬양하고 찬양할 일밖에 없음을 고백합니다.

육체를 찢어 휘장을 찢으신 그 희생을 따라 걸어갑니다.
그것이 나의 가치이며, 내게 부어진 사랑입니다.
그리스도의 피만이 나를 증명할 수 있습니다.
내 모든 것이 되시는 예수 그리스도의 이름으로 기도합니다. 아멘!

사람이 나를 사랑하면 내 말을 지키리니

> 예수께서 대답하여 이르시되 사람이 나를 사랑하면 내 말을 지키리니
> 내 아버지께서 그를 사랑하실 것이요
> 우리가 그에게 가서 거처를 그와 함께하리라 (요한복음 14:23).

오늘도 나의 주인이 되어주시는 아버지, 감사합니다.
나를 일으키시고 하루를 살 수 있는 힘을 주시니 감사합니다.
지난밤에도 나의 가족들을 지켜주시니 감사합니다.
오늘도 하늘을 바라보고 하루를 시작하게 하소서.
하나님을 기억하며 이 하루를 기도로 시작합니다.

하나님이 나를 사랑하신 것처럼 나도 하나님을 사랑하기 원합니다.
내일 사랑하지 않고, 오늘 사랑하겠습니다.
나의 신앙을 매일매일 내일로 미루며 살지 않게 하소서.
오늘은 세상 속에서 살고, 내일 신앙 안에서 살겠다 하지 않겠습니다.
나의 고백도 오늘이고, 나의 삶도 오늘 살겠습니다.

주님을 사랑하기 때문에 오늘 주님의 말씀대로 살겠습니다.
그 뜻대로 살지 않으면 하나님을 사랑하는 것이 아님을 인정합니다.
말로 사랑한다 하면서 매일 외도하는 배우자가 거짓인 것처럼,
말로 사랑한다 하면서 매일 사탄과 동행하지 말게 하소서.
내 사랑을 사탄을 밀어내고 주님과 동행함으로 증명하기 원합니다.
내가 하나님을 사랑하므로 오늘 성경대로 살겠습니다.
오늘 모든 순간 하나님의 뜻을 생각하며 선택하고 행하게 하소서.
그럴 때에 하나님의 동행이 나와 긴밀하게 이루어질 것을 믿습니다.
나의 말씀이 되시는 예수 그리스도의 이름으로 기도합니다. 아멘!

지혜를 버리지 말라 그가 너를 보호하리라

> 지혜를 버리지 말라 그가 너를 보호하리라
> 그를 사랑하라 그가 너를 지키리라
> (잠언 4:6).

지혜의 하나님 아버지,
하루라는 이 시간 속에서 하나님을 만나게 하소서.
그 하나님을 만나는 순간이 영원처럼 길 것을 믿습니다.
그 기쁨으로 오늘 하루가 가득 차게 하소서.

오늘도 선택해야 하는 수만 가지의 일들 속에서 하나님을 기억합니다.
나는 무엇이 나에게 가장 좋은지 알지 못합니다.
당장에 좋아 보이는 것이 때로 해를 끼칠 수도 있음을 고백합니다.
그렇다고 나쁜 것을 선택할 수도 없으니, 하나님의 지혜가 필요합니다.
하나님의 지혜를 구하고 모든 선택 앞에 기도할 때 나를 지키소서.
나의 눈을 감고 하나님의 눈을 떠서 사물과 상황을 보게 하소서.
하나님의 선택을 알아듣기 위해 매일 기도함으로
주님의 음성에 익숙하게 하소서.
중요한 순간에 하나님의 지혜를 얻을 수 없을 만큼
둔해지는 일이 없게 하소서.
오늘도 그렇게 깨어 기도하기 원합니다.

하나님의 지혜가 나의 삶을 주도하게 하소서.
내가 아버지를 정말 사랑하여 한시도 떨어지는 일이 없게 하소서.
그것이 나에게 가장 선하고 아름다운 일임을 믿습니다.
나의 길이 되어주시는 예수 그리스도의 이름으로 기도합니다. 아멘!

08 | 11

하나님의 뜻이 무엇인지 분별하도록 하라

너희는 이 세대를 본받지 말고 오직 마음을 새롭게 함으로
변화를 받아 하나님의 선하시고 기뻐하시고 온전하신 뜻이 무엇인지
분별하도록 하라 (로마서 12:2).

선하신 하나님 아버지,
아침마다 베푸시는 아버지의 인자하심에 감사합니다.
오늘도 그 사랑을 힘입어 하루를 시작합니다.
하나님은 영원하시며 선하십니다.
아버지께서는 완전한 사랑을 우리 모두에게 베푸시는 분입니다.

하나님의 아름다우심을 찬양합니다.
오늘도 그 존귀하심을 찬양하며 하루를 예배하는 마음으로 시작합니다.
그 하나님을 의지하여 세상을 향한 부러움을 거두게 하소서.
내 마음의 끝이 항상 세상의 부요한 것들을 향해 있음을 회개합니다.
내 부요함이 세상 것으로 가득 채우고자 하는 열망에 있음을 용서하소서.

오늘도 하나님의 아름답고 선하신 뜻을 갈망하게 하소서.
그것만이 나를 만족시킬 수 있음을 믿고 신뢰하게 하소서.
두 종류의 부요를 좇으며 마치 하나님의 부요만을 원하는 것처럼,
믿음 좋은 사람 흉내를 내는 듯한 마음의 가식을 버리게 하소서.
세상의 부함과 즐거움을 좇는 마음을 버리게 하소서.
나의 영혼을 새롭게 하소서.
나의 더러운 눈을 씻어주소서.
그래서 마음과 영혼이 오직 하나님의 새로운 선하심을 바라보게 하소서.
날마다 나를 새롭게 하시는 예수 그리스도의 이름으로 기도합니다. 아멘!

08 | 12

주의 오른손이 나를 구원하시리이다

> 내가 환난 중에 다닐지라도 주께서 나를 살아나게 하시고
> 주의 손을 펴사 내 원수들의 분노를 막으시며
> 주의 오른손이 나를 구원하시리이다 (시편 138:7).

권능의 하나님 아버지,
아침마다 새로운 생명을 공급하시는 아버지, 감사합니다.
간밤에는 피곤했는데 아침에 새로운 힘을 주시니 감사합니다.
자는 시간에도 나를 고치시고 회복시키시는 주님의 사랑에 감동합니다.
오늘 지금의 나도 그저 나의 힘으로 사는 것이 아님을 고백합니다.

아버지께서 주시는 힘으로 오늘을 온전히 살기 원합니다.
때로 나의 상황이 어려움 가운데 빠질 때에도 주님을 의지합니다.
내가 환난 중에 다닐지라도 주께서 나를 살리실 것을 믿습니다.
내가 곤란한 상황에 처할 때에 주님의 손을 펼쳐 나를 구원하소서.
나를 괴롭히는 이들의 손을 막으시고 주님의 오른손으로 구원하소서.
분명한 것은 원수들의 능력보다 주님의 능력이 월등하다는 것입니다.
원수들의 손보다 하나님의 손이 훨씬 더 강력함을 믿습니다.
이 믿음이 사실이라면 오늘 담대하게 하소서.
말로만 믿는 것이 아니라 진짜 믿는다면 두려울 것이 없는 하루입니다.
재앙에서 나를 건지시고, 나쁜 상황에서 나를 보호하소서.

나의 피할 곳이 되시는 하나님을 구합니다.
나의 가는 곳에서 폭우 가운데 완벽한 우산이 되어주소서.
내가 그 우산 안에서 평안을 누리겠습니다.
나의 피난처 되시는 예수 그리스도의 이름으로 기도합니다. 아멘!

08 | 13

그리스도 예수 안에 있는 생명의 성령의 법이

이는 그리스도 예수 안에 있는
생명의 성령의 법이 죄와 사망의 법에서
너를 해방하였음이라 (로마서 8:2).

언제나 나를 자유케 하시는 해방의 하나님, 감사합니다.
어두운 밤을 지나게 하시고 밝은 태양을 주시니 감사합니다.
하나님은 언제나 나를 좋은 것으로 채우시고 인도하십니다.
나를 억누르고 고통스럽게 하는 것은 하나님이 아닙니다.
어두움에서 일어나 밝은 아침을 맞듯 영혼의 아침을 맞이하게 하소서.

오늘도 생명의 성령의 법이 나를 해방하였음을 믿고 선포합니다.
세상 많은 사람은 나를 정죄하고 나의 잘못을 캐내려고 하지만,
주님은 언제나 나를 변호하시고 정결하게 하십니다.
때로 사람들이 아니라 내가 나를 정죄하려고 할 때에 멈추게 하소서.
나를 바라보시는 하나님의 눈으로 나도 나를 바라보게 하소서.

내가 나를 용서하지 못하고 나를 정죄하며 질책하지 말게 하소서.
나를 향한 하나님의 뜻은 선하고, 아름답고, 자유로움을 믿습니다.
진리 안에서 자유를 누리게 하소서.
정죄하고 질책하는 것은 진리에 속한 것이 아닙니다.
다른 사람들을 향하여서도 하나님의 눈으로 보아 용서하게 하소서.
오늘 하루 나를 얽어매는 모든 것으로부터 자유하게 하소서.
스스로를 얽어매는 나쁜 습관을 버리고 주 안에서 자유하게 하소서.
진리가 나를 자유하게 함을 믿고 진리 안에 거하게 하소서.
진리 자체이신 예수 그리스도의 이름으로 기도합니다. 아멘!

08 | 14

하나님은 그를 의지하는 자의 방패시니라

> 하나님의 말씀은 다 순전하며
> 하나님은 그를 의지하는 자의 방패시니라
> (잠언 30:5)

방패가 되시는 하나님 아버지,
나의 모든 삶의 보호자 되시는 아버지, 감사합니다.
어제의 고단한 시간도 다 지나가고 새날을 맞게 하시니 감사합니다.
오늘은 아버지께서 주신 새날입니다.
새로운 시간만큼이나 새로운 영혼의 기쁨으로 오늘을 시작합니다.
나의 기도하는 이 시간 아버지를 느끼게 하소서.

나의 방패가 되어주시어 가는 곳마다 수많은 위험에서 나를 지켜주소서.
내가 만나는 사람들마다 그들의 마음을 함께 어루만져주소서.
나의 가는 발걸음을 견고하게 하소서.
주님만이 나의 모든 것이십니다.
오늘도 사람을 의지하지 않겠습니다.
사람의 칭찬을 기대하느라 그들의 눈치를 보지 않겠습니다.
어느 날 그가 나를 보호해줄 것이라는 기대로 비굴해지지 말게 하소서.
나를 보호하시는 이는 하나님 한 분이시니 하나님만을 의지합니다.
나를 온전히 사랑하시는 하나님만을 신뢰하게 하소서.

오늘도 이 믿음으로 담대히 살겠습니다.
나의 등 뒤에서 나를 지키시는 주님을 기억합니다.
그래서 사람에게 관대하게 하시고 여유롭게 하소서.
나의 주 예수 그리스도의 이름으로 기도합니다. 아멘!

08 | 15

너희에게 복을 쌓을 곳이 없도록 붓지 아니하나 보라

> 만군의 여호와가 이르노라 너희의 온전한 십일조를 창고에 들여 나의 집에 양식이 있게 하고 그것으로 나를 시험하여 내가 하늘 문을 열고 너희에게 복을 쌓을 곳이 없도록 붓지 아니하나 보라 (말라기 3:10).

복의 주인이 되시는 하나님 아버지,
아침마다 주님의 인자하심이 나에게 가득함을 인해 찬양을 드립니다.
주님이 주신 이 나라를 인도하셔서 여기까지 오게 됨을 감사드립니다.
여전히 이 땅의 자유와 정의와 안전을 굳건하게 하소서.
그리고 믿음으로 이 나라를 세워가도록 오늘도 기도하게 하소서.

하늘의 복을 사모하여 날마다 주님 앞에 기도합니다.
가장 먼저 영적인 복을 허락하소서.
우리 가정이 온전히 하나님의 백성이 되게 하소서.
이 가문이 영적인 온전한 가문 되기 위해 믿음으로 행하게 하소서.
내가 가진 모든 것이 하나님께로부터 온 것임을 진짜로 믿게 하소서.

십일조를 주님께 드릴 때에 아까워하지 말게 하소서.
십일조라는 숫자가 아니라 마음의 중심이 중요한 것임을 믿습니다.
율법처럼 얽매여서가 아니라 진심으로 나의 물질의 모든 것이
주님의 것임을 인정하고 내어드리는 훈련을 하게 하소서.
신앙의 세련됨을 앞세워 율법적이라 비하하기보다
차라리 아깝다고 인정하게 하소서.
백의 일조이든, 십의 이조이든 마음의 모든 것을 담아 드리게 하소서.
논쟁하는 시간에 만물의 주권을 기쁨으로 인정하는 자녀 되게 하소서.
나의 주인이신 예수 그리스도의 이름으로 기도합니다. 아멘!

하나님의 전신 갑주를 입으라

끝으로 너희가 주 안에서와 그 힘의 능력으로 강건하여지고
마귀의 간계를 능히 대적하기 위하여
하나님의 전신 갑주를 입으라 (에베소서 6:10-11).

상한 마음과 피로를 씻어주시는 아버지, 사랑에 감사합니다.
내가 지금까지 지었던 모든 죄악을 주님 앞에 내어놓습니다.
예수 그리스도의 십자가 보혈로 나를 용서하소서.
나의 영혼을 깨끗하게 하여 주소서.

오늘도 말씀으로 하루를 시작합니다.
주님 안에서 주님의 힘의 능력으로 강건하여지게 하소서.
마귀의 간계를 능히 대적하기 위하여
하나님의 전신 갑주를 입게 하소서.
머리끝부터 발끝까지 말씀으로 무장하여 세상에 나가게 하소서.
오늘도 내가 치러야 할 영적인 전쟁에서 승리하게 하소서.
보이는 사람과 싸우려고 들지 말게 하소서.
보이지 않는 영적인 전쟁이 있음을 볼 수 있는 눈을 허락하소서.
영적 분별력을 주셔서 악한 세상에서 거절할 것들을 알아보게 하소서.
하나님의 것을 선명하게 알아채고 그 길을 선택하게 하소서.

오늘도 온 세상의 모든 질병을 물리치시며
아버지의 선하심을 드러내소서.
주님의 도우심이 필요한 자와 함께하시고 나도 그를 돕게 하소서.
하나님의 길에 서서 영적인 전사가 되게 하소서.
나의 승리 되시는 예수 그리스도의 이름으로 기도합니다. 아멘!

08 | 17

모든 천사여 찬양하며 모든 군대여 그를 찬양할지어다

> 그의 모든 천사여 찬양하며 모든 군대여 그를 찬양할지어다
> 해와 달아 그를 찬양하며 밝은 별들아 다 그를 찬양할지어다
> 하늘의 하늘도 그를 찬양하며 하늘 위에 있는 물들도 그를 찬양할지어다
> (시편 148:2-4).

찬양받기 합당하신 하나님 아버지,
새날을 활짝 여신 아버지, 감사합니다.
비가 오나 눈이 오나, 태양이 내리쬐나 구름이 끼나 주를 찬양합니다.
모든 천사보다 나를 더 낫게 여기시는 아버지를 찬양합니다.
전혀 자격 없는 자를 사랑하기로 결심하신 그 사랑을 찬양합니다.

천지의 모든 피조물이 주님을 찬양하고 있으나
나의 입만 다물고 있지는 않은지요.
오늘 나도 입을 열어 높고 크신 하나님을 찬양하겠습니다.
그 크신 아버지께서 내 인생을 아름답게 이끌고 계심을 찬양합니다.
능력 위에 능력을 가지신 여호와를 찬양합니다.
나의 입술이 찬양을 위해 만들어진 것처럼 주님을 찬양합니다.
남을 흉보고 욕하는 모든 시간을 반납하고 주님을 찬양합니다.
세상의 수많은 남의 이야기를 멈추고 주님을 찬양합니다.
세대와 좌우를 나누는 모든 분쟁을 멈추고 주님을 찬양합니다.
숨 쉬는 모든 순간 감사하며 찬양합니다.

오늘 한 입으로 단물과 쓴물을 동시에 내지 않겠습니다.
선하고 아름다운 마음으로 주님을 찬양하며 하루를 보내게 하소서.
찬양을 통해 하나님과 동행하는 하루 되게 하소서.
나의 찬양이 되시는 예수 그리스도의 이름으로 기도합니다. 아멘!

너는 알라 오직 네 하나님 여호와는 하나님이시요

> 그런즉 너는 알라 오직 네 하나님 여호와는 하나님이시요
> 신실하신 하나님이시라 그를 사랑하고 그의 계명을 지키는 자에게는
> 천 대까지 그의 언약을 이행하시며 인애를 베푸시되 (신명기 7:9).

오늘도 아버지의 신실하심으로 나를 보호하시는 아버지, 감사합니다.
이만큼의 건강과 이만큼의 평안을 주신 아버지, 감사합니다.
오늘도 나의 성실함이 아니라 아버지의 성실함에 의지하여 삽니다.
나는 놓치는 일이 많지만,
어떤 것도 놓치지 않고 돌보시는 하나님을 신뢰합니다.

내가 마음 중심에서 주님을 사랑합니다.
나의 전심을 다해 주님께 사랑을 고백합니다.
이 사랑의 마음으로 하나님의 뜻과 말씀을 따라 살게 하소서.
말로만이 아니라 뜻을 따르는 행함으로 사랑을 보이게 하소서.
하나님의 사랑에 나도 사랑과 순종으로 답하는 날 되게 하소서.

오늘 나에게 주신 가장 첫 계명을 지키겠습니다.
마음과 뜻과 정성을 다해 여호와 하나님을 사랑하겠습니다.
나를 부르신 그 아버지의 사랑으로 나를 사랑하겠습니다.
나를 온전히 사랑하시는 그 마음으로 이웃을 사랑하겠습니다.
어떤 시작도 하나님의 사랑 없이 하지 않기를 원합니다.
오늘도 사랑하기에 부족함 없는 하루 되게 하소서.
하나님이 함께하시는 내게 부족함이 없습니다.
온전한 감사와 찬양으로 이 하루를 채우기 원합니다.
나의 노래가 되시는 예수 그리스도의 이름으로 기도합니다. 아멘!

08 | 19

전쟁은 여호와께 속한 것인즉

> 또 여호와의 구원하심이 칼과 창에 있지 아니함을
> 이 무리에게 알게 하리라 전쟁은 여호와께 속한 것인즉
> 그가 너희를 우리 손에 넘기시리라 (사무엘상 17:47).

오늘도 어둠을 이기고 빛을 주신 승리의 아버지, 감사합니다.
보이지 않는 수많은 위험에서 우리를 건지심에 감사합니다.
내가 미처 깨닫지 못한 많은 순간,
주님의 날개로 나를 덮어주시니 감사합니다.
오늘도 이 나라를, 나의 가정을 주님께 올려드리며 기도합니다.

여호와의 구원하심이 보이는 칼과 창에 있지 않음을 믿습니다.
하나님의 작정하심이 있다면 모든 전쟁에서 승리할 수 있습니다.
모든 전쟁은 오직 여호와께 속한 것이니 주 하나님만 의지합니다.
이 하루를 사는 삶 속에서도 주님을 의지하여 승리하게 하소서.
나의 힘을 빼고 주님의 뜻에 귀 기울이게 하소서.

가장 먼저 전쟁을 분별하게 하소서.
가장 사랑하는 가족과 전쟁을 벌이는 일이 없게 하소서.
나의 적이 나를 사랑하는 사람들이라 단정하지 말게 하소서.
진정한 적이 누구인지 알지 못하면서 어떻게 승리를 기도하겠습니까.
잘못된 승리를 구하는 나의 기도에 응답하시지 않음에 감사합니다.
오늘 미워도 사랑해야 할 자가 있음을 기억하게 하소서.
밉다고 다 적이 아님을 아는 지혜를 허락하소서.
할 수만 있다면 사람을 적으로 생각하지 않고 사랑하게 하소서.
나의 지혜가 되시는 예수 그리스도의 이름으로 기도합니다. 아멘!

08 | 20

의인이 형통하면 성읍이 즐거워하고

> 의인이 형통하면 성읍이 즐거워하고
> 악인이 패망하면 기뻐 외치느니라
> (잠언 11:10).

모든 순간 모든 곳에 하나님의 사랑이 깃들어 있음을 찬양합니다.
오늘도 나 같은 죄인을 사랑하셔서 주목하심에 감사합니다.
아버지와 동행함으로 하루를 시작합니다.
주님의 오른팔을 붙들고 하루를 살아갑니다.

오늘 해야 하는 많은 일을 순조롭게 하소서.
나의 힘으로 감당할 수 없는 일들을 만날 때 주님의 힘을 공급하소서.
내가 하는 것 같으나 모두 주님의 힘으로 해왔음을 고백합니다.
사람들을 만날 때에 주님의 사랑으로 그들을 사랑하게 하소서.
기도할 때에 나만이 아니라 다른 사람들을 위해 중보하게 하소서.
나의 형통이 다른 사람들의 기쁨이 되기를 원합니다.
사람들이 나의 잘됨을 축하하는 아름다운 관계를 만들어가게 하소서.
인정받기 위함이 아니라 사랑함이 삶이 되어 한 공동체가 되게 하소서.
내가 실패할 때 사람들이 기뻐하지 않게 하소서.
내가 그들에게 악하게 하여
나의 좌절이 그들의 즐거움이 되지 말게 하소서.

오늘도 선을 행하고, 덕을 세우며 하나님의 자녀답게 살겠습니다.
나의 마음으로 부족하오니 주님의 마음을 채워주소서.
아버지의 사랑으로 사람을 사랑하며 세상을 돌보는 자 되게 하소서.
나의 주 예수 그리스도의 이름으로 기도합니다. 아멘!

08 | 21

보이는 것은 잠깐이요 보이지 않는 것은 영원함이라

> 우리가 주목하는 것은 보이는 것이 아니요 보이지 않는 것이니
> 보이는 것은 잠깐이요 보이지 않는 것은 영원함이라
> (고린도후서 4:18).

크신 하나님 아버지,
오늘도 하늘로부터 내려주신 아버지의 사랑에 감사합니다.
나의 환경은 때로 재난 가운데 있어도 주의 사랑을 의심하지 않습니다.
나를 고통스럽게 하는 질병이 떠나지 않아도 주의 사랑은 견고합니다.
모든 상황 속에서 주님을 찬양하고 신뢰합니다.
나를 위해 아들을 죽이신 하나님의 사랑을 일평생 의심하지 않겠습니다.

보이는 것에 집착하여 일희일비하지 말게 하소서.
조금 좋은 일이 있었다고 하하 웃다가,
조금 나쁜 일이 있으면 원망하지 말게 하소서.
그 좋은 일이 나에게 정말 유익할지 누가 알겠으며,
그 나쁜 일이 나에게 정말 해가 되는지 누가 알겠습니까.
오직 하나님만을 신뢰하고 의지하게 하소서.

보이는 것을 주목하지 말고 보이지 않는 것을 주목하게 하소서.
보이지 않는 크고 위대하신 하나님을 바라보게 하소서.
그럴 때에 모든 상황 속에서 소망을 잃지 않을 수 있습니다.
언제나 나를 선대하시는 하나님을 믿습니다.
오늘도 보이지 않는 하나님의 동행하심에 감사드립니다.
보이지 않는, 이미 지켜주신 모든 사랑에 감사합니다.
나의 주 예수 그리스도의 이름으로 기도합니다. 아멘!

08 | 22

더욱 힘써 너희 부르심과 택하심을 굳게 하라

> 그러므로 형제들아 더욱 힘써 너희 부르심과 택하심을 굳게 하라
> 너희가 이것을 행한즉 언제든지 실족하지 아니하리라
> (베드로후서 1:10).

오늘도 나의 이름을 불러 깨우시는 아버지, 감사합니다.
내가 태어나기도 전에 나를 아시고 나를 불러
이 땅에 오게 하신 주님, 감사합니다.
나의 존재가 우연이 아니라 계획이었음에 감사합니다.
오늘도 그 자부심을 가지고 살게 하소서.

나를 부르신 부르심과 택하심을 더욱 강하게 믿겠습니다.
사람들이 나를 지적하고 폄하하여도 그 말을 믿지 않겠습니다.
나는 이 세상에 반드시 존재해야 하는 귀한 존재임을 선포합니다.
사람들의 기눙에 따라 있어도 되고 없어도 되는 존재가 아닙니다.
나는 택하신 족속이며 왕 같은 제사장입니다.
오늘 나에게 실망할 때에 이것을 기억하게 하소서.
하나님이 만드신, 하나님이 부르신 존재라면 얼마나 귀한지요.
나를 부르신 목적이 있으셨다면 나는 얼마나 위대한 존재인지요.
그래서 어떤 일에도 실족하지 않으며 자부심을 잃지 말게 하소서.
하나님의 자녀라는 위치가 얼마나 자랑스러운지 기억하게 하소서.

오늘도 담대하게 나아갑니다.
사람들의 시선 따위는 나를 좌절시킬 수 없습니다.
다른 사람의 부와 외모와 실력과 환경을 비교하지 않겠습니다.
나를 반드시 기억하시는 예수 그리스도의 이름으로 기도합니다. 아멘!

08 | 23

서로 돌아보아 사랑과 선행을 격려하며

> 서로 돌아보아 사랑과 선행을 격려하며
> 모이기를 폐하는 어떤 사람들의 습관과 같이 하지 말고
> 오직 권하여 그날이 가까움을 볼수록 더욱 그리하자 (히브리서 10:24-25).

사랑으로 나를 돌보셔서 오늘도 새로운 날을 주시니 감사합니다.
어제의 모든 무거운 짐과 걱정을 내려놓고 주님 앞에 나아갑니다.
걱정하는 일들이 어찌 될지 상상할 수 없으나 주의 손에 맡깁니다.
나는 이 문제를 해결할 능력이 없음을 고백합니다.
그렇다면 고민하고 걱정만 하는 일을 멈추고 기도하게 하소서.

하나님 앞에 나의 짐들을 내려놓고
오히려 하나님이 기뻐하시는 일을 하기 원합니다.
걱정함으로 나의 키를 한 자라도 더 키울 수 없다면 멈추게 하소서.
그리고 의미 있는 일에 나아가게 하소서.
오늘도 나의 일만이 아니라 다른 사람들의 일을 돌아보겠습니다.

마음껏 모일 수 없다면 연락하고 마음을 표현하는 날 되겠습니다.
근심하는 시간에 선을 행하고 사람을 사랑하겠습니다.
이것이 하나님이 기뻐하시는 일임을 믿습니다.
다른 사람의 고통에 참여할 때 나의 고통에서 해방될 줄 믿습니다.
다른 사람의 일을 돌보아줄 때 나의 일이 풀릴 것을 믿습니다.
그것을 노리고 하는 선행은 아니지만, 은혜를 베풀어주소서.
나의 마음에 순수하게 사람을 사랑하는 마음을 부어주소서.
내가 받은 아버지의 사랑을 흘려보내는 날 되게 하소서.
나의 사랑이 되시는 예수 그리스도의 이름으로 기도합니다. 아멘!

사랑하는 자들아 우리가 서로 사랑하자

> 사랑하는 자들아 우리가 서로 사랑하자 사랑은 하나님께 속한 것이니 사랑하는 자마다 하나님으로부터 나서 하나님을 알고 사랑하지 아니하는 자는 하나님을 알지 못하나니 이는 하나님은 사랑이심이라 (요한일서 4:7-8).

아침에 눈을 뜨고 새날을 맞이하게 하신 사랑의 하나님, 감사합니다.
어둠이 지나고 빛이 왔습니다.
일어나 걸을 수 있게 하시니 감사합니다.
눈으로 보게 하시고 귀로 듣게 하시니 감사합니다.

오늘 내가 가진 모든 것으로 사랑하게 하소서.
예수님의 제자임을 보이기 위해 순교까지 할 필요가 없음을 고백합니다.
예수 그리스도의 제자임을 보이기 위해 오늘 사랑하게 하소서.
너무 대단한 것을 목표로 하느라
일평생 아무것도 못하는 삶을 버리게 하소서.
작은 것에서 시작하여 충실하게 하소서.
오늘 하나님을 사랑하는 일에 충실하게 하소서.
하나님을 사랑하는 것만큼 사람을 사랑하게 하소서.
이 사회를 사랑하게 하시고, 주님이 주신 온 세상을 사랑하게 하소서.
그것이 가장 하나님의 사람다운 모습임을 알고
이 일을 크게 여기게 하소서.

오늘도 내 안에 아버지의 사랑을 가득 채워 흘러가게 하소서.
아버지의 사랑으로 나도 사랑을 넘치게 베풀 줄 믿습니다.
만나는 모든 이를 축복하는 하루 되게 하소서.
나의 주 예수 그리스도의 이름으로 기도합니다. 아멘!

08 | 25

고난당한 것이 내게 유익이라

> 고난당한 것이 내게 유익이라
> 이로 말미암아 내가 주의 율례들을 배우게 되었나이다
> (시편 119:71).

주관자 되시는 하나님 아버지,
나의 눕고 일어섬을 주관하시는 아버지, 감사합니다.
어제의 것은 지나갔으니 어제의 걱정을 끌어당기지 말게 하소서.
오늘 감당해야 할 일들 앞에 담대하게 하소서.

고난당하는 것이 내게 유익임을 알게 하소서.
모든 고난을 피하는 것만이 좋은 것이라고 믿지 않게 하소서.
당해야 할 고난이라면 담대히 당하게 하소서.
그래서 그로 인해 얻는 영적인 유익을 쟁취하게 하소서.
고난 앞에 비굴하다가 원망만 하지 말고, 믿음으로 담대하게 하소서.

모든 주권이 아버지께 있음을 믿고 신뢰합니다.
나의 하나님이 선하고 아름다운 분이심을 믿습니다.
나의 삶의 최종 목적지에는 승리가 있음을 믿습니다.
그래서 이 과정에서 당하는 어려움을 하나님의 손을 잡고 지나갑니다.
두려움을 물리쳐주시고, 주님의 품 안에서 속히 지나가게 하소서.
나의 힘이 되시는 여호와 하나님을 의지합니다.
오늘도 나의 마음을 지키시고 나의 육체가 쇠하지 않게 하소서.
내가 평안하거든 고난당하는 자에게 손을 내밀어
주님의 작은 손이 되게 하소서.
나의 위로자 되시는 예수 그리스도의 이름으로 기도합니다. 아멘!

08 | 26

원수 갚는 것이 내게 있으니 내가 갚으리라

내 사랑하는 자들아 너희가 친히 원수를 갚지 말고
하나님의 진노하심에 맡기라 기록되었으되 원수 갚는 것이 내게 있으니
내가 갚으리라고 주께서 말씀하시니라 (로마서 12:19).

계절의 주인이 되시고, 시간의 주인이신 아버지, 감사합니다.
오늘도 하나님의 시간에 거하게 하시고 초대하신 아버지, 감사합니다.
설레는 마음으로 아버지를 기대하며 하루를 시작합니다.
오늘 나에게 주어진 책임을 다하게 하소서.
내가 감당하지 않는 일은
결국 누군가를 불편하게 한다는 것을 기억하게 하소서.
나만 편하자고 남을 불편하게 만들지 않고 돕는 자 되게 하소서.

오늘도 나에게 악하게 하는 사람들을 용서하기 원합니다.
내가 그들에게 직접 복수하려는 마음을 품지 말게 하소서.
모든 판단을 주님의 손에 맡겨드립니다.
내 입장에서는 내가 옳지만,
그의 입장에서는 그가 옳을지 모르기 때문입니다.
결국 완전한 판단자가 되시는 하나님께 맡겨드립니다.

말로 상처받았다고 말로 복수하려고 기회를 노리지 말게 하소서.
불이익당했다고 똑같이 불이익당하게 하려고 노력하지 말게 하소서.
용서하고 털어버리고 미움의 진흙탕에서 나와 나의 길을 가게 하소서.
예수님의 보혈로 깨끗이 마음까지 씻어버리고 시작하게 하소서.
오늘 벌어지는 모든 일 속에서 너그러운 마음으로 살기 원합니다.
나의 용서가 되어주시는 예수 그리스도의 이름으로 기도합니다. 아멘!

08 | 27

흩어 구제하여도 더욱 부하게 되는 일이 있나니

> 흩어 구제하여도 더욱 부하게 되는 일이 있나니
> 과도히 아껴도 가난하게 될 뿐이니라
> (잠언 11:24).

부요하신 하나님 아버지,
사랑하는 자녀를 향하여 차고 넘치게 부어주시는 분이심을 믿습니다.
오늘도 아버지의 능력을 의지하여 하루를 시작합니다.

나의 가진 것을 함께 나눌 수 있는 마음을 허락하소서.
나의 움켜쥔 손을 펼치게 하소서.
아무리 미친 듯이 아껴도 늘 여전히 부족한 것투성이라면,
물질을 대하는 나의 태도를 바꾸게 하소서.
나보다 가난한 자들을 향해 너그러운 손을 펴게 하소서.
하나님이 허락하시는 재물을 인정하게 하소서.
나의 힘으로 한계가 있음을 알고
하나님보다 돈에 집착하는 일이 없게 하소서.
미래가 하나님의 손에 있으니 주님이 지켜주실 것을 믿습니다.
내가 가진 것이 돈이든, 마음이든, 실력이든 너그럽게 나누게 하소서.
나누며 풍성해지는 법을 배워 참 행복이 무엇인지 경험하게 하소서.

나의 모든 인생의 물질을 주님께 올려드립니다.
내가 감당할 만하거든 부하게 하시고,
내가 돈을 하나님보다 더 섬긴다면 가난하게 하소서.
모든 순간에 하나님은 나의 최우선이시고 최고봉이십니다.
나의 모든 것 되시는 예수 그리스도의 이름으로 기도합니다. 아멘!

08 | 28

마지막 나팔에 순식간에 홀연히 다 변화되리니

> 보라 내가 너희에게 비밀을 말하노니 우리가 다 잠잘 것이 아니요 마지막 나팔에 순식간에 홀연히 다 변화되리니 나팔 소리가 나매 죽은 자들이 썩지 아니할 것으로 다시 살아나고 우리도 변화되리라 (고린도전서 15:51-52).

영원하신 하나님 아버지, 언젠가 이날이 멈추는 날이 오겠지만,
오늘도 어김없이 주신 이날에 감사합니다.
주어진 모든 것을 당연히 여기지 않고 감사하겠습니다.
아직 살아 계신 부모님으로 인해 감사합니다.
여전히 곁에 있는 배우자와 가족들을 인해 감사드립니다.
오늘 나의 컨디션이 견딜 만함에 감사드립니다.
오늘 해야 할 일들이 주어짐에 감사합니다.

내가 숨 쉬고 있는 모든 순간 나에게 사명이 있음을 깨닫습니다.
오늘도 그 사명이 무엇인지 알게 하시고 행하게 하소서.
오늘이 마지막 날인 것처럼 순간순간 감사하며 살게 하소서.

또한 감사한 것은 우리에게 부활이 있음입니다.
나팔 소리가 날 때 나를 일으키실 주님을 믿습니다.
영원한 생명이 자격 없는 나에게 주어졌습니다.
그것을 담보 받고 오늘을 사는 것이니 얼마나 든든한 일입니까.
죽어도 서운하지 않을 만큼 좋은 이 복음을 전하게 하소서.
오늘도 나만 부활을 누리지 말고 주변 사람들과 함께 누리겠습니다.
복음을 부끄러워하지 않고 전하겠습니다.
나팔 소리가 날 때에 나와 그들이 함께 일어나게 하소서.
나의 구원이 되시는 예수 그리스도의 이름으로 기도합니다. 아멘!

08 | 29

깰 때에 주의 형상으로 만족하리이다

> 나는 의로운 중에 주의 얼굴을 뵈오리니
> 깰 때에 주의 형상으로 만족하리이다
> (시편 17:15).

인자하신 하나님 아버지,
나를 바라보시는 따스한 주님의 눈빛으로 아침에 힘을 얻게 하소서.
나의 하루를 아름답게 하는 것이
세상의 소식보다 주님의 존재가 되게 하소서.
깰 때에 주의 형상으로 만족하게 하소서.

아침부터 나의 귀를 세상의 불만의 소리로 채우지 말게 하소서.
나의 입술이 아침부터 불평을 내뱉지 말게 하소서.
하나님을 바라봄으로 나의 귀가 주님의 음성을 듣게 하소서.
주님의 형상을 봄으로 나의 입술이 찬양을 시작하게 하소서.
나의 가슴이 주님과의 만남으로 설레게 하소서.

이 세상을 살지만, 나의 영혼이 하나님과 가장 붙어 있게 하소서.
나는 자격 없는 죄인이나,
나에게 일부러 자격을 부여하신 그 의를 믿고 나아갑니다.
나의 의로움이 아버지의 영광인 것을 믿습니다.
나의 자랑이 나를 의롭게 하신 하나님께 있습니다.
내가 무엇을 하든지 하나님의 자녀로서의 품위를 놓치지 말게 하소서.
모든 문제와 책임과 해결해야 할 일들을 크신 주님께 올려드립니다.
선으로 행하시고 인도하여 주소서.
나의 주 예수 그리스도의 이름으로 기도합니다. 아멘!

08 | 30

하나님이 예비하신 모든 것은

> 하나님이 자기를 사랑하는 자들을 위하여 예비하신 모든 것은 눈으로 보지 못하고 귀로 듣지 못하고 사람의 마음으로 생각하지도 못하였다 함과 같으니라 (고린도전서 2:9).

날마다 극진한 사랑으로 돌보시는 아버지, 감사합니다.
아침마다 새로운 은혜를 부어주시니 감사합니다.
오늘도 그 힘으로 일어나 주님을 찬양합니다.
하루를 시작하기 전에 먼저 아버지의 얼굴을 바라보게 하소서.
나를 가장 사랑하시는 하나님께 오늘을 향한 뜻을 묻게 하소서.

주께서 주시는 모든 것은 상상할 수조차 없는 것임을 믿습니다.
우리는 떡을 달라 하고 돈을 달라 하지만
하나님은 성령 하나님으로 우리를 채우셨습니다.
세상 그 어떤 것보다 가장 큰 선물인 하나님 자체를 주심입니다.
우리는 돈도, 떡도 못 받은 것이 아니라 하나님을 받았습니다.
성령 하나님이 내 안에 살아 계셔서 모든 순간 함께하심을 찬양합니다.
나의 모든 순간 형편을 살피시고 어려움을 도우심에 감사합니다.
하찮은 것을 요청하고 비교할 수 없는 큰 것을 받았음을 알게 하소서.
오늘도 내 안에 가득 오셔서 주님과 한마음으로 살게 하소서.
이 세상의 가장 큰 선물은 성령 하나님이심을 깨닫게 하소서.

오늘도 나의 마음이 온통 성령님으로 가득 차기를 소망합니다.
아버지께 기도하며 간구할 때 허접한 것을 구하지 말게 하소서.
하나님만이 주실 수 있는 위대한 것을 구하게 하소서.
나의 주 예수 그리스도의 이름으로 기도합니다. 아멘!

08 | 31

누구든지 자기 친족 특히 자기 가족을 돌보지 아니하면

> 누구든지 자기 친족 특히 자기 가족을 돌보지 아니하면
> 믿음을 배반한 자요 불신자보다 더 악한 자니라
> (디모데전서 5:8).

부모님을 주셔서 이 땅에 태어나게 하시고
지금까지 살게 하신 아버지, 감사합니다.
배우자를 주셔서 가정을 이루게 하시고,
의지하고 사랑할 가족을 주시니 감사합니다.
자녀를 주셔서 생명의 창조에 동참하게 하시니 감사합니다.

하나님이 허락하신 가족이 내 삶의 가장 큰 복임을 알게 하소서.
때로는 책임의 무게로 짐처럼 여겨지지만
누군가에게는 그 짐이 꿈임을 알게 하소서.
가까이 있다는 것 때문에 홀대하고 원수 삼지 말게 하소서.
때로 가족을 미워하게 됨은
남들은 다 떠날 때 떠나지 않고 내 곁에 남아 있기 때문입니다.
힘들 때 그래도 내 곁에 남아주는 가족을
더욱 사랑하고, 돌보고, 소중히 여기게 하소서.
믿음을 갖는 것, 신앙이 좋다는 것 안에
가족을 잘 돌보는 것도 있음을 알게 하소서.

오늘도 내 곁에 있는 사람에게 잘하게 하소서.
가족과 친족을 돌보지 않음은 불신자보다 더 악하다 하셨습니다.
오늘 나의 믿음을 가족들을 보살핌으로 증명하게 하소서.
나의 모든 것 되시는 예수 그리스도의 이름으로 기도합니다. 아멘!

그러므로 믿음은 들음에서 나며
들음은 그리스도의 말씀으로 말미암았느니라
_ 로마서 10:17

이 달 의 기 도 제 목

-
-
-
-
-

09 | 01

너의 처음 사랑을 버렸느니라

> 그러나 너를 책망할 것이 있나니
> 너의 처음 사랑을 버렸느니라
> (요한계시록 2:4).

긍휼의 하나님 아버지,
나의 주인, 나의 왕이 되시는 아버지를 사랑합니다.
모든 피조물을 만드시고, 아름답게 인도하시는 아버지를 찬양합니다.
나를 만드시고 사랑하시고
그 사랑을 죽음으로 증명하신 예수님을 찬양합니다.

날마다 아버지를 사랑한다고 고백하고 기도합니다.
그러나 때로는 너무도 기계적인 고백임을 회개합니다.
너무 오랫동안 습관처럼 고백해서 마음이 담기지 않았습니다.
처음 예수님을 믿을 때의 뜨거움을 잃어버렸습니다.
어려울 땐 바싹 달려들었다가 편해지면 느슨해지는 죄를 용서하소서.
긍휼의 하나님이 나를 용서하여 주소서.
필요가 강렬할 때만 나의 사랑이 강렬했음을 용서하소서.
필요를 해결하기 위한 절박함이었지 사랑이 아니었음을 고백합니다.
무엇을 바라서가 아니라 그저 하나님이 좋아 주님을 사랑하게 하소서.
문제 해결의 도구로서가 아니라 하나님의 존재를 사랑하게 하소서.

나를 만드시고 사랑하시는 내 아버지를 나도 사랑합니다.
나의 문제가 해결되지 않아도 주님을 사랑합니다.
나의 필요가 여전히 남아 있어서 아버지를 사랑하고 또 사랑합니다.
나를 사랑하여 죽기까지 하신 예수님의 이름으로 기도합니다. 아멘!

09 | 02

너희 중에 누구든지 지혜가 부족하거든

너희 중에 누구든지 지혜가 부족하거든
모든 사람에게 후히 주시고 꾸짖지 아니하시는 하나님께 구하라
그리하면 주시리라 (야고보서 1:5).

지혜의 하나님, 아침에 눈을 뜰 때 가장 먼저 주님을 기억합니다.
나의 눈이 하늘을 먼저 향하여 아버지를 갈망합니다.
나의 입술이 노래하며 주님을 가장 먼저 찬양합니다.
나의 귀를 열어 주님의 음성에 귀를 기울입니다.
나의 손이 하늘을 향하여 올려 주님을 높여드립니다.

아버지께서는 위대한 창조주이십니다.
나를 만드셨을 뿐만 아니라 온 우주 만물을 만드셨습니다.
그 하나님의 지혜는 이 세상 어느 것으로도 따라갈 수 없습니다.
내가 눈으로 확인조차 할 수 없는 크기의 우주를
손바닥으로 다스리십니다.
그 하나님의 지혜를 오늘도 구합니다.

아버지의 지혜의 먼지만큼이라도 허락하여 주소서.
나의 작음을 불쌍히 여기시며, 아버지의 크심으로 채워주소서.
눈앞의 것밖에 보지 못하는 나를 불쌍히 여겨주소서.
오늘 아버지의 지혜를 채우고 세상을 향해 나아갑니다.
나의 판단을 믿지 말고 기도하게 하소서.
나의 눈을 믿지 말고 눈을 감고 기도하게 하소서.
오늘 아버지의 지혜로 이 세상을 살아가는 법을 배우게 하소서.
언제나 후히 주시는 예수 그리스도의 이름으로 기도합니다. 아멘!

09 | 03

너희 믿음의 확실함은 금보다 더 귀하여

> 너희 믿음의 확실함은 불로 연단하여도 없어질 금보다 더 귀하여
> 예수 그리스도께서 나타나실 때에
> 칭찬과 영광과 존귀를 얻게 할 것이니라 (베드로전서 1:7).

구원의 하나님 아버지, 새 아침에 주님의 빛을 바라보게 하소서.
굳이 어제의 어두움을 끌어 오늘 아침에 가져다놓지 말게 하소서.
잊어야 할 것은 잊고, 기도할 것은 기도하며 새 출발하게 하소서.

나의 믿음이 굳건하게 하셔서 유혹 많은 이 세상에서 승리하게 하소서.
이 세상의 금보다 돈보다 귀한 것이 믿음임을 알게 하소서.
믿음을 팔아 돈과 인맥을 얻지 말게 하소서.
하나님을 팔아 인기를 갈망하지 말게 하소서.
마지막 날에 지푸라기같이 없어질 것들에
가장 중요한 것을 넘기지 말게 하소서.
오늘 사람들의 인정에 목말라
세상과 똑같은 모습이 되기를 자처하지 말게 하소서.
내가 가진 믿음은 이 세상에서 억만금을 주어도 살 수 없는 영생입니다.
목숨을 헐값에 주는 어리석음을 버리게 하소서.
오히려 구원이 없는 자들을 인도하는 하나님의 자녀 되게 하소서.

오늘도 나의 믿음이 내 삶의 가장 큰 자부심이 되게 하소서.
하나님을 부끄럽게 여기는 자는
반드시 심판 날에 부끄러움을 당할 것입니다.
마지막 날을 기억하며 신앙의 지조를 지키는 자 되게 하소서.
나의 사랑 예수 그리스도의 이름으로 기도합니다. 아멘!

09 | 04

거룩하게 입맞춤으로 서로 문안하라

형제들아 기뻐하라 온전하게 되며 위로를 받으며 마음을 같이하며 평안할지어다
또 사랑과 평강의 하나님이 너희와 함께 계시리라
거룩하게 입맞춤으로 서로 문안하라 (고린도후서 13:11).

공동체를 주신 하나님 아버지,
인생은 혼자인 것 같고, 고독과 외로움이 진실처럼 보이지만
나를 혼자 두시지 않고 함께할 사람들을 선물로 주시니 감사합니다.
내가 한 걸음만 나아가면 수많은 사람이 있음을 감사하게 하소서.
나 스스로가 나를 가두지 말게 하소서.

오늘 아침에도 나 혼자 눈을 뜨고, 나 혼자 밥을 먹는 것 같으나
이 모든 것은 남들의 도움이 없이는 불가능한 것임을 고백합니다.
내가 커피콩을 키우지 않았고, 쌀을 만들지 않았습니다.
내가 버스를 운전하지 않고, 내가 가구를 만들지 않았습니다.
내가 만나는 모든 사람은 나의 가족이고, 직장 동료이고,
이웃이고, 교회 공동체입니다.
그들을 통해 위로받게 하시고 위로하게 하소서.
서로 문안하고, 돌아보고, 함께 지켜주게 하소서.
내가 도움 없이 살 수 없듯이 그들도 도움 없이 살 수 없습니다.
서로 사랑함이 하나님의 뜻임을 기억하게 하소서.

오늘도 만나는 사람들을 축복하기 원합니다.
그들에게 작은 사랑을 베풀게 하시고,
그들의 사랑을 기쁨으로 받아 누리게 하소서.
나의 친구가 되어주시는 예수 그리스도의 이름으로 기도합니다. 아멘!

09 | 05

말과 혀로만 사랑하지 말고 행함과 진실함으로 하자

> 자녀들아 우리가 말과 혀로만 사랑하지 말고
> 행함과 진실함으로 하자
> (요한일서 3:18).

실존의 하나님 아버지,
나를 만나주시고, 나의 하루를 실제로 도와주시는 아버지,
하나님은 어느 영역에서도 추상적이시지 않음을 믿습니다.
하나님이 보이지 않는다는 것 때문에
때로는 실제로 존재하시는 분임을 잊습니다.
오늘 다시 기억합니다.
하나님은 나의 삶에 실존하시는 분이며 일하시는 분임을 믿습니다.

나의 신앙이 한없이 추상적임을 회개합니다.
생각만의 신앙이 되었음을 용서하소서.
말만의 그리스도인이었음을 회개합니다.
하나님이 실존이신 것처럼 나의 믿음도 실제가 되게 하소서.
나의 신앙이 아름다운 뜬구름이 되지 않게 하소서.

말과 혀로만 사랑하지 않고 행함과 진실함으로 사랑하겠습니다.
나의 말만 다가가는 것이 아니라 나의 모든 것이 다가가겠습니다.
마음을 열고, 진심으로 돕고, 나의 존재가 사랑하기를 원합니다.
내 신앙의 추상성의 출발은 하나님을 향한 사랑의 추상성입니다.
소리 높여 외쳐 살아 계시며 실제로 역사하시는 하나님을 인정합니다.
하나님은 오늘도 진짜로 나와 동행하시며 일하실 것입니다.
진짜로 나를 위해 죽으신 예수님의 이름으로 기도합니다. 아멘!

09 | 06

의인은 푸른 잎사귀 같아서 번성하리라

> 자기의 재물을 의지하는 자는 패망하려니와
> 의인은 푸른 잎사귀 같아서 번성하리라
> (잠언 11:28).

나의 삶을 주관하시는 아버지, 찬양합니다.
먼지와도 같이 작은 나를 사랑하시고 집중하심에 감사합니다.
세상이 험난하고 재난으로 가득하여도
사람의 관심은 늘 돈에 있음을 회개합니다.
재물만 넉넉하다면 모든 것을 이길 것 같은 환상에서 깨어나게 하소서.
내 불행은 돈의 부족 때문이라며 끝없이 달리는 걸음을 멈추게 하소서.
정말 나의 불행이 돈의 부족 때문인지 돌아보게 하소서.
돈만 있으면 정말 나는 더 행복할 것인지 아버지께 묻게 하소서.

다른 것은 다 순종하면서 돈을 향한 갈망은 하나님께 묻지 않았습니다.
그저 살아가는 데 필요한 것이니
얼마가 되었든 그것은 나의 소관이라 생각했습니다.
혹시 여쭈면 돈 벌지 말라 하실까 겁나 회피했습니다.
돈을 의지하는 우리의 마음을 용서하소서.
결국 돈도 하나님의 손안에 있다는 것을 깨닫고 내어놓게 하소서.

하나님 안에 모든 것이 있으니 작은 것을 버리고 하나님을 택합니다.
돈이라는 도구를 의지하지 말고,
하나님이라는 목적을 의지하게 하소서.
물질에 눈먼 나의 눈을 정화시키시고 다시 주님을 바라보게 하소서.
나의 만족이 되시는 예수 그리스도의 이름으로 기도합니다. 아멘!

09 | 07

하나님이 이르시되 빛이 있으라 하시니 빛이 있었고

하나님이 이르시되 빛이 있으라 하시니 빛이 있었고 빛이 하나님이 보시기에 좋았더라 하나님이 빛과 어둠을 나누사 하나님이 빛을 낮이라 부르시고 어둠을 밤이라 부르시니라 저녁이 되고 아침이 되니 이는 첫째 날이니라 (창세기 1:3-5).

창조의 하나님 아버지,
하나님은 말씀으로 모든 것을 창조하셨습니다.
아버지의 언어는 선포되는 즉시 존재가 되는 실제입니다.
하나님의 능력이 얼마나 위대한지요.
그 능력 앞에 무릎 꿇어 경배하며 이 아침을 시작합니다.

나의 말은 참으로 허탄하여서 진실하지 못함을 회개합니다.
나의 말은 존재를 만들기는커녕 사실조차 왜곡할 때가 많습니다.
오늘도 아버지의 언어를 닮아서 참된 말만 하게 하소서.
아버지께서 만드신 빛과 어두움의 조화를 기억하며 살게 하소서.
어두움이 올 때 빛을 기대하게 하소서.
어두울 때 달리려 하지 말게 하소서.
빛이 올 때 자려 하지 말게 하소서.
하나님의 순리를 따라 인생의 어두움에서 하나님을 믿고 자게 하소서.
하나님의 섭리를 따라 인생의 빛에서 마음껏 달리게 하소서.
어두움과 빛이 번갈아 옴도 하나님의 뜻임을 믿고 순응하게 하소서.

지금 나의 인생이 어두움이라면 쉼을 주신 줄 믿겠습니다.
지금 나의 인생이 빛이라면 주저하지 않고 달리겠습니다.
모든 섭리를 주님의 손에 의탁하여 자족하는 날 되게 하소서.
나의 주도자가 되시는 예수 그리스도의 이름으로 기도합니다. 아멘!

09 | 08

선한 목자는 양들을 위하여 목숨을 버리거니와

나는 선한 목자라 선한 목자는 양들을 위하여 목숨을 버리거니와 삯꾼은 목자가 아니요 양도 제 양이 아니라 이리가 오는 것을 보면 양을 버리고 달아나나니 이리가 양을 물어 가고 또 헤치느니라 (요한복음 10:11-12).

나의 선한 목자 되어 늘 안전하게 인도하시는 아버지, 감사합니다.
오늘도 푸른 초장으로 나를 인도하여 주소서.
나의 가는 길이 먹을 것이 없는 잘못된 길이라면 나를 막아주소서.
멀리 있는 초장을 향하여 인도하실 때에
가는 길에 돌짝밭이 있더라도 참게 하소서.

겉으론 나를 위하는 듯하지만 내면은 그렇지 않은 지도자를 봅니다.
너무 많은 사람이 겉과 속이 달라 믿고 의지할 사람이 없습니다.
삯꾼을 걸러낼 수 있는 안목을 허락하소서.
내 탐욕이 결국 삯꾼을 허락하는 것임을 알고 탐욕을 버리게 하소서.
나만 잘되게 해주겠다는 자는 모두 거짓 목자임을 알게 하소서.
언제나 하나님의 방법대로 살기 원합니다.
아버지의 음성을 알고 따라가기 위해 주님의 음성에 귀 기울입니다.
나를 인도하소서.
내가 주님의 음성을 분별하여 온전히 따라가겠습니다.
결국 누가 양을 위하는 목자인지 온전히 분별하게 하소서.

나의 가는 길에 나를 놓치시지 않는 주님을 믿습니다.
내가 잘못된 길로 갔을 때 나를 돌이켜 온전한 길로 오게 하소서.
오늘도 주님의 음성을 들으며 한 걸음, 한 걸음을 내딛습니다.
나의 목자 되시는 예수 그리스도의 이름으로 기도합니다. 아멘!

09 | 09

주께서 내 곁에 서서 나에게 힘을 주심은

> 주께서 내 곁에 서서 나에게 힘을 주심은
> 나로 말미암아 선포된 말씀이 온전히 전파되어 모든 이방인이 듣게 하려
> 하심이니 내가 사자의 입에서 건짐을 받았느니라 (디모데후서 4:17).

오늘도 새날을 주심에 감사합니다.
내가 의도하고 지은 죄도 있지만,
지금도 깨닫지 못한 알지 못하고 지은 죄도 있습니다.
예수 그리스도의 보혈로 나의 모든 죄악과 부족함을 씻어주소서.
십자가의 은혜로 오늘도 내가 주님 앞에 나아갈 담력을 얻게 하소서.

주님의 의롭다 하심을 힘입어 오늘도 담대히 하루를 시작합니다.
내가 나의 입술로 주님을 증거하게 하시고,
나의 삶으로 살아내게 하소서.
삶은 어려워서 못 산다고 하고, 말은 가벼워서 못한다고 하면서
결국 아무것도 하지 않으려는 속셈을 회개합니다.

오늘 나의 삶이 하나님을 증거할 뿐만 아니라
나의 말도, 나의 입술도 주를 증거하게 하소서.
내가 복음을 전하고 하나님을 알지 못하는 자를 인도할 때 힘 주소서.
나의 인생을 건져 죄인에서 의인으로 바꾸신 은혜가
오늘 누군가에게 일어나게 하소서.
그 현장에 내가 있게 하소서.
나를 구원하신 주님을 찬양합니다.
내가 누리는 이 모든 복을 다른 사람도 누리게 하겠습니다.
나의 구원 되시는 예수 그리스도의 이름으로 기도합니다. 아멘!

09 | 10

아버지의 원대로 되기를 원하나이다

> 아버지여 만일 아버지의 뜻이거든 이 잔을 내게서 옮기시옵소서
> 그러나 내 원대로 마시옵고 아버지의 원대로 되기를 원하나이다
> (누가복음 22:42).

오늘도 내 삶의 모든 주권자가 되시는 아버지, 찬양합니다.
온 우주 만물을 만드신 주인께서 나를 주도하심에 감사합니다.
내가 아버지께 기도할 때에 아버지의 뜻을 알아 구하게 하소서.
혹여 잘못된 기도를 드릴 때는 그 기도에 응답하지 마소서.
나의 어리석은 강청 기도가 나를 해롭게 할까 두렵습니다.

오늘 예수님의 기도를 마음에 새기며 본받기 원합니다.
강력하게 원하는 것이 있음에도 고집 피우시지 않음을 배웁니다.
내가 원하는 것이 나를 가장 위하는 것이 아닐 수 있음을 인정합니다.
아버지의 뜻이 우선 될 때 모든 것이 최선이 됨을 믿습니다.
그래서 오늘 기도도 내 원대로 마시고 아버지의 원하심을 구합니다.
나의 삶에 아버지의 뜻을 이루어주소서.
내가 원하는 것이 혹여 잘못된 경우 깨닫고 돌이키게 하소서.
묻지 않고 강청만 하는 오류를 범하지 말게 하소서.
오늘도 주님이 이 땅을 불쌍히 여기시기를 구합니다.
아버지의 나라가 이 땅 가운데 임하게 하소서.

오늘 내가 하나님 나라를 위해 한 걸음이라도 나가기를 원합니다.
아버지의 뜻을 분별할 지혜를 주시고, 내 뜻의 고집을 꺾게 하소서.
예수님의 기도를 본받아 오늘도 온전히 주님과 동행하기 원합니다.
나의 주 예수 그리스도의 이름으로 기도합니다. 아멘!

09 | 11

주 예수를 믿으라 그리하면

**주 예수를 믿으라
그리하면 너와 네 집이 구원을 받으리라**
(사도행전 16:31).

구원의 하나님 아버지,
오늘도 나와 같은 죄인을 구원해주셨음에 감사합니다.
나의 마음에 예수 그리스도를 품고 오늘도 동행하게 하소서.
내가 예수님을 그리스도로 믿으니 나의 가족을 건져주소서.
나와 내 집이 온전히 하나님의 자녀가 되는 가문 되게 하소서.

내가 예수님을 믿음으로 나의 가족과 지인이 복을 누리기 원합니다.
내가 하나님의 복의 통로가 되어 복음을 나누는 자 되기 원합니다.
요셉과 함께하신 하나님의 형통이 보디발의 집과 밭까지 머문 것처럼
오늘 내가 요셉과 같은 사람 되게 하소서.
나로 말미암아 하나님의 영이 우리 집에 충만하게 하소서.

오늘 내가 영적인 가장이 되어 가정과 나라를 위해 기도합니다.
하나님의 임재가 나로 인해 머물게 하소서.
하나님이 임하실 때에 온전한 회복이 있을 것을 믿습니다.
나의 기도가 심판을 멈추게 하는 의인의 기도가 되게 하소서.
이 나라를 불쌍히 여기셔서 주 앞에 회개하고 돌이키게 하소서.
우리 가정이 하나님을 온전히 찬양하는 가정 되게 하소서.
누구도 예외 없이 구원받게 하시고
하나님의 사명을 품은 가문 되게 하소서.
나의 주 예수 그리스도의 이름으로 기도합니다. 아멘!

09 | 12

선으로 악을 이기라

> **악에게 지지 말고
> 선으로 악을 이기라**
> (로마서 12:21).

선하신 하나님 아버지,
날마다 주시는 신실한 은혜로 오늘도 아침을 시작합니다.
이 세상의 수많은 사건과 사고, 재난의 소식을 주님께 올려드립니다.
인간의 힘으로 할 수 없는 일이 너무 많음을 고백합니다.
선하신 주님의 손으로 이 세상을 인도하여 주소서.

오늘도 이 세상 가운데 있는 악함을 바라봅니다.
작게는 나의 생활 가운데 일어나는 작은 악함을 봅니다.
내가 힘이 있을 때 그 악함을 갚으려 하지 말게 하소서.
악함에 분노하여 악함으로 되갚으려는 시도를 막아주소서.
하나님의 방법은 선으로 악을 이기는 것임을 기억하게 하소서.
오늘도 선이 약하고 악이 강하다는 믿음을 버리게 하소서.
하나님은 선하신데, 이 세상 그 무엇보다 강하심을 바라봅니다.
나도 하나님의 선하심을 닮아 악을 이기는 강함을 갖게 하소서.
나의 방식이 아니라 낯설더라도 말씀에 의지하여 나아가게 하소서.
하나님의 방식이 어려워도 작은 것부터 실천하게 하소서.

나에게 악한 자, 이 세상의 절대 악들 앞에 기죽지 말게 하소서.
복수하지 않으면 기가 죽는 양극단에서 내려오게 하소서.
선함도 강력할 수 있음을 믿고 선으로 악을 이기게 하소서.
나의 주 예수 그리스도의 이름으로 기도합니다. 아멘!

09 | 13

여호와의 이름은 견고한 망대라

> 여호와의 이름은 견고한 망대라
> 의인은 그리로 달려가서 안전함을 얻느니라
> (잠언 18:10).

나를 지키시는 하나님 아버지,
땅이 흉흉하고 재난 소식이 멈추지 않는 긴 시간을 보내고 있습니다.
하나님의 은혜가 아니면 한순간도 온전할 수 없음을 고백합니다.
오늘도 변함없이 아버지의 은혜와 도우심을 간절히 구합니다.
이 땅을 주목하시고 치유해주소서.

모든 세상이 흔들려도 여호와의 이름은 견고한 망대와 같습니다.
아버지 외에는 세상 어떤 것으로도
우리를 건질 수 없음을 고백합니다.
오늘도 나의 가족과 교회와 이 나라와 온 세상을 돌보아주소서.
우리의 범죄함을 자백하오니 용서하소서.
하나님의 심판이 임할 때에 회개함으로 주님 앞에 가기 원합니다.
아버지께서 주신 이 세상을 인간이 폭군과 같이 다스렸습니다.
그래서 자연이 신음하고, 땅이 망가지고, 하늘이 어두워졌습니다.
인간의 탐욕이 선물과 같은 환경을 다 망가뜨렸습니다.
주님, 용서하여 주소서.

다시 이 땅을 회복시키실 때를 기다립니다.
아버지의 자비하심 앞에 나아갑니다.
아버지 하나님의 견고한 망대에 달려가 안전을 구합니다.
나의 도움이 되시는 예수 그리스도의 이름으로 기도합니다. 아멘!

09 | 14

여호와께서 내 간구를 들으셨음이여

> 여호와께서 내 간구를 들으셨음이여
> 여호와께서 내 기도를 받으시리로다
> (시편 6:9).

들으시는 하나님 아버지,
구름을 주시고, 바람을 주시고,
새소리를 듣게 하시고 나무의 흔들림을 보게 하시니 감사합니다.
주변에 있는 모든 평범한 것이 선물임을 깨닫습니다.

사람들은 아무도 나의 사연을 들어주려 하지 않음에도
하나님은 언제나 나의 사정을 들어주심에 감사합니다.
나의 간구를 하나도 놓치지 않고 들어주시는 아버지, 감사합니다.
나의 형편과 사정을 아시며 숨소리까지 귀 기울여주시니 감사합니다.
나의 기도하는 소리를 들어주소서.
오늘도 내가 만날 어려움을 주님께 올려드립니다.
예측할 수 없는 일들이 일어날 때 두려움을 물리쳐주소서.
지혜가 필요할 때 판단하고 대처할 수 있는 지혜를 허락하소서.
그리도 들으시는 아버지를 본받아 나도 들어주는 사람 되게 하소서.
나의 길을 인도하시는 주님 때문에 평안을 누리게 하소서.

오늘도 주님을 신뢰함으로 얻는 이 평안 때문에
다른 사람을 돌볼 여유를 갖습니다.
말하기보다 듣기를 먼저 하겠습니다.
복음을 가진 자는 들어주는 사람이라는 칭찬을 듣는 날 되겠습니다.
나의 사정을 들으시는 예수 그리스도의 이름으로 기도합니다. 아멘!

09 | 15

충성되고 지혜 있는 종이 되어

충성되고 지혜 있는 종이 되어
주인에게 그 집 사람들을 맡아
때를 따라 양식을 나눠 줄 자가 누구냐 (마태복음 24:45).

주인 되신 하나님 아버지,
나에게 주신 모든 것을 가지고 성실한 하루를 살기 원합니다.
아버지께서 허락하신 모든 달란트를 묻어두지 않게 하소서.
하나님이 사용하라고 주신 것을 뒤에 놓고
받은 것이 없다 하지 말게 하소서.
충성된 종, 하나님의 마음을 시원스럽게 해드리는 종 되게 하소서.

이 사회에서 나에게 주신 역할과 직무들에 최선을 다하기 원합니다.
이 세상 속에서 성직으로 나에게 주신 직업에 열심히 임하겠습니다.
가정에서 주신 나의 역할을 기쁨으로 감당하겠습니다.
하나님이 걱정하시지 않아도
알아서 척척 사명을 감당하는 자 되기 원합니다.
오늘 나의 우선순위가 무엇인지요?
아버지께서는 오늘 내가 무엇 하기를 원하십니까?
나의 마음에 속삭여주소서.
내가 오늘 행해야 할 일들을 명하여 주소서.

오늘도 나의 이기심을 내려놓고 주님의 뜻을 따라가기 원합니다.
나의 책임은 언제나 축복과 함께 있음을 기억합니다.
감사함으로 오늘의 주어진 사명을 감당하겠습니다.
나의 주 예수 그리스도의 이름으로 기도합니다. 아멘!

09 | 16

서로 마음을 같이하며 도리어 낮은 데 처하며

> 서로 마음을 같이하며 높은 데 마음을 두지 말고
> 도리어 낮은 데 처하며 스스로 지혜 있는 체하지 말라
> (로마서 12:16).

오늘도 좋은 날 주신 아버지, 감사합니다.
살면서 겪는 많은 일이 있지만, 그럼에도 오늘은 좋은 날임을 믿습니다.
내 힘으로 해결할 수 없는 많은 일이 어제까지 있었지만,
그래서 오늘 더욱 주님을 의지하여 하루를 시작합니다.

오늘도 나와 함께하는 사람들을 귀히 여기는 하루 되기 원합니다.
서로 마음을 같이하는 데 노력하게 하소서.
상대에게만 기대하면서
나는 아무것도 노력하지 않는 교만함을 버리게 하소서.
내가 언제나 상대보다 판단이 옳다고 착각하지 않게 하소서.
나이 고하를 막론하고 존중하게 하시고 동등하게 대하게 하소서.

하나님이 허락하신 지혜는 자랑하거나 무시하는 것이 아닙니다.
주님이 늘 그러셨던 것처럼 겸손의 자리에 가게 하소서.
사람을 대할 때 전투적인 자세를 갖지 말게 하소서.
사람을 이기려는 마음을 버리게 하소서.
내가 잘났다는 것을 보이려는 열등감에서 내려오게 하소서.
하나님의 자녀의 권세는 언제나 우리로 겸손하게 할 줄 믿습니다.
잘난 척하는 자리, 아는 척하는 자리에서 내려와 정직하게 하소서.
사람을 적이 아니라 동료로 생각하는 넓은 마음을 허락하소서.
언제나 나의 편 되어주시는 예수 그리스도의 이름으로 기도합니다. 아멘!

09 | 17

내가 평안히 눕고 자기도 하리니

**내가 평안히 눕고 자기도 하리니
나를 안전히 살게 하시는 이는
오직 여호와이시니이다** (시편 4:8).

평안의 하나님 아버지,
주님의 품 안에서 평안한 잠을 주시니 감사합니다.
밤에 잠을 자는 것도 은혜임을 고백합니다.
하루를 출발할 때 어제의 짐을 다시 주섬주섬 담지 말게 하소서.
어제의 고민은 어제로 끝내고 오늘은 새날로 살게 하소서.

내가 평안히 눕고 자기도 하는 것은 오직 하나님의 사랑 덕분입니다.
나를 안전히 살게 하시는 이는 오직 여호와이십니다.
약속을 지키시는 하나님을 찬양합니다.
어두움을 물리치시는 분은 여호와 하나님이십니다.
주님의 명령으로 내 삶의 모든 어두움이 물러가게 하소서.
오늘도 모든 질병을 물리쳐주소서.
생명을 만드신 주님의 능력으로 지구에 새 생명의 바람을 허락하소서.
하나님의 선한 일하심에 나도 동참하게 하소서.
하나님과 반대되는 삶을 선택하지 않게 하소서.
하나님의 일하심을 도울 수 있게 하소서.

만나는 이들마다 축복하게 하소서.
하는 사업마다 견고하게 하소서.
모든 관계에 사랑이 있게 하소서.
평안의 선물 되시는 예수 그리스도의 이름으로 기도합니다. 아멘!

09 | 18

네 양 떼의 형편을 부지런히 살피며

네 양 떼의 형편을 부지런히 살피며
네 소 떼에게 마음을 두라
(잠언 27:23).

날마다 우리를 위해 일하시는 아버지, 찬양합니다.
나는 자느라 아무것도 하지 못할 때도 하나님은 나를 회복시키셨습니다.
그저 잠만 자고 일어났는데 나의 생각이 긍정적으로 바뀌었습니다.
피곤이 덜어지고 몸이 가벼워졌습니다.

언제나 일하시는 하나님을 닮은 하루 되기 원합니다.
나에게 부여하신 일을 부지런히 하게 하소서.
내게 맡겨진 일이 작은 일이든 큰 일이든 성실하게 하소서.
내가 원하는 일이 아닌 일이 주어졌을 때도 마음을 두어 일하게 하소서.
주어진 일이라면 기쁨으로 감당하기 원합니다.
누군가는 대단한 일을 하는 것 같고, 나는 초라한 것 같을 때에
일의 경중을 바라보지 말고 맡기신 하나님의 뜻을 기억하게 하소서.
내게 주신 분깃만큼 욕심을 내지 않고
주어진 것에 감사함으로 매진하게 하소서.
나를 아시는 주님이 나에게 필요한 것을 공급하심을 믿습니다.
불평하는 마음을 버리고 일이 있음에 감사하게 하소서.

오늘도 일하지 못하는 많은 이를 위해 기도합니다.
그들에게 일용할 양식을 허락하소서.
일하면서 다치는 일이 없게 하시고 하나님의 긍휼을 허락하소서.
나의 주 예수 그리스도의 이름으로 기도합니다. 아멘!

09 | 19

영과 진리로 예배할지니라

하나님은 영이시니 예배하는 자가
영과 진리로 예배할지니라
(요한복음 4:24).

영이신 하나님 아버지,
나를 모태에서 부르시고 선택하심에 감사를 드립니다.
나로 이 땅에 살게 하신 목적을 가지고 인도하심을 믿습니다.
나는 우연히 사는 것이 아니라
아버지의 부르심에 의해 사는 것임을 믿습니다.
그래서 오늘도 주님을 기억합니다.

내 삶이 아버지께 영광이 되기 위해 삶의 방향을 주님께 맡깁니다.
나의 존재가 이 땅에 존재해야 하는 그 목적을 이루게 하소서.
나의 삶 자체가 예배가 되게 하소서.
모든 순간 하나님을 경배하며 찬양하게 하소서.

영이신 아버지께서 나와 동행하심에 감사를 드립니다.
영이신 하나님을 만나고자 모든 영혼과 진심으로 주님께 나아갑니다.
거룩하신 아버지를 대면하기 위하여 죄악을 씻고 주께 나아갑니다.
나의 영혼이 예배를 사모하게 하소서.
하나님을 만나고, 꿀 같은 말씀을 듣고, 찬양하며 기도하게 하소서.
나의 하루가 온전한 예배가 되기를 원합니다.
하나님을 기억함으로 동행하고 그 뜻에 순종하는 하루 되게 하소서.
나의 찬양을 받기에 합당하신 주님을 찬양하고 사랑합니다.
나의 노래가 되시는 예수 그리스도의 이름으로 기도합니다. 아멘!

믿음은 들음에서 나며

> 그러므로 믿음은 들음에서 나며
> 들음은 그리스도의 말씀으로 말미암았느니라
> (로마서 10:17).

말씀이신 하나님 아버지,
날마다 크신 사랑으로 나를 돌보시는 아버지, 감사합니다.
이 세상의 모든 흉흉한 소식을 뒤로하고 주님 앞에 나아갑니다.
세상의 소리가 얼마나 큰지, 하나님을 바라볼 수 없게 만듭니다.
소문을 들으면 소문을 믿는 믿음이 생깁니다.
내가 듣는 것을 분별하게 하소서.
말씀을 듣고 말씀을 믿는 믿음을 갖게 하소서.
나의 귀를 세상에 다 내어주고
믿음이 생기지 않는다 원망하지 말게 하소서.

나의 귀를 온전히 주님께 내어드립니다.
주님의 말씀을 듣는 귀를 주시고
시간을 내어 듣고, 깨닫고, 믿게 하소서.
이 세상의 소식들을 듣기 위해 하루 종일 휴대폰을 보면서
하나님의 말씀을 들여다보는 일은 너무 적음을 회개합니다.
내가 보는 것, 듣는 것을 믿는다면 나의 믿음은 세상에 있습니다.

내가 보고 듣는 것의 방향을 바꾸기 원합니다.
오늘 나의 귀를 하늘에 열어 듣겠습니다.
나의 눈을 성경을 향하여 두고 하나님을 알아가겠습니다.
나의 말씀이 되시는 예수 그리스도의 이름으로 기도합니다. 아멘!

09 | 21

성령을 따라 행하라

> 내가 이르노니 너희는 성령을 따라 행하라
> 그리하면 육체의 욕심을 이루지 아니하리라
> (갈라디아서 5:16).

하나님 아버지, 오늘도 주님의 날입니다.
하나님이 여신 날이며, 그 안에서 나의 생명이 보존됨에 감사드립니다.
주일만 주님의 날이 아니라
내가 사는 모든 날이 주님의 날임을 고백합니다.
하나님은 일주일에 한 번만 만나는 것이 아님을 고백합니다.

오늘 나는 성령님과 함께 아침을 시작합니다.
세수할 때, 밥 먹을 때, 걸을 때, 일할 때 모두 옆에 계심을 믿습니다.
나의 눈에 보이지 않을 뿐 모든 순간, 모든 공간에 계심을 믿습니다.
오늘 나의 모든 육체를 향하는 악의 본능을 제어합니다.
성령 하나님이 기뻐하시는 선한 본능으로 나아갑니다.
오늘 나의 손을 붙들고 함께하여 주소서.
혼자 있는 시간에 마음대로 행동하지 말게 하소서.
남이 볼 때만 선한 척하지 말게 하소서.
언제나 하나님이 나를 지켜보고 계심을 기억하게 하소서.
보이려고 하는 것이 아니라 삶을 교정하기 위해 선을 행하게 하소서.

성령을 따라 행하는 것이 삶의 토대가 되기를 원합니다.
작은 것부터 바꿔가게 하소서.
육체의 욕심을 제어하고 성령님과 동행하게 하소서.
나의 주 예수 그리스도의 이름으로 기도합니다. 아멘!

09 | 22

온갖 좋은 은사와 온전한 선물이 다 위로부터

> 온갖 좋은 은사와 온전한 선물이
> 다 위로부터 빛들의 아버지께로부터 내려오나니
> 그는 변함도 없으시고 회전하는 그림자도 없으시니라 (야고보서 1:17).

온갖 좋은 은사와 온전한 선물을 주시는 좋으신 아버지, 감사합니다.
하염없이 좋은 것들로 가득 채워 이 하루를 주심에 감사합니다.
하나님이 주시는 것에는 나쁜 것이 없는데
그 선물을 열어 보지도 않음을 회개합니다.
오늘도 하나님이 주시는 것들을 기쁨으로 받기 원합니다.

아무리 선물을 받아도 열어 보지 않고 버리면 소용없는 줄 압니다.
하나님이 주시는 모든 것에 얼마나 관심이 없었는지 회개합니다.
사람들이 주는 것에만 혈안되어서 안 준다 섭섭해하며 살았습니다.
사람들이 나를 좋아하는 증거가 선물이라 여기며
기대하였던 것을 용서하소서.

하나님께 엄청난 선물을 받고도 내 관심은 여전히 작은 데 있었습니다.
사람의 사랑과 인정만이 내 삶의 열매라 여기는
모든 생각을 버리게 하소서.
하나님의 사랑이 가장 나를 만족하게 함을 믿게 하소서.
사람에게 연연하는 모든 것으로부터 자유하게 하소서.
나를 향한 사랑이 변하지도 않고 영원한 주님을 인해 기뻐합니다.
하나님 자체가 선물이 되어 나에게 오신 것에 감동하고 감동합니다.
사람에게 매인 시선을 풀어 하나님께로 향하는 하루 되겠습니다.
나의 온전한 선물 되시는 예수 그리스도의 이름으로 기도합니다. 아멘!

09 | 23

별과 같이 영원토록 빛나리라

> 지혜 있는 자는 궁창의 빛과 같이 빛날 것이요
> 많은 사람을 옳은 데로 돌아오게 한 자는
> 별과 같이 영원토록 빛나리라 (다니엘 12:3).

언제나 옳으신 하나님 아버지,
지난 잠자리 가운데도 나의 곁에서 나를 지켜주시니 감사합니다.
오늘 하루도 하나님 앞에 나아가는 일을 제일 먼저 합니다.
나의 기도를 들으시며 나의 찬양을 기뻐하여 주소서.

이 땅의 혼란함을 주님께 올려드립니다.
어떤 것이 옳은 것인지, 무엇이 좋은 것인지 모르겠습니다.
다 남의 탓만 하고, 지적하느라 정신이 없습니다.
누구도 자신의 잘못을 인정하지 않고, 희생하는 사람도 없습니다.
하나님은 언제나 스스로 희생하시며 올바른 길로 인도하셨습니다.
오늘 나의 선택이 남 탓이 아니게 하소서.
나의 잘못을 인정하고 무엇이 옳은지 말할 수 있게 하소서.
하나님이 하셨던 행동을 닮은 삶을 살게 하소서.
지적을 피하는 일에 급급하지 않고
옳은 방법을 선택할 용기를 주소서.
온전한 지혜는 나의 어려움을 피하는 지혜가 아님을 알게 하소서.

하늘의 지혜로 하나님의 뜻을 분별하고 옳은 길을 택하게 하소서.
지혜가 때로는 나에게 피해가 되어도 맞는 자리에 서 있게 하소서.
사람의 지혜와 하늘의 지혜가 다름을 알고 하늘의 길로 가게 하소서.
나의 모범이 되시는 예수 그리스도의 이름으로 기도합니다. 아멘!

09 | 24

너희는 세상에 속한 자가 아니요

> 너희가 세상에 속하였으면 세상이 자기의 것을 사랑할 것이나 너희는 세상에 속한 자가 아니요 도리어 내가 너희를 세상에서 택하였기 때문에 세상이 너희를 미워하느니라 (요한복음 15:19).

하나님의 품 안에서 잠을 깨게 하신 아버지, 감사합니다.
어느새 봄도 지나고, 여름도 지나가고 있습니다.
세월이 얼마나 빠른지, 가늠할 수조차 없습니다.
시간이 갈 때마다 나는 무엇을 하면서 살았는지 돌아보게 됩니다.
아버지, 나는 무엇을 하며 올해를 보내고 있는지요?

잘 살기 원하지만, 솔직히 무엇이 잘 사는 것인지는 잘 모르겠습니다.
어떻게 살아야 잘 사는 것인지도 모르면서 하루를 잘 살기 원합니다.
잘 살았다는 평가가 나의 만족이 되지 말게 하소서.
하나님 앞에서 잘 사는 사람 되게 하소서.
세상이 나를 아껴준다고 해서 내가 잘 산다고 생각하지 말게 하소서.
나는 누구에게 사랑을 받고 있는지요?
설령 세상이 나를 미워할지라도 하나님께 사랑받게 하소서.
하나님께 미움을 받고 세상이 사랑하는 것을 택하지 말게 하소서.
하나님 앞에 잘 살면서 세상을 돕는 사람 되게 하소서.
오늘도 하나님 앞에서 잘 살기 원합니다.

돈을 많이 벌었다고 잘 살았다 자부하지 않겠습니다.
일을 많이 했다고 잘 살았다 자신하지 않겠습니다.
하나님과 더 가까이, 더 가까이 살아 오늘을 꽉 채우겠습니다.
나의 모든 것 되시는 예수 그리스도의 이름으로 기도합니다. 아멘!

09 | 25

너희 말을 항상 은혜 가운데서 하라

너희 말을 항상 은혜 가운데서 소금으로 맛을 냄과 같이 하라
그리하면 각 사람에게 마땅히 대답할 것을 알리라
(골로새서 4:6).

말씀으로 천지를 창조하신 능력의 아버지, 찬양합니다.
말씀으로 모든 것을 존재하게 하셨습니다.
말씀이 육신이 되어 우리 모두를 구원하셨습니다.
그 능력의 언어를 가지신 아버지를 닮았음을 인정하고 감사드립니다.
오늘도 그 능력의 언어가 나의 삶을 주도하는 하루 되게 하소서.

하나님을 닮은 자녀라면, 하나님의 형상을 가진 인간이라면
오늘 나의 언어가 변화되게 하소서.
죽음의 언어를 말하며 사람들을 저주하고 흉보는 일을 멈추게 하소서.
나의 말이 항상 은혜 가운데서 소금으로 맛을 냄과 같게 하소서.
나의 말이 창조의 언어가 되게 하시고 사람을 살리게 하소서.

말로 범죄하는 일이 너무 많음을 회개합니다.
내 말이 심판관처럼 변질되었고, 남의 흠을 잡는 일을 즐겨했습니다.
내 말이 정의를 빙자하여 폭군처럼 쏟아졌음을 회개합니다.
내 말이 사랑을 빙자하여 지적하는 일로 가족을 괴롭혔습니다.
내 말이 긍휼을 빙자하여 비하하는 일에 주저함이 없었습니다.
오늘 나의 혀를 보혈로 씻어주소서.
예수 그리스도의 십자가 은혜가 가장 먼저 말에 임하게 하소서.
회개하고 돌이켜 하나님의 언어를 닮는 자녀 되게 하소서.
나의 주 예수 그리스도의 이름으로 기도합니다. 아멘!

09 | 26

내가 거룩하니 너희도 거룩할지어다

나는 너희의 하나님이 되려고
너희를 애굽 땅에서 인도하여 낸 여호와라
내가 거룩하니 너희도 거룩할지어다 (레위기 11:45).

새로운 아침을 주신 거룩하신 아버지, 감사합니다.
어제의 속박과 근심에서 나를 해방시키신 아버지를 찬양합니다.
오늘도 하늘로부터 내려오는 평안으로 나를 감싸주소서.
머릿속에 떠오르는 근심과 걱정을 내던지고 주님 앞에 나아갑니다.

하나님이 하나님의 자녀에게 원하시는 것은
하나님을 하나님 되시게 섬기는 일입니다.
이스라엘을 애굽 땅에서 인도하여 내신 하나님을 찬양합니다.
예배하게 하려고 하나님의 백성 삼으시려는 주의 뜻을 깨닫게 하소서.
헌금하면, 봉사하면 만족하실 것이라 착각하지 말게 하소서.
하나님은 우리의 마음과 삶을 기뻐하심을 기억하게 하소서.

인간의 생각으로 하나님을 판단하지 않겠습니다.
나의 좁은 시선으로 하나님을 폄하하는 일이 없게 하소서.
하나님의 거룩하심이 어떤 것인지 알아 그 길에 서게 하소서.
세상에서 돌아가는 일들로 하나님을 향해 원망을 쏟지 말게 하소서.
하나님을 따르지도, 보지도 않는 세상에 살면서
안되면 원망만 하지 말게 하소서.
오늘도 하나님을 온전하신 신으로 바라보고 경배하기 원합니다.
하나님을 하나님답게 섬기는 자녀로 살겠습니다.
나의 주 예수 그리스도의 이름으로 기도합니다. 아멘!

09 | 27

새벽 아직도 밝기 전에 기도하시더니

> 새벽 아직도 밝기 전에
> 예수께서 일어나 나가 한적한 곳으로 가사
> 거기서 기도하시더니 (마가복음 1:35).

기도를 들으시는 하나님,
불면의 밤을 보내느라 짧은 잠을 잤다 하더라도
가장 먼저 감사하기 원합니다.
피로가 덜 풀려 몸이 찌뿌둥하더라도
제일 먼저 하는 말이 감사의 기도 되기 원합니다.
비록 새벽은 아니라 하더라도
나의 하루 중 가장 빠른 시간에 주님을 만나겠습니다.
내 생각의 시작에 주님을 모시겠습니다.

예수님이 이 땅에 계실 때 새벽 아직 밝기도 전에 기도하셨습니다.
예수님도 하나님께 기도하셨는데
내가 뭐라고 기도하지 않고 살고 있는지요.
나의 부족한 기도를 회개합니다.
하나님과 소통하지 않고 살 수 있다고 생각하는 나태함을 용서하소서.
하나님의 도우심을 구하지 않고
지혜롭게 판단할 수 있다는 교만을 용서하소서.

예수님의 본을 바라볼 때 능력과 권세만 보지 말게 하소서.
예수님의 겸손함과 하나님을 향한 철저한 의존을 닮게 하소서.
그분의 낮아지심과 희생하심을 바라보게 하소서.
나의 주 예수 그리스도의 이름으로 기도합니다. 아멘!

09 | 28

하나님은 사람을 정직하게 지으셨으나

> 내가 깨달은 것은 오직 이것이라
> 곧 하나님은 사람을 정직하게 지으셨으나
> 사람이 많은 꾀들을 낸 것이니라 (전도서 7:29).

나에게 가장 선하고 아름다운 것을 주시는 아버지, 감사합니다.
오늘도 그 하나님의 선한 선물을 기대하며 하루를 시작합니다.
내가 그것을 알아볼 수 있는 눈을 허락하여 주소서.
나의 탐욕에 눈이 어두워서 내가 원하는 것만 보다
아버지의 것을 놓치는 일이 없게 하소서.

하나님은 사람을 정직하게 지으셨습니다.
그런데 나의 이익 때문에 나쁜 꾀를 내어 거짓을 말하게 되었습니다.
있는 그대로 말하는 법을 잊고 계산하다가 거짓을 말하게 되었습니다.
나의 어리석음을 용서하소서.
거짓을 순간적인 재치라 여기며 습관화한 나쁜 꾀를 용서하소서.

오늘도 하나님의 성품을 닮아 정직한 하루를 살겠습니다.
나의 편리를 위해 일하지 않고, 일한 척하지 않겠습니다.
내가 손해 보지 않으려고 슬쩍 거짓말하지 않겠습니다.
누군가 미운 사람에게 복수하려고 나쁜 꾀를 내지 않겠습니다.
오늘 선한 것을 바라보며 나의 길을 가게 하소서.
내 마음속에 있는 잘나가는 악인을 부러워하는 마음을 없애주소서.
탐욕으로 나의 분깃 이상을 바라보며 올무에 넘어지지 말게 하소서.
아버지께서 주신 것에 자족하며 정직한 사람으로 살게 하소서.
있는 그대로 순종하신 예수 그리스도의 이름으로 기도합니다. 아멘!

09 | 29

주께서 생명의 길을 내게 보이시리니

주께서 생명의 길을 내게 보이시리니
주의 앞에는 충만한 기쁨이 있고
주의 오른쪽에는 영원한 즐거움이 있나이다 (시편 16:11).

생명 주신 하나님 아버지,
귀한 날을 주신 아버지, 감사합니다.
오늘도 내가 어떻게 살아야 할지를 알게 하시고 말씀하여 주소서.
온 세상이 병들어 있고, 전 세계가 죄에 빠져 있습니다.
모두가 신음하고 소망을 잃어갈 때에 힘을 주시옵소서.
하나님이 아니고는 대안 없는 삶을 살고 있음을 불쌍히 여겨주소서.

예전에는 내 뜻대로 할 수 있는 일이 참 많았음에도 감사하지 못했습니다.
사람을 만나고, 여행하고, 즐거이 수다를 떨고, 서로 부둥켜안았습니다.
너무도 자연스러웠던 일이 너무도 대단한 일이 되어버렸습니다.
하나님의 허락이 아니고서는 할 수 없던 일임을 고백합니다.
이 땅에 회복을 허락하여 주소서.
불쌍히 여겨주소서.
세상을 돌아다니고, 사람을 만나고, 즐거이 함께하게 하소서.
아버지께서 문을 닫으시면 열 자가 없음을 인정합니다.
주님의 능력 안에 모든 것이 있음을 우리 모두가 알고 구하게 하소서.

주님께 생명의 길이 있습니다.
주님 앞에 충만한 기쁨이 있고 주님께만 영원한 즐거움이 있습니다.
이제 그 생명과 기쁨과 영원한 즐거움을 누리게 하소서.
나의 소망이 되시는 예수 그리스도의 이름으로 기도합니다. 아멘!

09 | 30

하나님의 영광과 찬송이 되기를 원하노라

> 예수 그리스도로 말미암아 의의 열매가 가득하여
> 하나님의 영광과 찬송이 되기를 원하노라
> (빌립보서 1:11).

영광스런 하나님 아버지,
어제의 고단함을 씻어주신 은혜를 찬양합니다.
나의 몸만이 아니라 영혼도 예수님의 보혈로 온전히 씻어주소서.
그리고 소망 가득한 아침을 맞이하게 하소서.

세상이 다 끝난 듯 소동을 떨어도 하나님께 생명이 있음을 믿습니다.
세상 모든 권력자가 세상을 뒤흔드는 것 같아도
참된 권세는 주님께 있습니다.
인간은 작은 것 하나 해결할 능력이 없음을 고백합니다.
하나님의 도우심이 필요합니다.
내 삶의 열매도 주님이 허락하셔야 가능함을 인정합니다.
나의 삶이 예수 그리스도께 온전히 붙어 있게 하소서.
가지가 줄기에 붙어 있어야 열매를 맺는 것처럼
가장 먼저 줄기에 붙어 있게 하소서.
내 안에 주님이 거하시며 내가 주님 안에 거할 때 가능한 일입니다.
예수 그리스도로 말미암아 나의 삶에 의의 열매를 거두게 하소서.
이를 제일 기뻐하시는 이는 하나님이심을 믿습니다.

오늘 나의 하루가 성령의 열매로 아름답게 하소서.
장성하여도 열매 맺지 못하는 근심 어린 자식 되지 말게 하소서.
나의 모든 것 되시는 예수 그리스도의 이름으로 기도합니다. 아멘!

주님 앞에 충만한 기쁨이 있고
주님께만 영원한 즐거움이
있습니다.

네가 오늘 여호와를 네 하나님으로 인정하고
또 그 도를 행하고 그의 규례와 명령과 법도를 지키며
그의 소리를 들으라
_ 신명기 26:17

이 달 의 기 도 제 목

-
-
-
-
-

10 | 01

그리스도의 비밀을 말하게 하시기를 구하라

> 또한 우리를 위하여 기도하되 하나님이 전도할 문을 우리에게 열어 주사
> 그리스도의 비밀을 말하게 하시기를 구하라
> 내가 이 일 때문에 매임을 당하였노라 (골로새서 4:3).

하나님 아버지,
"죽은 것이 아니라 잔다" 하셨던 것처럼
날마다 부활을 경험하며 아침을 맞이합니다.
내가 예수 그리스도를 믿음으로 구원을 얻음에 감사합니다.
죄인을 부르신 하나님의 은혜입니다.

오늘도 죽음에서 일어나듯 기쁨과 감사로 하루를 살게 하소서.
만약 하나님이 계시지 않았다면 나의 삶이 어찌 되었을지요.
세상 모든 환난과 풍파 속에서도 살 수 있음은 오직 주님 덕분입니다.
이 귀하고 아름다우신 하나님을 전하게 하소서.
나만 구원받고 다른 사람들의 삶에 무관심한 일이 없게 하소서.
전도의 문을 열어주소서.
교회가, 목사가, 교회의 리더들이 본이 되지 못함을 회개합니다.
세상 사람들에게 교회가 좋은 곳이라 이야기할 수 없게 되었습니다.
이제 그리스도인 한 사람, 한 사람이 온전한 모습을 보일 때입니다.

내가 그런 사람이 되게 하소서.
남 탓 하기 전에 내가 온전한 제자 되게 하소서.
이제 나로 인해 전도의 문이 열리게 하소서.
온전히 이 일이 나의 사명이 되게 하소서.
나를 살리신 예수 그리스도의 이름으로 기도합니다. 아멘!

10 | 02

흠이 없고 순전하여 하나님의 흠 없는 자녀로

이는 너희가 흠이 없고 순전하여
어그러지고 거스르는 세대 가운데서 하나님의 흠 없는 자녀로
세상에서 그들 가운데 빛들로 나타내며 (빌립보서 2:15).

소망의 하나님 아버지,
새로운 날 주님을 가장 먼저 뵙습니다.
내가 눈을 뜨고 주님을 제일 먼저 기억합니다.
잘 자게 하신 아버지, 살아 있게 하신 아버지, 감사합니다.
이 땅이 그래도 유지되게 하시니 감사합니다.

사방을 둘러봐도 모두 악한 것만 있는 것 같은 세상입니다.
온갖 질병이 난무하고, 각 나라는 자국의 이기심만 채웁니다.
지도자들은 허둥대고, 교회는 최악의 모습만 보여줍니다.
어그러지고 거스르는 세대 가운데서 한탄만 나옵니다.
우리를 불쌍히 여기시고 건져주소서.
이런 시대에 어떻게 흠 없고 순전하여질지 알게 하소서.
나는 과연 그들과 무엇이 다른지 돌아보게 하소서.
나는 온전히 선하며 절대적으로 이타적입니까?
넘치는 지혜와 희생의 모습으로 일관하고 있는지요?
정죄하고 비판하는 시간에 나를 돌아보고 선한 길로 가게 하소서.

성령의 열매로 나의 하루가 채워지게 하소서.
온전한 말과 행실을 갖게 하시고 나보다 남을 돌보게 하소서.
서로 사랑하게 하시고 품어 안는 마음으로 관용하게 하소서.
나의 모범이 되신 예수 그리스도의 이름으로 기도합니다. 아멘!

10 | 03

세상을 이기는 자가 누구냐

> 예수께서 하나님의 아들이심을 믿는 자가 아니면
> 세상을 이기는 자가 누구냐
> (요한일서 5:5).

나를 살리시는 하나님 아버지,
결실의 계절이 왔습니다.
올 한 해 동안 무엇을 하고 살았는지 모르겠습니다.
인간의 무능력함을 절실히 보았습니다.
과연 앞으로 무엇을 할 수 있을까 용기가 나지 않습니다.
어떤 보람된 일도 마음껏 하지 못함에 허탄한 마음입니다.
그저 살아남기 위해 몸부림치며 살아온 한 해입니다.
빈손을 들고 가을을 맞는 허전함을 긍휼히 여겨주소서.
무엇을 해야 가장 의미 있는 일인지 발견하게 하소서.

예수 그리스도를 믿는 믿음을 잃지 않게 하소서.
하나님을 소리 높여 찬양할 수는 없어도
찬양의 마음을 잃지 말게 하소서.
교회 공동체와 교제하며 함께 울고 웃지 못해도
사랑을 잃지 말게 하소서.

나의 신앙이 환경에 좌우지되어 변동하지 말게 하소서.
결국 예수님이 하나님의 아들이심을 믿는 믿음만이 승리할 줄 믿습니다.
땅이 요동치고, 바다가 흉흉하고, 온 세상이 흔들려도
주님만이 구원자이십니다.
나의 구원이 되시는 예수 그리스도의 이름으로 기도합니다. 아멘!

10 | 04

괴로워하는 자의 심정을 만족하게 하면

주린 자에게 네 심정이 동하며 괴로워하는 자의 심정을 만족하게 하면 네 빛이 흑암 중에서 떠올라 네 어둠이 낮과 같이 될 것이며 여호와가 너를 항상 인도하여 메마른 곳에서도 네 영혼을 만족하게 하며 네 뼈를 견고하게 하리니 너는 물 댄 동산 같겠고 물이 끊어지지 아니하는 샘 같을 것이라 (이사야 58:10-11).

궂은 날과 좋은 날을 관장하시는 아버지, 감사합니다.
숨 쉴 수 있는 공기를 주시고 일용할 양식을 주시니 감사합니다.
어제 굶지 않았고, 오늘 굶지 않을 것임에 감사합니다.
더 맛있는 것, 더 좋은 것, 더 화려한 것을 꿈꾸느라
불만의 삶을 살지 말게 하소서.

내가 더 좋은 것을 먹고 가지려 하기보다
먹지 못하여 주린 자들을 보며 그들을 채우는 날 되게 하소서.
나의 정의는 말로만의 외침에 있지 않고 약한 자를 돌봄에 있습니다.
말로 외쳐서 정의로워지는 것이 아니라
그들의 아픔에 함께함으로 정의롭게 하소서.
주님을 닮기 위해 연구하기보다 하나라도 실천하게 하소서.
지금처럼 어려운 때에
나도 어려우니 각자 알아서 하자며 외면하지 말게 하소서.
어려우니 더 어려운 자의 형편을 마음으로 불쌍히 여기게 하시고
그들을 향하여 작은 것이라도 돕게 하소서.

나의 행함이 복이 되어
하나님과 동행하는 부족함이 없는 삶이 될 것을 믿습니다.
물이 흐르듯 나의 가진 것을 흘려보내 물 댄 동산이 되게 하소서.
나를 풍족히 하시는 예수 그리스도의 이름으로 기도합니다. 아멘!

10 | 05

내가 너를 모태에 짓기 전에 너를 알았고

> 내가 너를 모태에 짓기 전에 너를 알았고
> 네가 배에서 나오기 전에 너를 성별하였고
> 너를 여러 나라의 선지자로 세웠노라 (예레미야 1:5).

나를 아시는 하나님 아버지,
나는 우연히 이 세상에 던져진 것이 아니라
아버지께서 작정하고 만드셨습니다.
모태에서 생기기 전에 나를 아셨다 하시니 감사합니다.
하나님의 뜻을 가득 품고 이 땅에 살고 있음에 감사합니다.

마치 내가 왜 사는지 모르는 사람처럼 공허해하지 않겠습니다.
하나님의 뜻을 품고, 하나님의 베스트 플랜이 있는 사람임을 인정합니다.
나의 모든 자존감은 하나님께로부터 옵니다.
일평생 벤치에만 앉아 있는 야구선수 같은 마음이라 하더라도
하나님이 나를 쓰고 계시며 쓰실 계획이 있음을 신뢰합니다.
내가 주인공이 아니어도 아버지의 마음의 주인공이라면 괜찮습니다.
모든 사람에게 주인공이 되려는 욕심을 내려놓게 하소서.
한평생을 주님과 동행하며 이 땅에 온 목적을 이루게 하소서.
비록 소소한 것이라도 감사합니다.

나는 주목받으려고 사는 것이 아니라 잘 살려고 사는 것입니다.
하나님의 자녀로서 잘 사는 것이 무엇인지 오늘도 질문합니다.
내 마음에 알게 하소서.
오늘도 그 길에서 주님을 만나겠습니다.
나의 길이 되시는 예수 그리스도의 이름으로 기도합니다. 아멘!

10 | 06

사랑하는 자여 네 영혼이 잘됨같이 네가 범사에 잘되고

> 사랑하는 자여 네 영혼이 잘됨같이
> 네가 범사에 잘되고 강건하기를 내가 간구하노라
> (요한삼서 1:2).

오늘도 나를 잘되게 하실 선하신 아버지, 감사합니다.
어제도 내가 알 수 없는 수많은 어려움에서 건지셨음에 감사합니다.
이 땅 가운데 하나님의 뜻이 이루어지게 하소서.
하나님의 목적은 심판이 아니라 평안임을 믿습니다.
하나님의 일하심이 언제나 선하다는 것을 신뢰합니다.

오늘도 주님께 선한 인도하심을 구합니다.
때로 경책하신다 하더라도 돌이키게 하심임을 믿습니다.
믿는 자에게 심판은 언제나 깨끗하게 하심입니다.
이로 인해 시험에 들지 말게 하소서.
하나님은 엄하시다 원망하지 말게 하소서.
주님의 뜻은 언제나 내 영혼이 잘됨같이 범사에 잘되는 것입니다.
나의 잘됨을 기뻐하시는 하나님이심을 믿습니다.
그러나 악함을 가지고 잘되지 않게 조정하시는 분임을 기억합니다.
나쁜 길로 가서 형통하다가 영원히 주님을 잃어버리지 않게 하소서.
아버지의 경책이 있을 때 기도하게 하소서.

섣부른 회복을 위해 기도하기보다 올바른 깨달음을 위해 기도합니다.
필요하다면 나를 정화시키시고 새롭게 하소서.
악의 길에서 형통하지 않게 나를 보호하소서.
나의 참된 형통이 되시는 예수님의 이름으로 기도합니다. 아멘!

10 | 07

너희를 박해하는 자를 위하여 기도하라

나는 너희에게 이르노니 너희 원수를 사랑하며
너희를 박해하는 자를 위하여 기도하라
(마태복음 5:44).

사랑의 하나님 아버지,
하나님은 창조의 하나님이시니 어떤 것도 새롭게 하실 수 있습니다.
그 믿음이 소망이 되어 하루를 시작할 힘을 얻습니다.
오늘도 아버지의 사랑으로 나를 가득 채워주소서.

원수를 사랑하며 박해하는 자를 위하여 기도하라 하셨습니다.
나에게 불가능한 명령처럼 보입니다.
미운 사람을 사랑하기란 얼마나 어려운지요.
오늘 이 불가능해 보이는 일을 위해 먼저 기도합니다.
나를 해하려 하는 자, 미워하는 자를 사랑할 마음을 주소서.

내가 얼마나 아버지께 미움받아 마땅한 자였는지 돌아보게 하소서.
죄로 가득한 나를 죽기까지 사랑하신 그 사랑을 먼저 기억합니다.
내가 받은 사랑의 크기와 깊이를 생각하고
내가 누구를 미워할 자격이 있는지 생각합니다.
나를 대하신 아버지의 사랑 때문에 악한 자를 위해 기도합니다.
원수 같은 사람을 향해 아버지의 사랑과 같은 사랑을 흘리겠습니다.
오늘도 주님 때문에 이 불가능한 일을 하게 하소서.
기도합니다. 축복합니다. 화평하기 원합니다.
마음에 묶인 사슬을 사랑으로 끊어내게 하소서.
나를 사랑하신 예수 그리스도의 이름으로 기도합니다. 아멘!

10 | 08

신성한 성품에 참여하는 자가 되게 하려 하셨느니라

> 이로써 그 보배롭고 지극히 큰 약속을 우리에게 주사
> 이 약속으로 말미암아 너희가 정욕 때문에 세상에서 썩어질 것을 피하여
> 신성한 성품에 참여하는 자가 되게 하려 하셨느니라 (베드로후서 1:4).

거룩하신 하나님 아버지,
나의 상황이 좋지 못해도 하나님의 사랑은 늘 좋습니다.
나의 건강이 좋지 못해도 아버지의 은혜는 늘 오늘을 좋게 합니다.
오늘도 세상을 신뢰하는 마음으로는 살 수 없음을 고백합니다.
오늘 보배롭고 지극히 큰 약속을 믿고 살아갑니다.
그 약속 때문에 내가 내 삶의 정욕을 물리쳐
세상의 썩어질 것을 피합니다.
아버지께서 주신 소망 때문에 오늘을 살아갈 힘을 얻습니다.
아버지께서 의롭다 하신 그 의로움으로 거룩한 삶에 동참합니다.

하나님의 형상으로 만드신 내게 하나님의 성품이 있음을 믿습니다.
나를 바라보면 불가능한 일들이지만
하나님을 닮은 자녀로서 불가능을 가능케 합니다.
오늘도 내 안에 주님을 가득 채워 함께하소서.
나와 나의 가족들, 그리고 이 나라와 이 세상을 지켜주소서.

썩어지는 것을 향하여 달려가는 발걸음을 멈추게 하소서.
이기심을 내려놓고 함께 살아가는 세상을 만들게 하소서.
아버지의 신성한 성품에 참여하여
오늘을 빛 되게 하는 자 되게 하소서.
나의 주 예수 그리스도의 이름으로 기도합니다. 아멘!

10 | 09

무엇에든지 참되며 무엇에든지 경건하며

끝으로 형제들아 무엇에든지 참되며 무엇에든지 경건하며 무엇에든지 옳으며 무엇에든지 정결하며 무엇에든지 사랑 받을 만하며 무엇에든지 칭찬 받을 만하며 무슨 덕이 있든지 무슨 기림이 있든지 이것들을 생각하라 (빌립보서 4:8).

쉽지 않은 날들이지만 새롭게 살아갈 힘을 주시는 아버지,
오늘도 주님이 주신 이 시간 속에서 하나님을 만납니다.
하루를 향한 아버지의 뜻을 발견하고 그 길을 가기 원합니다.
한 번도 경험하지 못한 일을 겪으며 움츠러든 마음을 다시 엽니다.
하나님의 은혜 안에서 다시 소망을 품습니다.

참된 것을 따르게 하시고, 모든 순간 경건의 삶을 살게 하소서.
좋은 것보다 옳은 것을 선택하는 하루 되게 하소서.
주님 앞에 정결한 것이 무엇인지 고민하며 그 자리에 있게 하소서.
사랑받을 만한 자가 되고, 칭찬받을 만한 일을 하게 하소서.
모든 덕을 행하기에 주저하지 말게 하소서.
당황스런 순간을 만날 때 그것에 집중하지 말게 하소서.
여전히 내가 예수님을 따르는 자로서의 삶에 집중하게 하소서.

변동하는 세상 속에서 흔들리며 몸부림치느라
하루를 다 보내지 말게 하소서.
요동치 않는 그리스도의 반석 위에 굳건히 서서 살게 하소서.
오늘 내가 살아야 할 마땅한 삶의 자리를 유지하고 지키게 하소서.
오늘도 말씀의 본질로 돌아가 주님을 바라봅니다.
세상이 다 흔들려도 믿는 자는 견고할 것을 믿습니다.
나의 반석 되시는 예수 그리스도의 이름으로 기도합니다. 아멘!

잘하였도다 착하고 충성된 종아

> 그 주인이 이르되 잘하였도다 착하고 충성된 종아
> 네가 적은 일에 충성하였으매 내가 많은 것을 네게 맡기리니
> 네 주인의 즐거움에 참여할지어다 하고 (마태복음 25:21).

언제나 선하심으로 나를 인도하시는 아버지, 감사합니다.
이 아침에 나의 몸과 마음과 영혼을 모두 정결하게 하소서.
아침마다 예수 그리스도의 보혈로 나를 씻어주소서.
나의 생각이 하나님 앞에 다시 정렬되게 하소서.

어제까지 사람들을 판단하고 불평했던 모든 죄를 회개합니다.
나는 그렇게 잘하지 못하면서
다른 사람들을 향해서는 엄격했던 것을 용서하소서.
오늘도 너그럽고, 따뜻하고, 평안한 사람 되게 하소서.
날카롭고 짜증스러운 모든 태도를 버리게 하소서.

오늘 대단한 일이 아니라고 소홀히 하는 일이 없게 하소서.
나의 태도가 하나님과 사람 앞에 언제나 성실하게 하소서.
작은 일을 대하는 것이나, 큰 일을 대하는 것이나
한결같이 진지하게 하소서.
작은 일에 충성된 자를 귀히 여기시는 주님의 마음을 따라갑니다.
내 일이 거창하지 않다 하더라도 주님 앞에 하듯 하게 하소서.
큰 일만 따라가는 허황된 사람 되지 않겠습니다.
나에게 맡기신 보잘것없어 보이는 일에 최선을 다하겠습니다.
아버지의 눈앞에서 일하듯 귀한 마음으로 임하는 하루 되게 하소서.
작은 일도 최선을 다하신 예수 그리스도의 이름으로 기도합니다. 아멘!

이기기를 다투는 자마다 모든 일에 절제하나니

> 이기기를 다투는 자마다 모든 일에 절제하나니
> 그들은 썩을 승리자의 관을 얻고자 하되
> 우리는 썩지 아니할 것을 얻고자 하노라 (고린도전서 9:25).

승리의 하나님 아버지,
오늘도 어려움 가운데서 승리를 주시는 분이 아버지이심을 믿습니다.
세상의 방식이 아니라 하나님의 방식으로 사는 하루 되게 하소서.
세상의 방법대로 살아 세상을 이겼다 생각하지 말게 하소서.

오늘도 참된 승리를 위하여 승리의 법을 지키게 하소서.
하나님의 승리에는 하나님의 법이 있음을 기억하게 하소서.
계주를 해야 하는 달리기에서 혼자 달리지 말게 하소서.
트랙이 정해진 곳에서 마음대로 트랙을 넘나들지 말게 하소서.
내 마음대로 달리고 가장 먼저 들어왔다 자축하는
어리석음을 버리게 하소서.

세상은 트랙이 어디 있냐 반문하고,
나 혼자만 내달리면 좋다고 합니다.
누구를 밟든 내가 성공하면 된다고 부추깁니다.
그리고 내가 잘됐다고 승리했다 자축합니다.
하나님의 법을 지키기 위해 나의 욕망을 절제하게 하소서.
수단, 방법을 가리지 않고 얻는 승리는 썩을 면류관임을 믿습니다.
썩지 않을 진정한 면류관을 위해 하나님의 법대로 승리를 꿈꿉니다.
불편하고 더뎌도 아버지의 방식대로 승리하게 하소서.
나의 최종 승리가 되시는 예수 그리스도의 이름으로 기도합니다. 아멘!

10 | 12

나의 멍에를 메고 내게 배우라

나는 마음이 온유하고 겸손하니
나의 멍에를 메고 내게 배우라
그리하면 너희 마음이 쉼을 얻으리니 (마태복음 11:29).

나의 주 하나님 아버지, 아버지께서는 나의 사랑이십니다.
아침마다 주님을 기억하며 주님 향한 노래를 멈추지 않겠습니다.
환경과 상관없이 나의 기쁨의 근원은 하나님이심을 고백합니다.
오늘도 주신 모든 것을 인해 주님을 찬양합니다.
잃어버린 것도 많지만 여전히 많은 것을 가진 자임에 감사합니다.

오늘도 주님을 따라 사는 삶을 허락하소서.
예수님을 닮아 그 길을 따라가는 삶에서 제자의 모습을 갖게 하소서.
예수님처럼 온유하고 겸손한 삶을 살기 원합니다.
예수님의 멍에를 메고 주님께 배우는 제자의 길에 서겠습니다.
아무것도 하지 않고 나태한 모습으로 사는 것이 안식이 아닙니다.
진정한 쉼은 그리스도의 편에 서서 주님이 하시는 그 일을 함입니다.
나의 하루가 그저 무료하기 때문에 안식한다 하지 말게 하소서.
참된 안식은 하나님과의 동행임을 기억하게 하소서.
오늘 하나님이 일하시는 그곳에 나도 있게 하소서.

주님이 하시는 그 일을 나도 함께 할 때
내 삶의 짐이 가벼워질 것을 믿습니다.
욕망의 무거운 짐을 내려놓고 주님의 선한 사명을 감당하게 하소서.
갖고 싶은 것을 갖지 못해 무거워진 마음의 무게를 내려놓게 하소서.
나의 주 예수 그리스도의 이름으로 기도합니다. 아멘!

10 | 13

믿음과 착한 양심을 가지라

> 믿음과 착한 양심을 가지라
> 어떤 이들은 이 양심을 버렸고
> 그 믿음에 관하여는 파선하였느니라 (디모데전서 1:19).

언제나 나를 살피시고 돌보시는 신실하신 아버지, 감사합니다.
나의 머리카락을 세시며 입히시고 먹이시는 주님의 사랑에 감사합니다.
나도 오늘 아버지처럼 신실하게 나의 믿음을 지키게 하소서.
아버지와의 약속을 기억조차 못하는 잘못을 버리고 신실하게 하소서.

세상의 많은 사람이 양심을 버리고 자신의 이익만을 위해 달려갑니다.
믿음을 가졌다 하는 사람들의 악한 모습이 상처가 됨을 고백합니다.
그래서 때로는 나의 믿음이 무슨 소용이 있나 하는 회의를 가질 때
신실하신 하나님을 의지하여 다시 일어나게 하소서.
믿음에 관하여 파선한 자들과 같이 그 길에 들어서지 말게 하소서.
남들이 악하다고 나도 악하게 살 것이라 결단하지 말게 하소서.
그들은 악해도 나는 믿음을 지키며 선한 길을 가겠다 결단케 하소서.
믿음에 굳건히 서서 착한 양심으로 승리하게 하소서.
악한 자의 행실을 보며 시험에 들지 말게 하소서.
여전히 양심을 지켜 선으로 악을 이기려는 자들과 하나 되게 하소서.

내가 그런 자의 모범이 되기 원합니다.
신앙생활 하다 낙망한 자들의 소망이 되게 하소서.
믿음과 착한 양심으로 이 땅에서 살 수 있음을 보여주는
하루 되게 하소서.
나의 주 예수 그리스도의 이름으로 기도합니다. 아멘!

10 | 14

기도를 계속하고 기도에 감사함으로 깨어 있으라

> 기도를 계속하고
> 기도에 감사함으로 깨어 있으라
> (골로새서 4:2).

오늘도 나의 기도에 응답하시는 아버지, 감사합니다.
어제도 무사히 지나게 하시고, 가족들을 보호하신 아버지, 감사합니다.
이 나라가 주님의 손에 있음을 믿고 감사를 드립니다.
오늘도 주님의 도우심이 필요합니다.
하나님 없이 할 수 있는 일이 없음을 고백합니다.
오늘도 나는 예수님이 필요합니다. 그래서 기도합니다.
숨 쉬는 모든 순간 주님을 향하여 기도합니다.
하루 종일 기도로 깨어 있기 원합니다.
나의 기도가 하나님의 뜻에 맞는 기도가 되게 하소서.

어려운 환경 때문에 더욱 악해지는 세상을 봅니다.
이 땅을 불쌍히 여기시고 회복시켜주소서.
전 세계에 자국이기주의로 인한 불화와 반목이 사라지게 하소서.
다른 사람을 해치면서라도 자신만 살겠다는 인식이 없어지게 하소서.

하나님의 나라가 이 세상 가운데 온전히 임하기를 기도합니다.
이 세상 속에서, 이 나라 안에서, 우리 가정에서
하나님만이 드러나게 하소서.
아버지 안에 공의가 있고, 정의가 있으며, 사랑과 용서가 있습니다.
작은 기도가 큰 역사를 이룰 줄 믿고 오늘도 기도합니다.
나의 응답이 되시는 예수 그리스도의 이름으로 기도합니다. 아멘!

10 | 15

둘 다 추수 때까지 함께 자라게 두라

> 둘 다 추수 때까지 함께 자라게 두라 추수 때에 내가 추수꾼들에게 말하기를 가라지는 먼저 거두어 불사르게 단으로 묶고
> 곡식은 모아 내 곳간에 넣으라 하리라 (마태복음 13:30).

오늘도 주님의 은혜 가운데 아침이 밝았습니다.
나에게도 새로운 기회가 주어졌습니다.
한없는 사랑으로 다시 시간을 허락하신 아버지를 찬양합니다.
나에게 남은 죄악을 예수 그리스도의 피로 깨끗하게 하소서.

추수할 때까지 기다려주시는 아버지, 감사합니다.
나의 마음은 언제나 악인을 바로 벌하시는 아버지를 꿈꿉니다.
내 눈앞에서, 보이는 바로 지금 뽑아버리시기를 소망합니다.
그러나 아버지께서는 그리하시지 않고 참고 기다리심을 감사합니다.
혹여 하나라도 실수하여 가라지가 아닌 것을 뽑을까봐
가장 안전한 방법을 택하신 아버지를 찬양합니다.
나의 조급함을 내려놓습니다.
아주 작은 하나라도 하나님 사랑에서 벗어날까 고심하심에 감사합니다.
내가 그 사랑으로 아직까지 기회를 얻고 있음을 고백합니다.
악인에게 주어진 기회는 곧 나에게도 주어진 기회임에 감사합니다.
기다려주셔서 감사합니다.

내가 열매 맺을 때에 내가 가라지가 아님을 증명할 것입니다.
내가 아버지 안에 거하며 그날을 기다립니다.
오늘 심판하시지 않고 유예하심을 감사합니다.
나의 주인 되신 예수 그리스도의 이름으로 기도합니다. 아멘!

10 | 16

오직 믿음으로 구하고 조금도 의심하지 말라

> 오직 믿음으로 구하고 조금도 의심하지 말라 의심하는 자는 마치 바람에 밀려 요동하는 바다 물결 같으니 이런 사람은 무엇이든지 주께 얻기를 생각하지 말라 두 마음을 품어 모든 일에 정함이 없는 자로다 (야고보서 1:6-8).

어김없는 계절의 변화를 주신 아버지, 감사합니다.
세월을 보며 인생이 참 풀 같은 존재라는 것을 깨닫게 됩니다.
인생은 풀 같으나 믿음은 반석 같게 하소서.
오늘 믿음 안에서 구하는 모든 것에 대해 흔들림이 없게 하소서.
오직 믿음으로 구하고 조금이라도 의심하는 자는
요동하는 바다 물결과 같다 하셨습니다.

내가 기도하고 내가 의심하는 일의 반복에서 벗어나게 하소서.
내가 기도하고 응답받으면 신기해하는 믿음 없음을 용서하소서.
하나님의 뜻을 따라 구한 모든 일은
하나님의 때에 정확히 응답될 것을 믿습니다.

나의 때에 응답이 없다고 실망하지 말게 하소서.
하나님의 때는 나의 때와 다름을 이해하고 믿음으로 기다리게 하소서.
하나님 앞에 정한 마음을 갖고 하나님을 신뢰하게 하소서.
하나님은 최고의 선으로 나에게 응답하심을 믿게 하소서.
하나님 앞에 감 놔라, 배 놔라 하는 것이 기도가 아님을 알게 하소서.
하나님의 뜻에 동참하는 것,
그 일에 참여하여 동지가 되는 기도를 배우게 하소서.
오늘도 하나님의 나라가 이 땅에 임하기를 간절히 기도하고 믿습니다.
나의 주 예수 그리스도의 이름으로 기도합니다. 아멘!

10 | 17

요셉은 무성한 가지 곧 샘 곁의 무성한 가지라

요셉은 무성한 가지 곧 샘 곁의 무성한 가지라
그 가지가 담을 넘었도다
(창세기 49:22).

함께하시는 하나님 아버지,
날마다 내가 기억하지 못하는 모든 순간에도 함께하시니 감사합니다.
사람이 나와 함께하지 않을 때에도 하나님은 변함없이 함께하십니다.
사람은 내 마음을 알아주지 못해도 주님은 늘 내 마음을 이해하십니다.

요셉의 인생이 순탄하지 못할 때에도 하나님이 동행하셨습니다.
형들은 집에서 편했지만 하나님이 떠나셨습니다.
요셉은 고난 중이었으나 하나님이 동행하셨습니다.
하나님과의 동행은 편하냐, 어렵냐가 기준이 아님을 알게 하소서.
형통의 기준은 지금 내가 편하냐, 어렵냐가 아님을 깨닫게 하소서.
오늘 나의 환경이 어렵다고 하나님이 나를 버리신 것이 아닙니다.
오늘 내가 살 만하다고 하나님이 동행하신다는 보장이 없습니다.
하나님이 함께하실 때
결국 고난의 시절을 지나 무성한 가지가 담을 넘을 수 있습니다.
하나님의 뜻을 알고 견디게 하소서.
성급하게 열매를 구하지 않고,
하나님의 때에 나의 가지가 풍성할 것을 기대하게 하소서.

오늘도 이 나라와 우리 가정에 함께하소서.
어려운 시간을 지내고 하나님의 복이 임할 것을 소망하게 하소서.
나의 복이 되시는 예수 그리스도의 이름으로 기도합니다. 아멘!

10 | 18

여호와여 아침에 주께서 나의 소리를 들으시리니

여호와여 아침에 주께서 나의 소리를 들으시리니
아침에 내가 주께 기도하고 바라리이다
(시편 5:3).

아침마다 나의 기도를 들으시는 아버지, 감사합니다.
내가 하나님의 자녀라는 것이 얼마나 복된 것인지 새삼 감동합니다.
내가 기도할 곳이 있다는 것,
그리고 하나님이 나의 기도를 들어주신다는 것에 감사합니다.
그 기도를 들으시는 분이 유일한 창조주 하나님이심에 감사합니다.
위대한 신이신 여호와 하나님이 나의 주인이심을 찬양합니다.

오늘도 나의 가는 길을 인도하여 주소서.
나를 만드신 그 뜻을 알게 하소서.
내가 이 땅에서 살아가야 하는 이유를 깨닫게 하여 주소서.
그래서 오늘 한 걸음, 한 걸음이 내 존재를 빛내게 하소서.
허둥지둥하며 다른 일들에 시간 낭비하지 말게 하소서.
아버지께서 주신 일들이 성직임을 믿고 성실히 행하겠습니다.
직업이 단순히 먹고살기만을 위한 도구가 아님을 믿습니다.
이 사회의 일원으로서 감당하는 이 일이 남을 돕는 일임을 믿습니다.
작은 일이라도, 집안일이라도 이 일에 복 주신 줄 믿습니다.
오늘 이 일들을 감당할 힘을 주소서.

아침마다 주님을 찬양하고 기도하는 이 시간이 기쁨입니다.
대단하신 주님을 만나고, 기억하고, 기쁨으로 하루를 시작하게 하소서.
나의 주 예수 그리스도의 이름으로 기도합니다. 아멘!

10 | 19

의인의 간구는 역사하는 힘이 큼이니라

> 그러므로 너희 죄를 서로 고백하며
> 병이 낫기를 위하여 서로 기도하라
> 의인의 간구는 역사하는 힘이 큼이니라 (야고보서 5:16).

치유의 하나님 아버지,
예수 그리스도의 손으로 나를 고치시는 아버지, 감사합니다.
피곤한 몸으로 아침을 맞을 때에 회복의 은혜를 허락하소서.
건강한 몸과 새로운 마음을 갖게 하소서.
하루 종일 주님을 찬양할 때에 내 영혼이 소생하는 은혜를 주소서.

질병으로 인해 고통당하는 많은 사람이 있습니다.
그들에게 하나님의 치유를 허락하소서.
병 낫기를 위해 기도하게 하소서.
비정상적인 은사주의로 아예 하나님의 치유를 멀리하지 말게 하소서.
맹신하는 오류로 하나님의 기적을 무시하는 일이 없게 하소서.

전 세계가 질병으로 신음하고 있습니다.
이 고난으로 말미암아 하나님께로 마음을 돌이키게 하소서.
질병이든, 가난이든, 어떤 고통이든 영적인 유익을 얻게 하소서.
그리고 서로 중보하여 기도하며 낫기를 구하게 하소서.
기도를 들어주시는 주님을 신뢰함으로 나아갑니다.
오늘도 나의 모든 질병을 고치시는 주님을 신뢰합니다.
건강을 허락하시고 병든 자를 고쳐주소서.
이 땅에 병으로 고통당하는 자들을 불쌍히 여기소서.
나의 주 예수 그리스도의 이름으로 기도합니다. 아멘!

나는 일체의 비결을 배웠노라

나는 비천에 처할 줄도 알고 풍부에 처할 줄도 알아
모든 일 곧 배부름과 배고픔과 풍부와 궁핍에도 처할 줄 아는
일체의 비결을 배웠노라 (빌립보서 4:12).

오늘도 나의 만족이 되어주시는 아버지, 감사합니다.
아침마다 새로운 은혜를 부어주심에 감사합니다.
우리가 가진 모든 것에 감사하게 하소서.
아침부터 일어나 나에게 부족한 것에 집중하지 말고
오늘 내게 주신 것, 내가 가진 것에 집중하게 하소서.

인생을 살면서 때로는 부할 때도 있지만 가난할 때도 있습니다.
부할 때가 정상이라 생각하지 말고,
가난할 때도 정상이라 생각할 수 있는 마음을 주소서.
그저 하나님이 허락하신 상황 속에서 자족하는 법을 배우게 하소서.
자족하면 꿈이 없는 사람이라 단정 짓지 말게 하소서.
비천에 처할 때 자족하는 사람을 우리는 비난해왔습니다.
꿈이 없느냐, 의욕이 없느냐, 계획이 없느냐며 비난했습니다.
그래서 나도 비천에 처할 때 자족하면 무시당할까 두려워했습니다.
이런 비성경적인 태도에서 벗어나게 하소서.
욕망이 나를 부로 이끄는 것이 아니며 하나님의 뜻도 아닙니다.

하나님이 주신 환경에서 감사하는 삶을 살겠습니다.
꿈이 없어서가 아니라 하나님의 섭리를 받아들이는 것입니다.
때가 되어 변화될 때 또 그것에 자족할 것입니다.
나의 만족이 되시는 예수 그리스도의 이름으로 기도합니다. 아멘!

10 | 21

무릇 하나님께로부터 난 자마다 세상을 이기느니라

무릇 하나님께로부터 난 자마다 세상을 이기느니라
세상을 이기는 승리는 이것이니
우리의 믿음이니라 (요한일서 5:4).

승리의 하나님 아버지,
어제의 모든 무거운 짐을 가져가신 아버지, 감사합니다.
어제의 교만을 회개합니다.
혹 나로 인하여 상처받은 사람이 있다면 그를 위로하소서.
오늘도 부족함을 알지만 예수님의 십자가 은혜로 다시 힘을 얻습니다.
나는 부족하나 예수님은 완전하시니 그 사랑을 의지하여 나아갑니다.

하나님의 자녀 된 권세를 허락하소서.
나의 인간 됨을 바라보고 실망하지 않고
하나님의 자녀 된 권세로 소망을 얻습니다.
오늘도 하늘로부터 난 자로 세상을 이기게 하소서.

무엇보다 세상을 향한 갈망을 가진 나의 내면과 싸워 이기게 하소서.
말로만 세상의 가치관을 싫어한다 하지만
삶을 동조하고 있음을 용서하소서.
먼저 나의 내면에 있는 세상의 가치관을 버리게 하소서.
진리를 사모하는 마음으로 하나님을 더욱 뜨겁게 사랑하게 하소서.
하나님을 사랑하는 마음이 세상을 이기게 할 줄 믿습니다.
나의 힘으로 아등바등 이기려는 노력을 멈추게 하소서.
하나님 앞에 나아가 그 힘을 얻어 오늘을 살게 하소서.
나의 승리가 되시는 예수 그리스도의 이름으로 기도합니다. 아멘!

10 | 22

은혜와 긍휼을 얻게 하신지라

다니엘은 뜻을 정하여 왕의 음식과 그가 마시는 포도주로 자기를 더럽히지 아니하리라 하고 자기를 더럽히지 아니하도록 환관장에게 구하니 하나님이 다니엘로 하여금 환관장에게 은혜와 긍휼을 얻게 하신지라 (다니엘 1:8-9).

오늘도 귀한 날을 주신 것 감사합니다.
지난밤의 모든 근심과 걱정을 씻어주시고 새로운 날 되게 하소서.
아침마다 주님 앞에 기도로 나아갑니다.
오늘 하루도 어떻게 살아야 할지 알려주소서.
오늘 만나야 할 사람들을 축복하여 주소서.

다니엘은 환경을 두려워하지 않고 자기 뜻대로 소신껏 행했습니다.
하나님을 향한 절대적인 신앙을 가지고 아버지를 경배했습니다.
그러나 그는 무례하지 않았고, 다른 사람에게 피해를 주지 않았습니다.
나 스스로가 이런 결단의 신앙을 갖게 하시되, 덕이 되게 하소서.
내가 아버지 앞에 약속한 믿음을 온전히 지켜나가게 하소서.
다른 사람이 보든 보지 않든 동일한 신앙의 모습을 갖게 하소서.
환경에 따라 왔다 갔다 하는 믿음이 아니라 한결같게 하소서.
언제나 하나님을 뜨겁게 사랑하게 하소서.
나의 몸과 마음을 하나님 앞에 정결하게 하소서.
더러운 잇속과 타협하지 말게 하소서.

순결한 신앙으로 살기 원합니다.
아버지를 뜨겁게 사랑함이 나의 믿음을 굳건하게 할 것을 믿습니다.
오늘도 믿는 사람답게 살게 하소서.
나의 주 예수 그리스도의 이름으로 기도합니다. 아멘!

10 | 23

너는 나 외에는 다른 신들을 네게 두지 말라

**너는 나 외에는
다른 신들을 네게 두지 말라**
(출애굽기 20:3).

위대하신 여호와 하나님, 나의 아버지 되심에 감사드립니다.
아침을 여시고 나를 일으키시는 아버지, 감사합니다.
오늘도 나에게 손을 내밀어 나와 동행하여 주소서.
주님과 손잡고 하루를 시작합니다.
나의 모든 두려움을 물리치시며 담대한 하루를 시작하게 하소서.

하나님은 오직 한 분이신 유일한 신이십니다.
나의 삶에 아버지 이외에 다른 신은 없습니다.
내 삶의 가장 소중한 어떤 것도 나에게 신이 될 수 없습니다.
내 모든 삶의 최고의 우선순위는 아버지 하나님의 자리입니다.
십계명을 따라 다른 신을 내 앞에 두지 않겠습니다.

때로 내가 알지 못하고 미혹되어 흔들린다면 붙들어주소서.
사탄을 섬기지는 않는다고 자신하다 속임수에 넘어가지 말게 하소서.
때로는 배우자가, 자식이, 부모가 우상이 될 수 있음을 알게 하소서.
돈이, 정치가, 권력이, 쾌락이 신이 될 수 있음을 깨닫게 하소서.
경성하여 깨어서 내 마음에 파수꾼을 세우게 하소서.
말로만 하나님만이 나의 신이시라 고백하지 않고
내 마음을 빼앗는 모든 것을 경계하게 하소서.
일평생 나의 신은 오직 하나님 한 분뿐이십니다.
나의 주 예수 그리스도의 이름으로 기도합니다. 아멘!

10 | 24

너를 고난의 풀무 불에서 택하였노라

> 보라 내가 너를 연단하였으나
> 은처럼 하지 아니하고
> 너를 고난의 풀무 불에서 택하였노라 (이사야 48:10).

나를 건지시는 아버지, 찬양합니다.
내가 어려움을 당할 때에 나와 함께하시는 아버지께 감사를 드립니다.
오늘 나의 형편을 살피시는 주님을 인해 희망을 가집니다.
나의 곁에 계셔서 나를 도우소서.
나의 약함을 아시고 내가 쓰러지지 않도록 붙들어주소서.

혹여 내가 연단받을 때에 하나님을 원망하지 않게 하소서.
나를 정결하게 하시고 정금처럼 만드시려는 아버지의 선하심을 믿습니다.
고통당할 때에 이 모든 것이 하나님의 계략이라 불평하지 말게 하소서.
하나님은 선하셔서 이유 없이 나의 인생으로 장난치시는 분이 아닙니다.
마치 주님이 악한 자처럼 나의 고난을 기뻐하신다 오해하지 말게 하소서.
합력하여 선을 이루시는 하나님이 이미 망가져버린 나의 선택을
하나님의 온전하신 뜻을 이루는 선으로 활용하심을 믿습니다.
사탄의 계략에 빠졌을 때에 나를 건지시며 유익을 주시는 분이십니다.
기왕에 물에 빠졌을 때 수영을 배우게 하시는 것처럼
나를 건지시지만 그 과정에서 힘을 키우고 성장하게 하심을 믿습니다.

하나님을 신뢰하게 하소서.
심판의 자리에서라도 나를 건져주소서.
그래서 원망 없이 성장하고 성숙하여 연단의 열매를 거두게 하소서.
나의 소망이 되시는 예수 그리스도의 이름으로 기도합니다. 아멘!

10 | 25

마땅히 행할 길을 아이에게 가르치라

마땅히 행할 길을 아이에게 가르치라
그리하면 늙어도 그것을 떠나지 아니하리라
(잠언 22:6).

가족을 허락하신 아버지, 감사합니다.
나를 낳으신 부모님을 주시니 감사합니다.
우리에게 자녀를 주셔서 기쁨을 누리게 하시니 감사합니다.
미래의 자녀를 기대한다면 먼저 기도로 준비하게 하소서.

돈이 준비되어야 자녀를 낳을 준비가 된 것이 아니라
부모로서 보여줄 믿음을 가져야 준비가 된 것임을 알게 하소서.
자녀에게 줄 수 있는 가장 큰 선물은 학원 보낼 돈이 아닙니다.
자녀에게 줄 수 있는 가장 큰 선물은 하나님을 믿게 하는 것입니다.
자녀의 인생에 하나님을 만나게 하는 것임을 마음에 새기게 하소서.

자녀에게 마땅히 행할 길을 가르치게 하소서.
자녀가 싫어한다는 것 때문에 주저하지 말게 하소서.
다만 자녀의 마음을 상하게 하면서 하나님을 주입하는 것이 아니라
자녀의 마음을 위로하면서 하나님을 만나게 하겠습니다.
늘 자녀와 함께하실 수 있는 하나님이 자녀에게 선물이 되게 하소서.
자녀에게 하나님을 가르치는 가장 좋은 방법은 내 삶입니다.
내가 하나님을 섬기는 법을 보여주게 하소서.
나의 사는 방식이 하나님의 방식이 될 때
자녀도 하나님을 만날 줄 믿습니다.
나의 가장 큰 선물이 되신 예수 그리스도의 이름으로 기도합니다. 아멘!

10 | 26

오직 주의 교훈과 훈계로 양육하라

또 아비들아 너희 자녀를 노엽게 하지 말고
오직 주의 교훈과 훈계로 양육하라
(에베소서 6:4).

오늘도 나보다 나를 더 사랑하시는 아버지, 감사합니다.
어제의 모든 복잡한 생각과 근심을 내어버립니다.
내가 걱정한다고 좋아지는 것이 없음을 고백합니다.
모든 걱정을 기도로 바꾸고 자유를 얻게 하소서.

오늘 걱정과 근심으로 눌린 마음을 가족에게 쏟는 일이 없게 하소서.
나에게 손쉬운 상대라고 해서 나의 분노를 쏟지 말게 하소서.
자녀를 잘 양육하려 한다는 명분으로 아이를 억누르지 말게 하소서.
가족 모든 구성원은 나와 동일한 하나님의 성도이며 인격입니다.
그 누구도 소유물이나 나의 아래가 아님을 알게 하소서.

내가 경험이 많다는 이유로 자녀에게 윽박지르지 말게 하소서.
자녀의 마음이 상하는 것은 중요하지 않고
알아듣는 것이 중요하다 생각지 말게 하소서.
주님은 나를 채찍으로, 험한 말로 다스리시지 않았습니다.
인내와 사랑과 온유함으로 다스리셨습니다.
상처를 주려는 목적으로 말씀하시지 않았습니다.
오늘 나의 자녀를 대할 때에, 나의 가족을 대할 때에
하나님이 나에게 하신 방법대로 하게 하소서.
마음을 위로하며 훈계하게 하소서.
나의 모범이 되시는 예수 그리스도의 이름으로 기도합니다. 아멘!

10 | 27

자기 마음을 속이면

> 누구든지 스스로 경건하다 생각하며
> 자기 혀를 재갈 물리지 아니하고
> 자기 마음을 속이면 이 사람의 경건은 헛것이라 (야고보서 1:26).

아침마다 주시는 하나님의 은혜에 감사드립니다.
어제도 잘 자게 하시고, 잘 일어나게 하신 것도 기적임을 믿습니다.
제일 먼저 주님을 향하여 기도하게 하시니 감사합니다.
오늘도 주님께 모든 것을 의탁드립니다.
나를 지도하시고, 인도하시고, 함께하여 주소서.

스스로 경건하다 생각하지 말게 하소서.
내 혀를 재갈 물리고 조심하는 하루를 보내게 하소서.
말이 가장 무서운 무기가 된다는 것을 기억하고 조심하게 하소서.
나는 잘하고 있고 남은 다 못하고 있다는 교만함을 버리게 하소서.
나에게는 너그러우면서 남에게는 까탈스럽지 않은지요.
내가 나를 모르는 경우가 제일 많다는 것을 깨닫고 돌아보게 하소서.
누군가를 무시하고 있다면 내가 교만의 자리에 있음을 알게 하소서.
하나님 앞에 누군들 온전히 설 수 있겠습니까.
나의 부족함을 보게 하시고 겸손의 자리에 앉게 하소서.
머리에 앉으려 하지 말고 다른 사람을 섬기는 자리에 서게 하소서.

무엇보다 입을 조심하고 말을 삼키게 하소서.
격려하는 말이 아니라면 뱉지 말게 하소서.
나의 입이 사람을 무너뜨리지 않고 세우는 입이 되게 하소서.
나를 세우시는 예수 그리스도의 이름으로 기도합니다. 아멘!

나를 지으심이 심히 기묘하심이라

> 주께서 내 내장을 지으시며 나의 모태에서 나를 만드셨나이다
> 내가 주께 감사하옴은 나를 지으심이 심히 기묘하심이라
> 주께서 하시는 일이 기이함을 내 영혼이 잘 아나이다 (시편 139:13-14).

내가 하나님의 자녀라는 사실에 감동하며 하루를 시작합니다.
나를 지으신 분이 하나님이심에 감사드립니다.
내가 하나님의 소속이라는 것에 감사를 드립니다.
내가 아버지의 품 안에서 삶을 영위하다
천국에 갈 수 있다는 것에 감사드립니다.
나에게 하나님의 자녀의 특권을 허락하심에 감사합니다.

나의 태어남과 죽음을 관장하시는 아버지, 감사합니다.
나의 태어남을 주관하셨던 것처럼 나의 죽음도 주님 손에 있습니다.
어떤 방식으로 나를 부르시든 하나님의 주권임을 믿습니다.
나의 내장을 만드시며 육체를 지으신 아버지께서
오늘도 나의 생활만이 아니라 나의 육체까지도 주장하여 주소서.

오늘도 나를 만드신 아버지의 치유가 있는 날 되기 바랍니다.
나의 부족한 부분을 고치소서.
오늘도 내가 하나님께 속했다는 것을 믿고 신뢰합니다.
그래서 오늘도 담대히 나아갑니다.
이 세상 사람들도 하나님을 알도록 전도하겠습니다.
모두가 의미 있는 부르심을 받고 세상에 존재함을 전하겠습니다.
하나님 없는 삶이 어떤지 알게 하고 복음을 전하는 날 되게 하소서.
나의 주 예수 그리스도의 이름으로 기도합니다. 아멘!

10 | 29

나는 너를 잊지 아니할 것이라

> 여인이 어찌 그 젖 먹는 자식을 잊겠으며
> 자기 태에서 난 아들을 긍휼히 여기지 않겠느냐
> 그들은 혹시 잊을지라도 나는 너를 잊지 아니할 것이라 (이사야 49:15).

언제나 나를 나보다 더 사랑하시는 아버지, 감사합니다.
아침마다 주님의 사랑이 얼마나 큰지요.
오늘도 살아갈 힘을 주시는 아버지, 감사합니다.
인간의 어떤 사랑으로도 하나님을 표현할 수 없음을 고백합니다.
사람이 나를 사랑하지 않는다 하더라도 주의 사랑으로 살아갑니다.

여인이 젖 먹는 자식을 잊지 못하는 것처럼, 아니 그들은 잊을지라도
하나님은 절대로 나를 잊지 않겠다 말씀하셨습니다.
가장 숭고하고 절박한 모성애도 좇을 수 없는 사랑 주심에 감사합니다.
오늘도 그 자부심으로 살게 하소서.
세상에서 치이고 사람에게 조롱당할지라도 하나님을 기억하게 하소서.

사람들이 나에게 수많은 평가를 내리고 내 기능으로 나를 대할 때도
하나님은 나를 기능이 아니라 존재로 보심을 기억하게 하소서.
나도 세상에 물들어 스스로를 비판하는 자리에 서지 말게 하소서.
때로는 나를 가장 비난하는 자가 나 자신임을 고백합니다.
비난의 자리는 사탄의 자리이니 그곳에서 내려오게 하소서.
하나님이 나를 사랑하시듯 나도 나를 사랑하게 하소서.
나를 존귀히 여기며 스스로를 위로하고 칭찬하게 하소서.
그렇게 나를 사랑할 때 가족을, 이웃을 사랑할 수 있습니다.
나를 위해 죽으신 예수 그리스도의 이름으로 기도합니다. 아멘!

10 | 30

염려와 근심으로부터 자유하게 하소서

>너희 염려를 다 주께 맡기라
>이는 그가 너희를 돌보심이라
>(베드로전서 5:7).

자유 주시는 하나님 아버지,
가장 많은 근심을 하는 한 해를 보내는 것 같습니다.
재난의 소식이 끊이지 않고, 어려움의 탄식이 곳곳에 있습니다.
어느 때보다 믿음이 필요한 시간을 지나고 있음을 고백합니다.
하나님의 도우심이 절실하게 필요합니다.
오늘의 은혜를 하늘로부터 부어주소서.

이전에 누리던 많은 것이 사라지니 얼마나 답답한지 모릅니다.
그때는 더 많은 것을 누리기 위해 자유를 구가했지만
지금은 당연하다 여기는 일조차 할 수 없어 자유를 원합니다.
그러나 무엇보다 행동의 자유가 아닌 염려로부터의 자유를 구합니다.

걱정과 근심의 소리가 사방에서 들려옵니다.
그 걱정은 나와 나의 가족, 이 나라, 전 세계 모두의 것입니다.
이제 믿음을 주소서.
주 예수 그리스도께서 나를 돌보심을 믿는 믿음을 허락하소서.
이 믿음 때문에 염려와 근심으로부터 자유하게 하소서.
나의 마음에 평안이 없다면 이 믿음 없음입니다.
오늘 다시금 나의 믿음을 돌아봅니다.
모든 것이 하나님의 손에 있음을 믿고 신뢰합니다.
나의 주 예수 그리스도의 이름으로 기도합니다. 아멘!

10 | 31

네가 오늘 여호와를 네 하나님으로 인정하고

> 네가 오늘 여호와를 네 하나님으로 인정하고
> 또 그 도를 행하고 그의 규례와 명령과 법도를 지키며
> 그의 소리를 들으라 (신명기 26:17).

아버지의 신실하심이 오늘도 나를 지킴을 믿고 신뢰합니다.
나의 주 하나님만이 온 우주를 다스리시는 분임을 믿습니다.
오늘 그 하나님을 인정하고 신뢰합니다.
하나님만이 나의 유일한 신이십니다.

오늘 나의 이 믿음처럼 나의 하루가, 나의 삶이 한결같게 하소서.
말로는 하나님을 인정한다면서 내 삶에 일어나는 일은 거부했습니다.
내가 좋은 것은 인정하고, 내가 싫은 것은 거부했습니다.
그리고 그 싫은 것이 사라지도록 목 놓아 기도했습니다.
아버지의 주권을 인정하는 삶을 살게 하소서.

내가 아버지의 주인 되심을 인정한다면
하나님의 섭리 또한 받아들이게 하소서.
아버지께서 말씀하신 그 도를 따르게 하소서.
하나님의 목소리를 듣게 하시고, 하나님의 뜻을 순종하게 하소서.
하나님의 명령은 하나도 듣지 않고 지키지도 않으면서
무엇을 인정하는 것입니까.
나의 이중성을 회개합니다.
나의 믿음과 나의 삶이 일치되게 하소서.
오늘도 내가 좋든, 싫든 하나님의 주권을 인정하는 삶을 살기 원합니다.
나의 모든 것이 되시는 예수 그리스도의 이름으로 기도합니다. 아멘!

11

주의 말씀은 내 발에 등이요
내 길에 빛이니이다
_ 시편 119:105

이 달 의 기 도 제 목

-
-
-
-
-

11 | 01

여호와를 경외하는 것은

**여호와를 경외하는 것은 사람으로 생명에 이르게 하는 것이라
경외하는 자는 족하게 지내고
재앙을 당하지 아니하느니라** (잠언 19:23).

하나님 아버지, 오늘도 나의 아버지가 되어주심에 감사드립니다.
영원토록 주시는 아버지의 은혜가 나의 삶에 넘치고 넘칩니다.
아침마다 주님을 경외함으로 하루를 시작하게 하소서.
나의 찬송이 되시고, 나의 기도가 되시며, 나의 경배를 받아주소서.
나의 입술이 주님을 향한 사랑을 고백합니다.

이 세상의 것들을 두려워하며 섬기지 말게 하소서.
내가 섬겨야 할 대상은 오직 하나님 한 분이십니다.
직장에서 상사를 섬긴다고 해서 하나님을 섬기듯 하지 말게 하소서.
내가 나에게 힘이 되는 누군가를 의지하더라도
그를 하나님처럼 여기지 말게 하소서.
사람들과 좋은 관계를 맺고 충성을 다해야 한다 하더라도
그것이 하나님을 향한 마음과 같지 않게 하소서.
나에게 오직 완전한 신뢰와 경배의 대상은 오직 하나님 한 분이십니다.
나의 마음을 잘 지키게 하소서.
나도 모르는 사이에 내가 경배할 대상을 착각하는 일이 없게 하소서.

마음의 우상을 제거합니다.
하나님께 드릴 마음을 사람에게 주지 말게 하소서.
나의 신은 오직 하나님뿐이십니다.
나의 주 예수 그리스도의 이름으로 기도합니다. 아멘!

11 | 02

나는 비천에 처할 줄도 알고 풍부에 처할 줄도 알아

> 나는 비천에 처할 줄도 알고 풍부에 처할 줄도 알아
> 모든 일 곧 배부름과 배고픔과 풍부와 궁핍에도
> 처할 줄 아는 일체의 비결을 배웠노라 (빌립보서 4:12).

언제나 주시는 풍성하신 아버지, 감사합니다.
받으실 때는 마음을 받으시고, 주실 때는 모든 것을 주시는 아버지,
부족함이 없게 나의 인생을 이끄시는 아버지를 찬양합니다.
오늘도 그 풍성하신 아버지의 주심 안에서 평안을 누립니다.
아침마다 새롭게 꽉꽉 채우시는 은혜에 감사드립니다.

선하신 아버지께서 나의 인생을 알아서 잘 인도하심을 신뢰합니다.
걱정하지 않아도 아버지와 붙어만 있다면 옳은 길을 갈 줄 믿습니다.
오늘 내가 해야 할 일은 하나님께 붙어 있는 것입니다.
하루하루 나의 비천과 풍부를 매 순간 집중할 필요가 없습니다.
내가 가진 것에 너무 집중된 삶을 살지 말게 하소서.

오늘도 하늘의 풍성함을 기억하기 원합니다.
내 손에 있는 것의 많고 적음으로 하나님을 재지 말게 하소서.
내 손에 많은 것이 있으면 하나님이 나를 사랑하시는 것이고,
내 손에 적은 것이 있으면 하나님이 나를 미워하시는 것이 아닙니다.
우리 인생 전체를 보시는 아버지를 믿고 신뢰합니다.
그래서 오늘도 나의 자리에 연연하지 않겠습니다.
나의 많고 적음에 집중하지 않고 주님을 바라봅니다.
하나님의 때를 기다리겠습니다.
나의 주 예수 그리스도의 이름으로 기도합니다. 아멘!

11 | 03

나의 기도가 주의 앞에 분향함과 같이 되며

> 나의 기도가 주의 앞에 분향함과 같이 되며
> 나의 손 드는 것이 저녁 제사같이 되게 하소서
> (시편 141:2).

나를 구원하신 하나님 아버지, 감사합니다.
죄악 가운데 헤맬 때 가장 가슴 아파하신 분이 아버지이십니다.
어느 길인지도 모르고 살아갈 때 돌이키게 하신 분이 아버지이십니다.
분별없는 양과 같은 나를 인도하신 아버지를 찬양합니다.
언제나 나를 가장 좋은 것으로 채우시는 아버지, 감사합니다.
그 아버지를 오늘도 기억합니다.
나의 아침을 가득 채우시고 나와 동행하여 주소서.
날마다 기도를 쉬지 말게 하소서.
아버지 앞에 나가는 것이 내 삶에 가장 큰 기쁨이 되게 하소서.
나의 기도가 하나님이 받으시는 아름다운 향기가 되게 하소서.

일할 때에도, 쉴 때에도 내 마음의 기도가 예배가 되게 하소서.
하나님을 향한 사랑의 갈망이 마음에 가득하기 원합니다.
그 시선과 갈망으로 오늘 하루를 살아갑니다.
하나님을 내 안에 가득 채우고 살아갈 때에 동행하여 주소서.
나의 선택과 의무들 앞에 담대하게 하소서.

오늘도 나의 영혼은 보좌 앞에서 살아갑니다.
하나님의 눈으로 사람을 보게 하시고, 상황을 보게 하소서.
하나님과 같이 긍휼의 마음으로 세상을 보며 하루를 살게 하소서.
나의 사랑이 되시는 예수 그리스도의 이름으로 기도합니다. 아멘!

11 | 04

너희 중에 지혜와 총명이 있는 자가 누구냐

> 너희 중에 지혜와 총명이 있는 자가 누구냐
> 그는 선행으로 말미암아 지혜의 온유함으로
> 그 행함을 보일지니라 (야고보서 3:13).

오늘도 풍성한 지혜로 나를 인도하시는 지혜의 하나님, 감사합니다.
새로운 아침을 주시고 살아갈 힘을 주시니 감사합니다.
어떻게 나의 걱정이 덜어졌는지,
어떻게 내 몸의 피로가 가셨는지 알 수 없습니다.
나의 머리로 셀 수 없는 하나님의 일하심을 찬양합니다.

하나님 앞에 누구도 지혜를 논할 수 없음을 고백합니다.
그러면서 하나님을 판단하고, 재단하고, 폄하한 적이 있음을 회개합니다.
감히 주를 재단할 자가 누구이며, 진리를 완전히 알 자 누구겠습니까.
그 하나님의 지혜에 순복하며 오늘도 아버지께 나아갑니다.
하나님의 자녀로서 아버지를 경외함이 지혜임을 알게 하소서.
아버지를 경외하는 자마다 온전한 행실을 보여야 함을 기억합니다.
오늘 보이는 나의 삶이 하나님의 자녀답게 하소서.
내가 하나님을 경외하는 자라면 그답게 살게 하소서.
말로만이 아니라 삶으로 나를 주도하는 지혜가
아버지이심을 드러내게 하소서.

오늘도 어리석은 자처럼 말하지 말게 하소서.
나의 입을 재갈 물리시며 나의 말이 선을 드러내게 하소서.
나의 행함이 하나님의 사랑을 보여주는 날 되게 하소서.
나의 주 예수 그리스도의 이름으로 기도합니다. 아멘!

11 | 05

주께서 너희 마음을 인도하여

> 주께서 너희 마음을 인도하여
> 하나님의 사랑과 그리스도의 인내에
> 들어가게 하시기를 원하노라 (데살로니가후서 3:5).

하나님 아버지, 아침마다 주님께 고백합니다.
하나님을 사랑합니다.
나의 주권자가 되어주소서.
나의 찬양의 온전한 대상이 되어주소서.
주님을 바라보며 오늘 하루를 감사로 시작합니다.

나를 인도하시되 선한 길로 인도하시는 아버지를 찬양합니다.
오늘도 나를 인도하시는 주님을 기대합니다.
마음이 갈 바를 알지 못해서 우왕좌왕하고 있을 때에도
주님의 붙잡아주심을 기대합니다.
무엇보다 마음을 지킬 수 있도록 도와주소서.

오늘도 미움을 이기고 사랑에 들어가게 하소서.
누군가의 부족함을 인내하게 하소서.
나 같은 죄인을 사랑하신 하나님의 사랑으로 마음을 굳게 하소서.
십자가를 견디신 예수님의 인내를 나의 것으로 삼게 하소서.
그 마음의 길로 나를 인도하소서.
오늘도 예수 그리스도를 닮은 삶을 살기 원합니다.
내 마음의 길을 인도하여 주소서.
그 마음으로 사람들을 품어 안을 수 있게 하소서.
나의 인내의 이유가 되시는 예수님의 이름으로 기도합니다. 아멘!

11 | 06

오직 위로부터 난 지혜는 첫째 성결하고

오직 위로부터 난 지혜는 첫째 성결하고 다음에 화평하고 관용하고 양순하며 긍휼과 선한 열매가 가득하고 편견과 거짓이 없나니 화평하게 하는 자들은 화평으로 심어 의의 열매를 거두느니라 (야고보서 3:17-18).

거룩하신 하나님 아버지,
오늘 나의 살아 있음은 아버지의 한없는 은혜입니다.
오늘 나의 가족들이 살아 있음은 하나님의 사랑으로 인함입니다.
그 사랑을 의지하여 오늘도 지켜주시길 기도합니다.

오늘도 선택해야 하는 수많은 일 속에서 아버지의 지혜를 구합니다.
오직 위로부터 난 지혜는 성결하다 하셨습니다.
더러운 것을 탐하며 지혜롭다 생각하지 말게 하소서.
지혜는 내게 이익이 되는 것을 잘 골라내는 것이 아님을 알게 하소서.
화평하게 하는 것, 너그러워지는 것, 양순해지는 것이 지혜입니다.
오늘도 다른 사람을 불쌍히 여기는 마음을 갖게 하소서.
나의 삶에 선한 열매가 가득하게 하소서.
지혜는 날카롭고, 선명하고, 말 잘하고,
이익을 고르는 것이 아님을 인정합니다.
지혜는 순하고, 관용하고, 불쌍히 여기고, 선한 삶입니다.
입술의 거짓을 없애고 머리의 편견을 버리게 하소서.

오늘도 나를 성결하게 하시는 예수님을 의지합니다.
하늘의 지혜를 구하오니 나의 삶이 지혜로 가득하게 하소서.
내 기준의 지혜를 버리고 하나님의 지혜로 옮겨가게 하소서.
나의 주 예수 그리스도의 이름으로 기도합니다. 아멘!

11 | 07

내가 순금같이 되어 나오리라

그러나 내가 가는 길을 그가 아시나니
그가 나를 단련하신 후에는
내가 순금같이 되어 나오리라 (욥기 23:10).

오늘도 나의 가는 모든 길을 인도하시는 아버지, 감사합니다.
인생을 살면서 이해가 가는 일보다는 이해가 안 되는 일이 많습니다.
내가 선택하면서 살아온 삶인데도 내가 모를 때가 훨씬 많습니다.
내가 선택하며 살아왔으면서 안되는 일이 있을 때 주를 원망했습니다.
앞뒤가 맞지 않는 원망을 회개합니다.

잘되면 내 덕이고, 안되면 하나님을 탓하는 나쁜 버릇을 용서하소서.
인생의 해석도 일관되게 하지 못하면서 판단하는 죄를 용서하소서.
오늘도 나의 삶의 모든 길을 주님께 의지합니다.
나의 가는 길을 아시는 분은 오직 하나님이심을 믿습니다.
믿으면 한결같이 믿게 하소서.
마음의 정함이 없이 이랬다저랬다 하는 믿음을 버리게 하소서.

오늘 나의 인생이 해석되지 않아도 괜찮습니다.
아버지께서는 아시니 괜찮습니다.
복과 고난을 반복하는 삶이어도 괜찮습니다.
고난이 지나고 나면 순금처럼 드러날 것을 믿습니다.
이해 안 되는 것을 굳이 이해하려고 힘들어하는 낭비를 줄입니다.
하나님을 신뢰함으로 그저 오늘을 살아갑니다.
아버지의 지혜로 나를 인도하소서.
나의 주 예수 그리스도의 이름으로 기도합니다. 아멘!

11 | 08

나를 존중히 여기는 자를 내가 존중히 여기고

나를 존중히 여기는 자를 내가 존중히 여기고
나를 멸시하는 자를 내가 경멸하리라
(사무엘상 2:30하).

아침마다 새로운 은혜로 나를 일으키시는 하나님 아버지, 감사합니다.
오늘도 좋은 하루를 시작하게 하시니 감사합니다.
어제의 모든 근심을 내려놓고 하나님을 신뢰하게 하소서.
내가 걱정함은 하나님을 믿지 못함입니다.
하나님이 제대로 하실까 의심하는 것과 동일함을 고백합니다.

하나님의 주권이 나를 주도하고 있음을 믿고 신뢰합니다.
그래서 오늘도 감사와 찬양으로 하루를 시작합니다.
어떤 의심도 내려놓고 온전히 신뢰하게 하소서.
나의 마음 가운데 하나님을 가장 존중하는 중심을 갖기 원합니다.
하나님을 높여드리는 자가 되게 하소서.

나의 입술은 언제나 나에게 유익을 주는 사람을 존중하느라 바쁩니다.
그들에게 감사하고, 그들을 높여주고, 그들을 인정합니다.
그러나 하나님을 향하여는 아무런 말도, 고백도 안 합니다.
이익에 얄팍한 나를 용서하소서.
오늘도 하나님을 가장 먼저 존중합니다.
내가 오늘 하나님을 향하여 어떤 마음을 가졌는지 돌아보게 하소서.
존중하는 자를 동일하게 존중하시는 하나님을 기억하게 하소서.
하나님을 멸시하다 내가 멸시받는 일이 없게 하소서.
나의 주 예수 그리스도의 이름으로 기도합니다. 아멘!

11 | 09

너희 말이 내 귀에 들린 대로 내가 너희에게 행하리니

그들에게 이르기를 여호와의 말씀에
내 삶을 두고 맹세하노라
너희 말이 내 귀에 들린 대로 내가 너희에게 행하리니 (민수기 14:28).

들으시는 하나님 아버지,
나의 머리카락을 세시며 나의 모든 것을 아시는 주님을 찬양합니다.
나의 일거수일투족을 아시고 모든 순간 주목하시는 아버지, 감사합니다.
누가 나에게 이렇게 관심을 가져주겠습니까.
크신 아버지께서 먼지같이 작은 나를 사랑하시는 사랑에 감동합니다.

오늘도 나의 입술을 주의하게 하소서.
나의 기도만 들으시는 것이 아니라
나의 모든 말을 들으시는 아버지를 기억해 말조심하고 살겠습니다.
나의 말이 아버지의 귀에 들린 대로 행하겠다 하셨습니다.
부정적인 말과 원망과 저주의 말을 했던 것을 회개합니다.

불신앙의 말과 한탄의 말이 아버지의 귀에 들렸을 때
그것이 나에게 돌아오지 않게 하소서.
나의 입술에서 나쁜 말이 나오지 않게 하소서.
모든 것을 들으시고 그대로 행하시는 하나님을 두려워하게 하소서.
그래서 깨어 있게 하시고 언어가 바뀌게 하소서.
나를 들으시는 아버지께서 들은 대로 행하실 때 복이 되게 하소서.
나의 언어가 바뀜으로 나의 삶이 복이 되게 하소서.
오늘도 나를 세밀히 보시는 아버지를 찬양합니다.
나의 주 예수 그리스도의 이름으로 기도합니다. 아멘!

11 | 10

주의 말씀은 내 발에 등이요 내 길에 빛이니이다

> 주의 말씀은 내 발에 등이요
> 내 길에 빛이니이다
> (시편 119:105).

빛 되신 하나님 아버지,
내 발에 등이 되시고 내 길에 빛이 되시는 아버지를 찬양합니다.
어두움 속에서 나를 붙드시는 아버지를 찬양합니다.
내가 갈 바를 몰라 헤매고 있을 때에 빛을 비춰주시는 아버지,
내가 발을 움직일 수 있다고 갈 수 있는 것이 아님을 고백합니다.
아버지의 빛이 없다면 발이 있어도 한 발도 떼지 못함을 인정합니다.

오늘도 아버지의 빛을 비춰주소서.
내가 어느 길로 가야 옳은지 알게 하소서.
나의 발등이 어두울 때 두려워 발을 떼지 못할까 두렵습니다.
너무 멀리도 마시고 나의 발에 빛을 비춰주소서.

사람은 내 발등을 찍지만, 하나님은 늘 발등의 빛이 되어주십니다.
누구를 믿어야 할지 결정하게 하소서.
그저 빛만 비추는 것이 무슨 의미가 있냐 불평하지 말게 하소서.
빛이 없으면 어두운 곳에서 아무런 시작도 할 수 없습니다.
하나님만이 나의 소망이십니다.
오늘도 나의 발을 굳건하게 하소서.
내가 확신을 가지고 걸어갈 수 있도록 빛을 비춰주소서.
내 삶의 모든 주도권을 아버지께 넘겨드립니다.
나의 참 빛이 되시는 예수 그리스도의 이름으로 기도합니다. 아멘!

11 | 11

평안히 가라

> 엘리가 대답하여 이르되 평안히 가라 이스라엘의 하나님이
> 네가 기도하여 구한 것을 허락하시기를 원하노라 하니
> 이르되 당신의 여종이 당신께 은혜 입기를 원하나이다 하고
> 가서 먹고 얼굴에 다시는 근심 빛이 없더라 (사무엘상 1:17-18).

나의 기도를 들으시는 하나님 아버지, 감사합니다.
오늘도 주님 앞에 기도로 하루를 시작합니다.
한나의 기도처럼 아버지 앞에 나아가 나의 형편을 토로하게 하소서.
나를 아시는 분은 오직 하나님 한 분이심을 믿습니다.
오늘도 나의 형편을 돌아보아주소서.

한나가 자신의 억울함을 하나님 앞에 온전히 가지고 나갔던 것처럼
나도 사람을 찾아가기 전에 하나님 앞에 기도하게 하소서.
갈급함을 해결하기 위해 사람을 찾느라 전전긍긍하지 말게 하소서.
문제를 해결할 수 있는 진정한 해결자는 하나님 한 분이십니다.
이 믿음을 가지고 기도하게 하소서.
기도하고 구한 것을 인하여 근심하지 말게 하소서.
기도해놓고, 걱정은 걱정대로 하지 말게 하소서.
온전한 기도는 아버지께 맡겨드리고 근심하지 않습니다.
나의 기도가 얼마나 불완전했던지요.
믿음 없는 기도를 회개합니다.

나의 가장 필요한 부분이 무엇인지 아시는 주님께 나아갑니다.
주님이 이 모든 것을 아버지의 때에 해결해주실 것을 믿습니다.
기도하고 근심하는 반대의 마음을 함께 품지 말게 하소서.
나의 응답이 되시는 예수 그리스도의 이름으로 기도합니다. 아멘!

11 | 12

감사함으로 받으면 버릴 것이 없나니

> 하나님께서 지으신 모든 것이 선하매
> 감사함으로 받으면 버릴 것이 없나니
> 하나님의 말씀과 기도로 거룩하여짐이라 (디모데전서 4:4-5).

날마다 선하고 아름다운 것을 가득 채우시는 아버지, 감사합니다.
나에게 주신 모든 것이 선함을 믿습니다.
내가 가지고 있는 것들 중에는 내가 원하지 않는 것도 많습니다.
그것조차 하나님의 손에서 나온 것이라면 선한 것임을 믿습니다.

당장에 보이는 것이 나쁘고 어려운 것일지라도 생각하게 하소서.
하나님이 결국 합력하여 선을 이루실 역사를 기대하게 하소서.
하나님을 사랑하는 자에게는
모든 것이 합력하여 선을 이룬다 하셨습니다.
하나님이 지으신 모든 것이 선하매
감사함으로 받으면 버릴 것이 없음을 믿습니다.

나의 중심의 문제를 기억하게 하소서.
나의 중심이 하나님 앞에 올바로 서 있을 때
참된 자유를 누릴 줄 믿습니다.
이것저것 가리며 사느라 피곤한 인생 되지 말게 하소서.
하나님 안에 거함으로 하나님이 거룩하게 하심을 믿게 하소서.
그 믿음으로 오늘도 담대합니다.
오늘 나에게 주신 모든 것에 감사합니다.
힘든 것도, 나쁜 것도 감사를 드립니다.
나의 선물이 되어주신 예수 그리스도의 이름으로 기도합니다. 아멘!

11 | 13

감사로 제사를 드리는 자가 나를 영화롭게 하나니

> 감사로 제사를 드리는 자가 나를 영화롭게 하나니
> 그의 행위를 옳게 하는 자에게
> 내가 하나님의 구원을 보이리라 (시편 50:23).

나의 삶을 통해 영광 받으실 하나님 아버지, 감사합니다.
내가 이 땅에 존재함이 하나님을 영화롭게 하기 위함임을 믿습니다.
내가 살아가는 모습 때문에 하나님이 높임을 받게 하소서.
오늘 하루 나의 삶이 다른 사람들 앞에서 하나님을 드러내게 하소서.
나만을 위한 삶이 아니라 아버지를 보여주는 삶이 되게 하소서.

오늘도 나에게 주신 모든 것에 감사를 드립니다.
공기 주심에 감사드립니다.
살아 있음에 감사를 드립니다.
걸어 다님에 감사합니다.
말할 수 있고, 볼 수 있음에 감사를 드립니다.
아주 작고 작은 것에서, 당연하다 여기는 모든 것까지 감사드립니다.
감사하는 마음이 하나님 앞에 가장 아름다운 제사가 되게 하소서.
이 마음으로 사는 하루가 아버지를 영화롭게 하게 하소서.
감사하는 마음으로 사는 온전한 행실이 구원을 드러내게 하소서.
하루 종일 아버지를 노래합니다.

오늘도 나의 감사가 다른 사람도 감사하게 만들게 하소서.
내 주변의 모든 것을 바라보는 시선이 달라지기 원합니다.
훨씬 더 많은 감사를 발견하게 하소서.
나의 주 예수 그리스도의 이름으로 기도합니다. 아멘!

11 | 14

보배롭고 지극히 큰 약속을 우리에게 주사

이로써 그 보배롭고 지극히 큰 약속을 우리에게 주사
이 약속으로 말미암아 너희가 정욕 때문에 세상에서 썩어질 것을 피하여
신성한 성품에 참여하는 자가 되게 하려 하셨느니라 (베드로후서 1:4).

우리를 회복하게 하시는 하나님 아버지, 감사합니다.
어제의 모든 피곤함을 씻어주시고 새 생명력으로 하루를 시작합니다.
아버지의 창조의 능력으로 나의 몸과 영혼을 회복시켜주소서.
주님을 만나 시작하는 하루가 복되게 하소서.

보배롭고 큰 약속을 주신 아버지, 감사합니다.
세상에 휩쓸려 살지 않고
아버지께 속한 자가 되도록 인도하시니 감사합니다.
아버지의 모든 일하심은 나를 향한 선한 인도하심입니다.
내가 받은 이 구원의 약속이 얼마나 위대한지 기억하게 하소서.
나의 머리 나쁨이 은혜를 잊고
또 달라고만 하는 기도로 가지 않게 하소서.

내가 받은 복을 세어보게 하소서.
구원이라는 은혜만으로도 평생 감사하며 살아야 마땅합니다.
받은 것은 뒤로하고,
또 내 앞에 원하는 것을 놓으라 간구하는 일을 멈추게 하소서.
억만금을 주어도 얻지 못할 영생을 허락하셨으니 감사, 감사합니다.
오늘 이 감사의 마음이 충만한 날로 살게 하소서.
나에게 부어주신 크신 은혜를 찬양합니다.
나의 구원이 되시는 예수 그리스도의 이름으로 기도합니다. 아멘!

11 | 15

내가 기뻐하는 금식은 흉악의 결박을 풀어 주며

> 내가 기뻐하는 금식은 흉악의 결박을 풀어 주며 멍에의 줄을 끌러 주며 압제 당하는 자를 자유하게 하며 모든 멍에를 꺾는 것이 아니겠느냐 또 주린 자에게 네 양식을 나누어 주며 유리하는 빈민을 집에 들이며 헐벗은 자를 보면 입히며 또 네 골육을 피하여 스스로 숨지 아니하는 것이 아니겠느냐 (이사야 58:6-7).

오늘도 일용할 양식을 주시는 아버지 하나님, 감사합니다.
자고 일어날 때 건강하게 하시니 감사합니다.
어제의 모든 죄악을 사하여 주시고 그리스도의 보혈로 씻어주소서.
오늘도 주님 앞에 나아가 기도하고, 주님을 높여드리고 찬양합니다.

하나님의 뜻에 따라 하나님을 기쁘시게 하기 원합니다.
이 마음으로 살면서 주일예배를 드리고, 기도하고, 헌금만 했습니다.
이 정도면 하나님을 기쁘시게 한다 착각하였음을 용서하소서.
하나님은 내 삶을 원하시는데 나는 보이는 것에만 치중했습니다.

밥을 굶는 금식은 했지만, 약자를 돌보지는 않았습니다.
억압받고 무시당하는 이들을 보면서도
그들을 감싸 안지 않고 헌금만 했습니다.
돈이 없어 배고파하는 이들에게 무관심하면서
주일성수 한다 자부했습니다.
가족의 어려움을 보고도 무시해놓고 기도하니까 됐다고 안심했습니다.
하나님을 기쁘시게 한다 하면서 가장 편한 길만 택했습니다.
오늘 나의 삶이 밥 굶는 금식보다 나은 긍휼을 택하게 하소서.
하나님이 사랑하시는 모든 인간을 향한 사랑을 실천하게 하소서.
약자를 돕고, 주린 자를 먹이고, 고난당한 자를 외면하지 말게 하소서.
나를 위해 그렇게 사신 예수 그리스도의 이름으로 기도합니다. 아멘!

11 | 16

여호와의 손이 짧아 구원하지 못하심도 아니요

> 여호와의 손이 짧아 구원하지 못하심도 아니요 귀가 둔하여 듣지 못하심도
> 아니라 오직 너희 죄악이 너희와 너희 하나님 사이를 갈라 놓았고
> 너희 죄가 그의 얼굴을 가리어서 너희에게서 듣지 않으시게 함이니라
> (이사야 59:1-2).

오늘도 계절의 변화를 주시는 하나님 아버지, 감사합니다.
한 해의 시작이 어제 같은데 벌써 1년이 저물어가고 있습니다.
어렵다, 어렵다 하면서 한 해가 가고 있습니다.
오늘 여호와의 손을 기대하며 담대하게 시작하는 하루 되게 하소서.

여호와의 손이 짧아 구원하지 못하심도 아니요,
귀가 둔하여 듣지 못하심도 아닙니다.
마치 하나님이 능력이 없는 것처럼 불신하였음을 회개합니다.
하나님이 내 기도를 듣지 못하시는 것처럼 섭섭해했음을 용서하소서.
나의 죄악을 돌아보지 못하고 하나님만 원망했음을 용서하소서.
만약 하나님과 멀어졌다면 가장 먼저 회개하고 주 앞에 나아갑니다.
하나님의 사랑은 죽음을 이기는 사랑이었음을 기억하게 하소서.
마치 나를 사랑하시지 않는 것처럼 의심하는 버릇을 버리게 하소서.
하나님의 사랑에는 흠이 없음을 믿습니다.
나의 사랑이 흠이 있었습니다.
나의 신뢰가 부족했습니다.

오늘도 들으시는 아버지께 나아갑니다.
나의 모든 죄악을 예수 그리스도의 보혈 앞에 내어놓습니다.
씻으시고 회복시켜주소서.
나의 주 예수 그리스도의 이름으로 기도합니다. 아멘!

11 | 17

너희에게 미래와 희망을 주는 것이니라

> 여호와의 말씀이니라 너희를 향한 나의 생각을 내가 아나니
> 평안이요 재앙이 아니니라 너희에게 미래와 희망을 주는 것이니라
> (예레미야 29:11).

희망의 하나님 아버지,
날마다 주님의 뜻으로 나를 인도하시는 아버지, 감사합니다.
아침마다 오늘 해야 할 일과 나의 원하는 뜻을 정할 때
주님을 먼저 만나게 하소서.
나의 생각대로가 아니라 아버지의 뜻대로 사는 날 되게 하소서.
주님을 사랑하고 주님을 찬양합니다.

오늘도 하나님을 오해하는 일이 없게 하소서.
나를 향한 아버지의 생각은 평안이요, 재앙이 아닙니다.
나에게 미래를 주시고 희망을 주시려는 것입니다.
이 사실을 믿게 하소서.
나에게 보이는 상황이 고난 같아도 믿게 하소서.
내게 닥친 현실이 어렵다 하더라도 아버지를 신뢰하게 하소서.
하나님의 의도가 좋은 것임을 굳건히 믿게 하소서.
그럴 때에 나의 모든 상황을 넉넉히 이길 것을 믿습니다.
의심하는 자와 함께할 수 있는 소망은 없습니다.

오늘 내가 아버지께서 주신 희망을 버리는 일이 없게 하소서.
아버지의 손을 붙들고 나아갈 때 고난 중에 평안을 누릴 것입니다.
주의 뜻을 인정하고 순종할 때 재앙이 희망이 될 것을 믿습니다.
나의 소망이 되시는 예수 그리스도의 이름으로 기도합니다. 아멘!

11 | 18

그의 뜻대로 무엇을 구하면 들으심이라

> 그를 향하여 우리가 가진 바 담대함이 이것이니
> 그의 뜻대로 무엇을 구하면 들으심이라
> (요한일서 5:14).

오늘도 새소리를 듣고 바람을 느끼게 하시는 아버지, 감사합니다.
화창한 하늘을 주시고 땅을 밟게 하심을 감사합니다.
공기를 마시게 하시고 맑은 물을 주시니 감사합니다.
내 몸의 모든 감각과 생각을 지켜주시니 감사합니다.
내가 살아서 느끼는 모든 것이 은혜이며 기적입니다.

온 우주를 만드신 하나님이 나의 아버지이심에 감사를 드립니다.
내가 이 세상에서 때로는 치이고, 때로는 밀려도
모든 순간 담대할 수 있는 것은 주께서 내 기도를 들으시기 때문입니다.
아버지의 뜻대로 구하는 모든 것을 들으시는 주님께 감사를 드립니다.

아무리 나이가 들어도 의지할 곳이 필요함을 고백합니다.
지혜가 부족하고 어찌해야 할 바를 알지 못할 때에
주님이 붙들어주소서.
어리석은 길로 가려고 할 때에 나를 막아주소서.
죄의 길로 가려고 할 때에 멈추게 하소서.
아버지의 뜻을 선명하게 보여주시고 알게 하소서.
나의 마음에 아버지를 갈망하는 마음을 주사 그 뜻대로 살게 하소서.
이해가 되어 따르는 것이 아니라 아버지의 뜻이니 따르게 하소서.
할 만해서 하는 것이 아니라 하나님을 사랑하니까 하게 하소서.
나의 모든 것이 되시는 예수 그리스도의 이름으로 기도합니다. 아멘!

11 | 19

여호와의 산에서 준비되리라

아브라함이 그 땅 이름을 여호와 이레라 하였으므로
오늘날까지 사람들이 이르기를 여호와의 산에서 준비되리라 하더라
(창세기 22:14).

예비하시는 하나님 아버지,
오늘도 하나님의 섭리 안에서 하루를 맞이합니다.
아버지께서는 언제나 완벽한 지혜로 우리를 인도하십니다.
하루를 살면서 지혜가 부족할 때 언제나 주님께 나아가게 하소서.
나의 모든 것이 하나님의 손에 달려 있음을 믿고 고백합니다.

오늘도 무엇을 준비해야 할지 알지 못합니다.
나에게 어떤 일이 일어날지 전혀 예측할 수 없습니다.
그래서 언제나 당황하고 두려워합니다.
이런 나의 연약함을 아시는 주님이 오늘도 인도하여 주소서.
주님의 계획하심을 신뢰하며 나아갑니다.

아브라함의 믿음을 기쁘게 여기시며 좋은 것으로 예비하신 아버지,
오늘 나의 삶도 주님이 예비하여 주소서.
무엇이 필요할지 다 아시는 주님이 나의 손을 붙들고 가주소서.
아버지의 준비하심을 미처 발견하지 못하고
스쳐 지나가지 말게 하소서.
늘 깨어 아버지의 길을 확인하며 가게 하소서.
오늘도 조심하며, 하나님께 질문하며 살기 원합니다.
나의 손을 붙들고 계신지 확인하며 동행하게 하소서.
나의 주 예수 그리스도의 이름으로 기도합니다. 아멘!

11 | 20

여호와의 산에 오를 자가 누구며

> 여호와의 산에 오를 자가 누구며 그의 거룩한 곳에 설 자가 누구인가
> 곧 손이 깨끗하며 마음이 청결하며 뜻을 허탄한 데에 두지 아니하며
> 거짓 맹세하지 아니하는 자로다 (시편 24:3-4).

하나님 아버지, 날마다 하나님을 갈망합니다.
하나님과 동행하는 것이 내 인생의 제일 큰 기쁨입니다.
내가 아버지께로부터 왔으니 나는 아버지께 속하였습니다.
세상의 것들에 마음을 빼앗기지 말게 하소서.
이 땅에 거하며 해야 하는 많은 일을 축복하소서.
주님 곁에 가기 전까지 사명으로 주신 일들을 놓치지 말게 하소서.
그중 가장 좋은 것, 하나님을 사랑하는 일을 최우선으로 하게 하소서.

여호와의 산에 오르기 위해, 하나님을 대면하여 만나기 위해
나의 손을 정결하게 하시고 마음을 청결케 하소서.
나의 생각과 행동이 주님께 머물러 있기를 소망합니다.
말로만 주님을 사랑한다 하면서
나의 마음이 허탄한 데 가지 말게 하소서.
입에서 거짓을 없애주시고, 나의 손에 약자의 피가 묻지 않게 하소서.
나의 마음이 방향을 모르고 세상을 향해 가는 일이 없게 하소서.
오직 굳건한 뜻을 가지고 하나님을 섬기며 사람을 사랑하게 하소서.
아버지의 마음을 닮아 세상을 품으며 가는 자녀 되게 하소서.

오늘도 주님을 높여드리며 아버지의 보좌를 그리워합니다.
이 땅에 하나님의 나라가 임하게 하는 데 쓰임 받게 하소서.
나의 주인 되시는 예수 그리스도의 이름으로 기도합니다. 아멘!

11 | 21

사람의 마음의 교만은 멸망의 선봉이요

**사람의 마음의 교만은 멸망의 선봉이요
겸손은 존귀의 길잡이니라**
(잠언 18:12).

나의 왕이 되어주시는 하나님 아버지, 감사합니다.
오늘도 내가 아버지의 백성임을 기억합니다.
하나님의 자녀임을 영광으로 여깁니다.
나의 모든 주권은 하나님께 있습니다.

아버지의 왕 되심을 온전히 기억할 때 교만이 사라질 줄 믿습니다.
조금만 일이 잘되면 내가 잘해서 그렇다고 교만해짐을 용서하소서.
내가 잘해서 그런 것이 아니라 하나님의 은혜입니다.
조금만 일이 잘 안되면 나는 쓸모없는 존재라고 비하함을 용서하소서.
원래 쓸모없는 존재였는데 하나님이 높여주셨으니 감사하게 하소서.
나의 잘나고 못남이 나의 존재 가치가 아님을 명심하게 하소서.
자식이 잘나서 키우고, 못나서 버리는 것이 아니듯
아니, 인간은 설령 그렇다 하더라도 하나님은 절대 그러하시지 않습니다.
나의 못남은 이미 증명되었으니 더 실망하지 말게 하소서.
그 열등감 때문에 자꾸 교만해지려고도 하지 말게 하소서.

나의 존재는 하나님의 선택에서 이미 증명되었습니다.
잘나고 못나고가 기준이 아니라
하나님께 속한 자녀가 나의 정체성입니다.
오늘 왕 되신 주님 앞에 겸손하고 당당하게 하소서.
나의 사랑이 되신 예수 그리스도의 이름으로 기도합니다. 아멘!

11 | 22

내가 통회하고 마음이 겸손한 자와 함께 있나니

> 지극히 존귀하며 영원히 거하시며 거룩하다 이름하는 이가 이와 같이 말씀하시되 내가 높고 거룩한 곳에 있으며 또한 통회하고 마음이 겸손한 자와 함께 있나니 이는 겸손한 자의 영을 소생시키며 통회하는 자의 마음을 소생시키려 함이라 (이사야 57:15).

긍휼의 하나님 아버지,
지극히 존귀하시며 영원하신 아버지를 높여드립니다.
거룩하시며 온전하신 여호와 하나님을 사랑합니다.
나의 모든 죄악을 사하시며 나를 자녀 삼아주신 아버지, 감사합니다.

오늘도 통회하고 마음이 겸손한 자를 찾으시는 아버지,
오늘 나의 마음이 교만의 자리에서 내려와 겸손하게 하소서.
잘못을 뉘우치고 가슴 치며 아파하는 자를 찾으시는 줄 믿습니다.
나의 죄악을 용서하시고, 하나님을 떠났던 마음을 돌이키소서.
그리스도인이라는 이름만 걸어놓고
속내는 세상 속에 있었음을 용서하소서.
내가 한 것이 없으면서 다 내가 한 양 교만했음을 용서하소서.
하나님의 은혜이지만 그래도 내가 좀 했다고 자만했습니다.
모든 것이 하나님의 은혜이며 도우심임을 인정하고 자백합니다.
나의 나 됨은 아버지께 있으니
흠 있는 인생 가운데 날마다 회개하게 하소서.

애통하는 자와 함께하시는 아버지를 의지합니다.
너무 부족하여 죄짓지 않고는 하루도 살 수 없음을 알고
깨어 기도하게 하소서.
나의 사함이 되시는 예수 그리스도의 이름으로 기도합니다. 아멘!

11 | 23

오직 성령으로 충만함을 받으라

술 취하지 말라 이는 방탕한 것이니
오직 성령으로 충만함을 받으라

(에베소서 5:18).

날마다 성령을 부어주시는 하나님 아버지, 감사합니다.
어제의 모든 죄악을 주님 앞에 내려놓습니다.
알고도 나의 욕망을 이기지 못해 지은 모든 죄악을 사하여 주소서.
전혀 알지 못하고 습관대로 지었던 죄악을 용서하소서.
좋은 의도였지만 실수하여 지었던 죄도 사하여 주소서.
오늘 예수 그리스도의 보혈의 은혜로 나를 씻어주소서.
가장 먼저 나의 영혼을 정결하게 씻고 하루를 시작하기 원합니다.

나의 몸이 술에 취하였다면 취하는 자리에서 나오게 하소서.
나의 영혼이 세상에 취하였다면 나의 영혼을 정결하게 하소서.
사람들에게 인정받으려고, 분위기 맞추려고
쉽게 술에 취하지 말게 하소서.
취하지 않으면 되겠지만
그 선을 지키지 못한다면 시작하지 말게 하소서.
무엇이든 할 수는 있으나 모든 것이 유익한 것은 아닙니다.
모든 것이 하나님의 용납하심 안에 있게 하소서.

무엇보다 성령의 충만을 받게 하소서.
하나님과 가까이하는 삶을 살게 하소서.
나의 깨어 기도함이 성령 충만한 삶을 살게 할 줄 믿습니다.
나의 주 예수 그리스도의 이름으로 기도합니다. 아멘!

11 | 24

여호와를 바라는 너희들아 강하고 담대하라

> 여호와를 바라는 너희들아
> 강하고 담대하라
> (시편 31:24).

나의 아버지가 되시는 하나님, 감사합니다.
아침에 눈을 뜨고 하나님을 가장 먼저 기억합니다.
하나님이 계셔서 오늘도 살아갈 힘을 얻습니다.
세상의 모든 풍파가 몰려와도 나는 견고히 설 수 있습니다.
나의 잘남이 아니라 아버지의 위대하심 때문입니다.

오늘도 주님을 바라보고, 아버지를 기대합니다.
나를 바라보면 힘을 낼 수 없지만
하나님을 바라보면 담대할 수 있습니다.
나를 바라보면 내가 해결할 수 있는 것이 없지만
하나님을 바라보면 가능합니다.
오늘 내가 담대할 수 있는 모든 근거는 여호와 하나님이십니다.

나를 위해 죽음을 택할 만큼 나를 사랑하신 예수님의 사랑이
오늘 나를 가득 채웁니다.
신이 나를 사랑하여 나를 위해 죽으셨습니다.
이보다 더 감동적인 사실이 어디에 있겠습니까.
나는 그렇게 존귀한 존재입니다.
오늘 내 앞에 태산이 있다 하더라도 두려워 말게 하소서.
오늘 내 앞에 불가능이 산처럼 쌓여 있어도 담대하게 하소서.
나의 사랑이 되시는 예수 그리스도의 이름으로 기도합니다. 아멘!

11 | 25

내가 여호와께 바라는 한 가지 일 그것을 구하리니

> 내가 여호와께 바라는 한 가지 일 그것을 구하리니
> 곧 내가 내 평생에 여호와의 집에 살면서 여호와의 아름다움을 바라보며
> 그의 성전에서 사모하는 그것이라 (시편 27:4).

보좌에 앉으신 하나님 아버지, 찬양합니다.
나의 모든 부족함에도 불구하고 나를 구원하셨습니다.
자격 없는 자를 자격 있는 자로 만드신 아버지를 사랑합니다.
오늘도 이 땅에 거하며 살지만 나의 영혼은 천국을 누립니다.
여호와 하나님께 바라는 한 가지 일 그것을 구합니다.
내 평생에 여호와의 집에 살면서 주님의 아름다움을 바라보기 원합니다.
나의 사는 이곳이 교회이며 성전임을 믿습니다.

아버지께서는 어디에나 거하시니 내가 있는 이곳에 거하십니다.
다만 내가 거룩한 성전이 되어
아버지와 함께 거하는 복을 누리게 하소서.
죄의 소굴을 만들어놓고 아버지를 밀어내는 일이 없게 하소서.
탐욕으로 가득 채우고, 더러운 생각을 하며
아버지와 동행한다 말하지 말게 하소서.
내가 아버지와 함께 거하기 위해 나의 성전 됨을 알게 하소서.

오늘도 아버지의 아름다움을 경험하기 원합니다.
내 일평생 소원이 아버지의 집에 거하는 것입니다.
나의 성전 됨과 내 안에 성령님의 충만하심이
오늘 내게 현실이 되게 하소서.
나의 주 예수 그리스도의 이름으로 기도합니다. 아멘!

11 | 26

너희는 세상의 소금이니

> 너희는 세상의 소금이니 소금이 만일 그 맛을 잃으면
> 무엇으로 짜게 하리요 후에는 아무 쓸데없어
> 다만 밖에 버려져 사람에게 밟힐 뿐이니라 (마태복음 5:13).

하나님 아버지, 날마다 주시는 하나님의 은혜에 감사합니다.
아침마다 아버지의 신실한 사랑을 높여드립니다.
오늘도 주님의 손안에 모든 것을 올려드립니다.
나의 주가 되시며, 나의 모든 것이 되어주소서.
하나님을 향한 시선을 거두지 않고 하루 종일 그리하겠습니다.

오늘도 우리를 세상의 소금이라 하시니 감사합니다.
소금이 되라고 하시지 않고 '소금'이라고 명하셨습니다.
이제 두려움을 버리고 소금의 자리에서 녹아지게 하소서.
다른 사람을 위해서 내가 손해 보는 일에 주저하지 말게 하소서.
나를 보존하려다가 역할을 잃어버린 소금이 되지 말게 하소서.
나의 삶이 맛을 잃어버린 소금은 아닌지 돌아봅니다.
소금인데, 음식에 넣어지기를 거부한 채
소금의 형태만 가지고 있지는 않은지요.
내가 필요한 자리로 가게 하소서.
나의 도움이 보잘것없어도 도움 주기를 거절하지 말게 하소서.
크고 작은 모든 일에서 부패를 막는 자의 자리에 서게 하소서.

오늘도 빛이 되고 소금이 되어 세상을 돕기 원합니다.
나를 움직여 필요한 자리로 가는 열심을 허락하소서.
나의 주 예수 그리스도의 이름으로 기도합니다. 아멘!

11 | 27

그 고통을 다시 기억하지 아니하느니라

> 여자가 해산하게 되면 그때가 이르렀으므로 근심하나
> 아기를 낳으면 세상에 사람 난 기쁨으로 말미암아
> 그 고통을 다시 기억하지 아니하느니라 (요한복음 16:21).

하나님 아버지, 오늘도 소중한 날을 허락하시니 감사합니다.
하루하루가 얼마나 귀중한 날인지요.
오늘 하루가 모여 일주일이 되고, 일주일들이 모여 1년이 됩니다.
결국 오늘 하루가 나의 인생임을 기억하게 하소서.
그래서 허투루 하루를 보내지 않게 하소서.

여자가 해산의 때가 되면 걱정하지만
아기를 낳으면 기쁨으로 고난의 때를 잊게 됩니다.
인생을 살면서 고난과 고통의 시간을 지날 때가 있지만
하나님이 주시는 기쁨과 열매를 맛볼 때 모든 것을 잊게 하소서.
그날을 기대하며 지금의 고난을 견디게 하소서.
고난의 시간 없이는 열매도 없음을 기억하게 하소서.

내가 좋아하는 일을 하기 위해
얼마나 많은 시간 싫은 일을 해야 하는지요.
회복의 날을 맞이하기 위해 많은 고난의 시간을 인내하게 하소서.
그래서 반드시 하나님이 주시는 기쁨의 날을 맞이하게 하소서.
오늘도 인내할 힘을 주시는 하나님을 신뢰합니다.
고난을 뚫고 이겨나갈 힘을 주실 것을 믿습니다.
소망의 하나님 때문에 오늘을 견디며 담대히 나아갑니다.
나의 희망이 되시는 예수 그리스도의 이름으로 기도합니다. 아멘!

11 | 28

강한 손과 펴신 팔로 인도하여 내신 이에게 감사하라

> 강한 손과 펴신 팔로 인도하여 내신 이에게 감사하라
> 그 인자하심이 영원함이로다
> (시편 136:12).

어두움에서 나를 건지시는 하나님 아버지,
지금까지 살아오는 동안 얼마나 많은 위험과 어려움이 있었는지요.
내가 기억할 수 없는 많은 감사한 순간을 인해 하나님을 찬양합니다.
내가 알아차리지도 못한 수많은 사건 속에서 나를 건지신 아버지,
내가 알든 모르든 나를 지키신 아버지, 감사합니다.

아버지의 강한 손이 오늘도 나를 붙들어주소서.
펴신 팔로 나를 인도하여 주소서.
내 인생의 역사 속에 일하신 하나님을 잊는 일이 없게 하소서.
그 역사가 오늘 나의 증거가 됩니다.
그때 나를 지키신 아버지께서 오늘도 나를 지키실 것입니다.
오늘도 그 하나님을 아버지라 부를 수 있음에 감사합니다.

나만 아니라 사랑하는 가족들과 더 많은 사람이 주를 알게 하소서.
나의 삶 가운데 역사하신 아버지를 증거하기 원합니다.
내가 건짐 받았으니 당신도 그 하나님을 믿으라 외치겠습니다.
나만 구원받고 나 몰라라 하는 이기적인 신앙을 버리겠습니다.
오늘도 만나는 사람들마다 나의 하나님을 자랑하게 하소서.
온전히 믿는 신앙이 무엇인지를 삶으로 보여주는
소금 같은 자녀 되게 하소서.
나의 주 예수 그리스도의 이름으로 기도합니다. 아멘!

11 | 29

여호와께로 돌아가자

> 우리가 스스로 우리의 행위들을 조사하고
> 여호와께로 돌아가자
> (예레미야애가 3:40).

싱그러운 아침을 주신 하나님 아버지, 감사합니다.
올 한 해의 지나감을 보며 참 덧없음을 고백합니다.
한 것도 없는 듯한데 한 해가 지나가고 있습니다.
가을이 지나 겨울이 오는데, 나의 열매는 어디에 있는지요.
하나님을 의지하며 온다 했지만 이렇다 내세울 것이 없습니다.

올 한 해 동안 지켜주신 아버지의 사랑에 감사합니다.
어떤 것도 자유롭게 할 수 없는 한 해를 지났지만
지켜주신 아버지께 감사를 드립니다.
날마다 스스로의 행함을 돌아보게 하소서.
마음대로 행동하고 반성할 줄 모르는 자리에 앉지 말게 하소서.
만약에 나의 행위가 잘못되었다면 회개하게 하소서.
내 삶의 방식이 하나님을 멀리하는 것이라면 끊고 돌아서게 하소서.
하나님을 너무 멀리 떠나 있다면 서둘러 돌아오게 하소서.
여호와 하나님은 언제나 돌아오는 자를 맞아주시는 줄 믿습니다.
오늘 나의 행실이 하나님 앞에 부끄럽지 않게 하소서.

가을을 지나며 내가 결심했던 것들을 이루었는지 돌아보고
그렇지 않다면 다시 노력하게 하소서.
포기하지 않고 주님과 동행하는 날 되게 하소서.
나의 주 예수 그리스도의 이름으로 기도합니다. 아멘!

너희를 박해하는 자를 축복하라 축복하고 저주하지 말라

> 너희를 박해하는 자를 축복하라 축복하고 저주하지 말라
> 즐거워하는 자들과 함께 즐거워하고
> 우는 자들과 함께 울라 (로마서 12:14-15).

날마다 하나님의 인자하심과 성실하심에 감사를 드립니다.
하나님은 신실하게 나를 지키시는 분입니다.
오늘도 일어날 힘을 주시고 살아갈 뜻을 주시니 감사합니다.
아침에 기도함으로 아버지의 보좌 앞에 나아갑니다.
만나주시고 동행하여 주소서.

나를 박해하는 자들을 축복하라 하셨습니다.
그들을 축복하고 저주하지 말라 하셨습니다.
그러나 나의 마음이 이를 행하기에는 너무 작음을 고백합니다.
우리를 괴롭히는 자들을 축복하기가 너무 힘이 듭니다.
주님의 마음을 부어주소서.
자신을 채찍질하고 십자가에 못 박은 자들을 위해서도 죽으신 주님,
그 주님의 마음을 허락하여 주소서.
미움을 버리고 축복하는 자리에 가게 하소서.
원수를 사랑하는 일이 인간의 힘으로는 부족함을 고백합니다.
신의 자리에서 내려오신 예수님을 따라 하는 하루를 살게 하소서.

나의 마음이 아니라 주님의 마음으로,
나의 사랑이 아니라 주님의 사랑으로 이를 행하겠습니다.
나의 힘으로가 아니라 주님의 힘으로 할 수 있음을 믿습니다.
나의 주 예수 그리스도의 이름으로 기도합니다. 아멘!

하나님은 신실하게
나를 지키시는 분입니다.

12

예수께서 대답하여 이르시되 기록되었으되
사람이 떡으로만 살 것이 아니요 하나님의 입으로부터 나오는
모든 말씀으로 살 것이라 하였느니라 하시니

_ 마태복음 4:4

이 달 의 기 도 제 목

-
-
-
-
-

12 | 01

만일 땅에 있는 우리의 장막 집이 무너지면

> 만일 땅에 있는 우리의 장막 집이 무너지면 하나님께서 지으신 집
> 곧 손으로 지은 것이 아니요 하늘에 있는 영원한 집이
> 우리에게 있는 줄 아느니라 (고린도후서 5:1).

생명 주신 하나님 아버지,
오늘도 주님이 예비하신 은혜를 부어주소서.
하늘의 것을 사모하는 자에게 신령한 복을 허락하소서.
세상이 줄 수 있는 것보다 하늘의 것을 더 사모하게 하소서.

우리는 하늘에 있는 영원한 집을 소유했음을 믿습니다.
이 땅에서 전전긍긍하며 살다 보니 육체에 온 힘을 쏟게 됩니다.
내 몸이 다인 것 같고, 이 땅이 다인 것 같습니다.
그래서 조금만 무너지면 인생이 끝나는 것처럼 좌절합니다.
이 땅에 가지고 있는 소망을 옮기게 하소서.
내가 집중하고 있는 곳에 나의 소망이 있는 줄 믿습니다.
이 세상에 집중하고 있으니 이 세상이 다인 것 같습니다.
자식에게 집중하고 있으니 자식이 다인 것 같습니다.
집에 집중하고 있으니 집이 다인 것 같습니다.
눈을 떠 하늘을 보게 하소서.

보이는 것이 아니라 보이지 않는, 더 많은 중요한 것을 보게 하소서.
나는 하늘의 소망을 품고 사는 사람임을 알게 하소서.
오늘도 하늘 보좌 앞에 나아가
세상에 꽂힌 시선을 돌려 하늘을 향하게 하소서.
나의 주 예수 그리스도의 이름으로 기도합니다. 아멘!

사람이 떡으로만 살 것이 아니요

> 예수께서 대답하여 이르시되 기록되었으되
> 사람이 떡으로만 살 것이 아니요 하나님의 입으로부터 나오는
> 모든 말씀으로 살 것이라 하였느니라 하시니 (마태복음 4:4).

날마다 일용할 양식을 주시는 하나님 아버지, 감사합니다.
어려운 상황에서도 굶지 않고 살아갈 수 있음이 주님의 은혜입니다.
날마다 먹고 사는 것이 참으로 우리에게 시험거리가 됩니다.
똑같은 세 끼를 먹지만 더 잘 먹고, 더 잘 살고자 얼마나 노력하는지요.
부요한 사람들을 향한 부러움을 접지 못함을 용서하소서.
넉넉한 사람들의 삶은 모두 행복할 것이라고 착각함을 회개합니다.
마음의 중심이 떡에 가 있음을 용서하소서.

예수님은 사람은 떡으로만 사는 것이 아니라
하나님의 말씀으로 산다 하셨습니다.
오늘 당장 먹을 것이 아니라 10년, 20년의 먹을 것을 예비하느라
너무 피곤합니다.
나의 모든 열정이 여기에 빼앗겨 있음을 고백합니다.
오늘 성실하게 최선을 다했다면 미래에 대한 걱정을 내려놓게 하소서.
너무 미래를 예비하느라 오늘 아버지를 외면하는 일이 없게 하소서.

하나님의 말씀 없이 미래의 10년, 20년은
절대 보장되지 않음을 믿습니다.
아니, 오늘 하루도 살 수 없음을 고백합니다.
떡만큼이나 아버지의 말씀에 집중하여 영혼을 먼저 살리게 하소서.
나의 양식이 되시는 예수 그리스도의 이름으로 기도합니다. 아멘!

12 | 03

내 백성 이스라엘이 사로잡힌 것을 돌이키리니

내가 내 백성 이스라엘이 사로잡힌 것을 돌이키리니
그들이 황폐한 성읍을 건축하여 거주하며 포도원들을 가꾸고
그 포도주를 마시며 과원들을 만들고 그 열매를 먹으리라 (아모스 9:14).

하나님 아버지, 오늘도 주님 앞에 나아가 기도를 드립니다.
나의 얼굴을 돌려 주님을 향합니다.
어제 하루 종일 사느라 분주해서 주님을 보지 못했음을 회개합니다.
혹여 지은 죄가 있거든 보혈의 권능으로 씻어주소서.
나의 몸만 아니라 나의 영혼을 씻고 오늘 하루를 시작합니다.

이스라엘 백성을 때로는 경책하시고, 때로는 위로하신 아버지,
인생을 살면서 고비고비 넘길 때마다
아버지의 위로와 경책을 멈추지 마소서.
엇나가는 길을 갈 때 경책하시고, 고난당할 때 긍휼히 여기소서.
사로잡힌 것을 돌이키실 때에 온전한 회복을 주실 것을 믿습니다.
질병에 사로잡힌 한 해를 살고 있는 우리를 불쌍히 여기소서.

우리에게 다시 회복의 날을 허락하소서.
상한 것을 고치시고 찢어진 것을 꿰매어주소서.
고통이 길어 마음이 허물어진 자를 위로하시고 다시 세워주소서.
집이 무너지고 포도원이 망가진 자의 생업을 다시 견고케 하소서.
흩어지고 갈라진 마음을 다시 하나로 만들어주소서.
하나님만이 하실 수 있는 온전한 회복을 기다립니다.
인간의 힘으로 할 수 없는 것임을 철저히 고백합니다.
나의 구원이 되시는 예수 그리스도의 이름으로 기도합니다. 아멘!

12 | 04

모든 것을 품위 있게 하고 질서 있게 하라

> 모든 것을 품위 있게 하고
> 질서 있게 하라
> (고린도전서 14:40).

언제나 따뜻하신 하나님 아버지, 그 사랑에 감사합니다.
우리를 만드셨음에도 우리를 존중하시는 하나님의 성품을 찬양합니다.
완벽한 신이심에도 약자를 돌보시는 아버지의 사랑에 감사합니다.
자격 없는 자에게 사랑을 부으시고 안으시는 품에 오늘도 안깁니다.

하루를 살면서 오늘 아버지의 품격을 닮은 자가 되게 하소서.
약자에게 한없이 냉정한 태도를 버리게 하소서.
오늘도 나의 힘으로 사는 양 자만하는 것을 버리게 하소서.
내가 만들지 않았는데도 내 것인 듯
좌지우지하려는 마음을 버리게 하소서.
약점투성이면서 마치 나는 강자인 것처럼
갑질하는 것을 멈추게 하소서.
어찌 그리 먼지같이 작은 자가 하늘을 향하여 삿대질을 하는지요.
작음을 알지 못하고 교만한 자로 살지 말게 하소서.
경박한 신앙인의 자리에서 내려오게 하소서.

피조물의 분수를 지키게 하시고 마땅히 겸손의 자리에 앉게 하소서.
하나님을 경외하며 믿는 자의 품위를 지키게 하소서.
작은 이익에 급해 질서를 무너뜨리지 말게 하소서.
모든 것이 하나님이 주신 것이니 감사하며 살게 하소서.
나의 주 예수 그리스도의 이름으로 기도합니다. 아멘!

12 | 05

너희 관용을 모든 사람에게 알게 하라

너희 관용을 모든 사람에게 알게 하라
주께서 가까우시니라
(빌립보서 4:5).

하나님 아버지, 한 해의 마지막 달을 지나고 있습니다.
세월은 빠르고, 시간을 너무 많이 허비했습니다.
걱정, 근심만 하면서 한 해가 간 것은 아닌지 두렵습니다.
예기치 못한 질병과 혼란에 빠져 지내다 보니 한 해가 가버렸습니다.
세월을 아끼게 하소서.

주어진 시간 안에서 최선을 다하지만 언제나 부족합니다.
열심히 산다고 모두 열매를 거두는 것이 아님을 깨닫습니다.
결국 하나님의 손안에 있을 때에야 참된 열매를 거둘 줄 믿습니다.
아직 남은 시간 속에서 더욱 하나님께 나아가게 하소서.
하나님의 성품을 닮아 행하는 자 되게 하소서.
사람들 앞에 보이는 업적이 월급의 상승이 아님을 알게 하소서.
올 한 해의 열매가 사업 확장과 유지나 자격증 취득이 아니라
하나님 앞에서 나의 신앙인으로서 성숙함임을 알게 하소서.

나의 관용을 보이는 데 인색했음을 용서하소서.
나의 신앙이 다른 사람에게 이익이 되지 못함을 회개합니다.
오늘 나의 관용이 모든 사람에게 유익이 되게 하소서.
그들에게서 예수님을 믿는 제자답다는 말을 듣게 하소서.
나의 열매가 신앙의 성숙이 되기를 간절히 원합니다.
나의 주 예수 그리스도의 이름으로 기도합니다. 아멘!

12 | 06

나는 죄인을 부르러 왔노라

> 너희는 가서 내가 긍휼을 원하고 제사를 원하지 아니하노라 하신 뜻이
> 무엇인지 배우라 나는 의인을 부르러 온 것이 아니요
> 죄인을 부르러 왔노라 (마태복음 9:13).

언제나 나를 지키시고 함께하시는 은혜의 아버지, 감사합니다.
기도하는 이 순간이 하루 중 제일 기쁜 시간입니다.
내 멋대로 했던 일을 내려놓고 주님 앞에 나의 뜻을 조정합니다.

"너희는 가서 내가 긍휼을 원하고 제사를 원하지 아니하노라"
하신 뜻이 무엇인지 배우라 하셨습니다.
말씀으로 이미 알고 있지만 실천하지 못함을 용서하소서.
사람을 비난하거나 지적하는 일에 빠른 마음을 회개합니다.
긍휼은 전혀 없으면서 하나님 앞에 예배는 절절히 드렸습니다.
내가 받은 은혜의 감동으로 눈물은 흘리면서 자비는 없었습니다.

하나님은 죄인인 나를 이렇게 사랑하셔서 구원하셨습니다.
그런데 나는 다른 이를 향해 한없이 날카로운 잣대로 배척합니다.
나는 구원받았지만 그들은 안 된다는 듯 여기는 교만을 용서하소서.
눈물의 예배보다 죄인을 향한 긍휼을 갖게 하소서.
세상을 비난하는 마음을 버리고 사랑하는 마음을 갖게 하소서.
나도 죄인이었음을 잊지 말고 은혜에 감사하게 하소서.
다른 죄인들을 향하여
속히 그들도 하나님의 품에 안기게 하려는 갈망을 주소서.
모든 비난의 언어를 내려놓고 세상을 향해 사랑으로 나가게 하소서.
나의 주 예수 그리스도의 이름으로 기도합니다. 아멘!

네 부모를 즐겁게 하며 너를 낳은 어미를 기쁘게 하라

**네 부모를 즐겁게 하며
너를 낳은 어미를 기쁘게 하라**
(잠언 23:25).

나의 부모가 되어주시고 나를 온전히 책임지시는 아버지,
하나님의 사랑으로 온전히 보호하시니 감사합니다.
나의 환경이 어떠하더라도 하나님은 내게 부족함이 없으십니다.
오늘도 그 하나님을 의지하여 담대히 나아갑니다.
두려워하지 말게 하시고, 당당하게 하루를 시작하게 하소서.

나를 낳아주신 부모님을 위해 기도합니다.
건강과 영혼을 주님이 책임져주소서.
연세가 드실수록 연약해지는 육체와 불안정한 감정이 있습니다.
그 삶이 참으로 고달팠고 힘겨웠음을 기억하고 품어드리게 하소서.
이해할 수 없다는 불평보다는 감사하는 마음으로 섬기게 하소서.
내가 어릴 적에 얼마나 이해할 수 없는 많은 것을 받아주셨나요.
수십 년을 당연히 이해받고 살았으면서
부모님의 노년기를 받아들이지 못함을 용서하소서.
부모님을 기쁘시게 하게 하소서.
부모님의 노고를 기억하며 감사의 마음으로 다가가게 하소서.

특별히 출산의 고통과 양육의 어려움을 이기신 어머니를
온전히 섬겨드리기 원합니다.
부모님을 공경하는 것이 십계명의 명령이니 이에 순종하게 하소서.
나의 모든 것 되시는 예수 그리스도의 이름으로 기도합니다. 아멘!

다 하나님의 영광을 위하여 하라

> 그런즉 너희가 먹든지 마시든지 무엇을 하든지
> 다 하나님의 영광을 위하여 하라
> (고린도전서 10:31).

영광 받기 합당하신 하나님 아버지,
폭풍우 치던 여름이 지나고 1년의 긴 시간이 흘러가고 있습니다.
한 해 동안 이렇다 할 일이 없었어도 주님께 감사드립니다.
존재함에 감사하고, 일상을 살 수 있음에 감사합니다.

어떤 이는 풍성한 한 해였겠고,
대부분의 이들은 빈손 같은 한 해였습니다.
어떤 이는 전진하는 한 해였고,
대부분의 이들은 퇴보한 것 같은 날들이었습니다.
그러나 이 모든 기준은 업적과 돈벌이입니다.
한 해 동안 하나님을 더욱 가까이했다면 풍성한 한 해였습니다.
하나님을 기억하며 영광 돌리기 위해 애썼다면
열매 가득한 한 해입니다.
아무 일도 못했어도 먹고 마시는 모든 일을 하나님을 위해 했다면
올 한 해를 아주 잘 살아낸 것입니다.
이 기준을 일평생 지니게 하소서.

먹는 순간에도, 마시는 순간에도 주님을 위하게 하소서.
무엇을 하든지 그 영광을 하나님께 돌리게 하소서.
내 삶의 목적이 하나님이 되시기를 원합니다.
나의 주 예수 그리스도의 이름으로 기도합니다. 아멘!

12 | 09

주께서 너희를 용서하신 것같이 너희도 그리하고

> 누가 누구에게 불만이 있거든 서로 용납하여 피차 용서하되 주께서 너희를 용서하신 것같이 너희도 그리하고 이 모든 것 위에 사랑을 더하라 이는 온전하게 매는 띠니라 (골로새서 3:13-14).

귀한 날을 주신 하나님 아버지, 감사합니다.
오늘도 주님으로 인해 기대합니다.
하나님의 도우심을 바라고 하루를 시작합니다.

못마땅한 사람이 있다면 그가 누구든 용납하는 하루 되게 하소서.
무언가 짐작이 간다면 그저 짐작일 뿐
사실이 아닐 수 있음을 기억하게 하소서.
그렇게 행동할 수밖에 없는 이유가 있을 수 있다는
이해의 마음을 허락하소서.
나에게 잘못했다 하더라도 용납하기 원합니다.
모든 일에 피차 용서하되 주님이 나를 용서하심같이 하게 하소서.

나는 어마어마한 죄를 용서받은 죄인이었음을 잊지 말게 하소서.
내가 하나님의 자녀 된 것은 내가 잘나서가 절대 아닙니다.
그래서 내가 누군가를 판단하고 정죄하는 일을 멈추게 하소서.
나의 부족함을 용납받았듯 다른 사람의 부족함을 용납하게 하소서.
나의 분노가 약자에게 표출된다면
내가 얼마나 악한 사람인지 회개하게 하소서.
용서가 시작이고, 그 위에 사랑을 더하게 하소서.
오늘 하지 못한 모든 용서가 이루어지는 날 되게 하소서.
나를 용서하신 예수 그리스도의 이름으로 기도합니다. 아멘!

12 | 10

생육하고 번성하여 땅에 충만하라, 땅을 정복하라

> 하나님이 그들에게 복을 주시며 하나님이 그들에게 이르시되 생육하고 번성하여 땅에 충만하라, 땅을 정복하라, 바다의 물고기와 하늘의 새와 땅에 움직이는 모든 생물을 다스리라 하시니라 (창세기 1:28).

인간을 사랑하시되 모든 것을 주기까지 사랑하신 아버지, 감사합니다.
사람을 만드시고 얼마나 좋아하셨던지 모든 것을 선물로 주셨습니다.
생명이 풍성한 지구를 선물로 주시며 더불어 살라 명하셨는데
그리하지 못함을 회개합니다.

아름다운 땅과 바다, 물고기와 새들, 모든 동물은
이용거리가 아니라 동반자였습니다.
공존해야 했는데 모든 것을 소진하며 이익을 취했음을 회개합니다.
하나님이 주신 것들에 대한 귀함과 감사가 없었음을 용서하소서.
우리의 패역함이 자연을 망쳤고, 그 피해를 보고서야 깨달았습니다.
지금이라도 하나님이 주신 모든 환경을 섬기고 보존하게 하소서.

인간이 힘이 있다는 이유로 동물을 학대하는 일이 없게 하소서.
자연을 훼손하면서 인간을 위하는 길이라 생각하지 말게 하소서.
우리가 살아갈 터전을 너무 쉽게 파괴하는 일을 멈추게 하소서.
오늘 하나님의 자연을 향한 명령 앞에
회개하며 다시 시작하기 원합니다.
남의 일이 아니라 나의 일이니 그들을 온전히 다스리겠습니다.
그들을 보호하고, 지키며, 더불어 사는 법을 배우겠습니다.
자연의 회복을 구하오니 주님의 은혜를 허락하소서.
나의 주 예수 그리스도의 이름으로 기도합니다. 아멘!

12 | 11

생각하건대 현재의 고난은

**생각하건대 현재의 고난은
장차 우리에게 나타날 영광과 비교할 수 없도다**
(로마서 8:18).

날마다 애지중지 나를 돌보시는 하나님 아버지, 감사합니다.
오늘도 그 사랑을 힘입어 살아가게 하소서.
나에게서 나올 힘이 없다 하더라도 괜찮습니다.
나의 사는 모든 길 가운데 능력을 공급하시는 분은 하나님이십니다.

오늘 나에게 고난이 있거든 이 소망을 붙들게 하소서.
현재의 고난은 장차 우리에게 나타날 영광과 비교할 수 없습니다.
내게 머문 고난 가운데 하나님으로 인해 온전한 인내를 갖게 하소서.
지나간다고 고난을 잘 통과한 것이 아님을 알게 하소서.
고난을 통해 하나님과 더 가까워지게 하소서.
불평과 불만을 하루 종일 일삼으며 고난을 지나지 말게 하소서.
어차피 지나갈 고난이라면 아버지를 신뢰함으로 찬양하게 하소서.
고난 중에 감사하게 하소서.
이 고난을 통해 이루실 열매와 영광을 바라보게 하소서.
고난의 최고 열매는 하나님과 가까워지는 것이니
매 순간 주 앞에 나아갑니다.

오늘도 말씀하소서.
오늘도 나의 마음을 지키소서.
오늘도 내 손을 붙드셔서 이 터널을 온전히 지나가게 하소서.
나의 위로가 되시는 예수 그리스도의 이름으로 기도합니다. 아멘!

12 | 12

시험을 참는 자는 복이 있나니

> 시험을 참는 자는 복이 있나니 이는 시련을 견디어 낸 자가
> 주께서 자기를 사랑하는 자들에게 약속하신
> 생명의 면류관을 얻을 것이기 때문이라 (야고보서 1:12).

오늘도 일용할 양식을 주시는 나의 주 아버지, 감사합니다.
오늘의 분량만큼 살아갈 힘과 능력을 공급하심에 감사합니다.
모든 순간 나를 바라보시며
머리카락까지 세시는 사랑에 감사드립니다.
오늘도 주님의 은혜에 감사하며 하루를 시작합니다.

오늘도 시험이 다가올 때에 견고하게 하소서.
마음의 정함이 없어 흔들거리지 않게 붙들어주소서.
유혹은 물리치고 시험은 통과하게 하소서.
시련이 올 때에 하늘을 바라보고 인내하게 하소서.
풍랑이 일 때에 두려움을 물리치고 담대하게 하소서.
나를 나보다 사랑하시는 주님이 나를 지키실 것입니다.
주님이 이 길 끝에서 두 팔 벌려 우리를 맞아주실 것입니다.
이 믿음이 오늘을 살게 합니다.
주님의 사랑이 나를 견디게 합니다.
이 시련의 끝에 주님의 밝은 얼굴이 있을 것을 믿습니다.

약속하신 생명의 면류관을 기대합니다.
신실하신 주님의 약속이 나의 소망이 됩니다.
오늘도 나와 동행하여 주소서.
나의 주 예수 그리스도의 이름으로 기도합니다. 아멘!

12 | 13

여호와께서 그를 병상에서 붙드시고

> 여호와께서 그를 병상에서 붙드시고
> 그가 누워 있을 때마다 그의 병을 고쳐 주시나이다
> (시편 41:3).

오늘도 나를 살리신 치유의 하나님 아버지, 감사합니다.
질병으로 고통을 당하든, 건강한 몸으로 아침을 맞이하든 감사합니다.
오늘 내가 살아 있는 모든 이유는 하나님의 은혜 때문입니다.
따라서 오늘 나에게는 오늘을 살아야 할 사명이 있음을 믿습니다.
오늘 내가 살아서 무엇 하기를 원하시는지 알려주소서.

우리가 병중에 있을 때에 우리를 붙드시는 주님, 감사합니다.
우리가 고통당하는 것을 기뻐하시지 않고 슬퍼하심에 감사합니다.
병든 나를 바라보며 눈물 흘리심에 감사합니다.
그 사랑에 힘입어 오늘 나를 맡겨드립니다.
병든 자의 병상을 붙들어주소서.
주님의 치유의 손으로 어루만져주소서.
질병을 물리치고 털고 일어나게 하소서.
고난 중에 주님의 손으로 견디게 하시고 이기게 하소서.
모든 것을 승리하신 주님을 의지하여 감사로 하루를 보냅니다.
무엇보다 마음을 지키게 하시고 두려움의 제물이 되지 말게 하소서.

오늘 나의 구원이 하나님께 있음을 고백합니다.
어느 곳에서나 동일하게 일하시는 주님을 신뢰합니다.
나의 자리가 병상이든, 책상 앞이든, 주방이든 주님이 동행하소서.
나의 주 예수 그리스도의 이름으로 기도합니다. 아멘!

12 | 14

나를 기가 막힐 웅덩이와 수렁에서 끌어올리시고

> 나를 기가 막힐 웅덩이와 수렁에서 끌어올리시고
> 내 발을 반석 위에 두사
> 내 걸음을 견고하게 하셨도다 (시편 40:2).

모든 곳에서 나를 바라보시는 나의 주 하나님 아버지, 감사합니다.
나는 하나님의 눈에서 벗어날 수 없음에 감사합니다.
오늘도 하나님을 의식하며 살게 하소서.
죄의 길을 가려 할 때 주님의 시선을 느껴 돌이키게 하소서.
어려운 형편 가운데 있을 때 주님이 보시고 나를 건져주소서.

기가 막힐 웅덩이에서 나를 끌어올리시는 아버지, 감사합니다.
내가 수렁에 빠질 때 모든 사람이 외면해도 하나님은 살려내십니다.
나의 잘못으로 빠졌든, 남의 계략으로 빠졌든 나를 건져주소서.
나의 발을 더 이상 빠지지 않을 반석 위로 옮겨주소서.
걸을 수 없는 지경에서 일어나 다시 달릴 수 있도록 도와주소서.
언제나 나의 힘은 여호와 하나님이십니다.
나의 반석이 되시는 아버지를 찬양합니다.
나를 돌보시는 이도 하나님이십니다.
나를 일으키시는 이는 아버지이십니다.
이 믿음을 일평생 잃어버리지 말게 하소서.

오늘도 주님이 나의 아버지 되심을 찬양합니다.
내가 일평생 주님을 노래하며 살겠습니다.
주님만이 나의 모든 것이 되어주소서.
나의 주 예수 그리스도의 이름으로 기도합니다. 아멘!

12 | 15

사람이 내게 어찌하리요

> 그러므로 우리가 담대히 말하되 주는 나를 돕는 이시니
> 내가 무서워하지 아니하겠노라
> 사람이 내게 어찌하리요 하노라 (히브리서 13:6).

싱그러운 아침을 주신 하나님 아버지, 감사합니다.
어느덧 겨울을 맞아 그 한가운데를 지나고 있습니다.
모든 잎을 떨어뜨리고 이제 벗은 나목으로 서는 계절이 되었습니다.
꽃도, 잎도 떨어지고 앙상한 가지만 남는 시간입니다.
어찌 보면 가장 정직한 계절 앞에 서 있습니다.

이때에 나의 모습을 바라보게 하소서.
나의 화려했던 꽃들도 다 떨어지고, 나를 가려주던 잎도 없습니다.
가장 초라하고 가장 불쌍해 보이는 시절이 겨울입니다.
그러나 이때에 포기하지 말게 하소서.
우리의 생명은 그 나무 안에 그대로 있기 때문입니다.
우리가 담대히 선포하게 하소서.
주는 나를 돕는 이십니다.
나는 그래서 두렵지 않습니다.
모든 것이 떨어지고 초라할 때도 내 안의 생명력은 그대로입니다.
주님이 나의 생명이 되시기 때문입니다.

이 모든 것은 봄이 오면 증명될 것입니다.
떨어진 나뭇잎 대신 새싹이 올라올 때 주님이 나를 지키셨음을요.
그날을 믿고 기쁨으로 기다립니다.
나의 생명이 되시는 예수 그리스도의 이름으로 기도합니다. 아멘!

12 | 16

마침내 네게 복을 주려 하심이었느니라

네 조상들도 알지 못하던 만나를 광야에서 네게 먹이셨나니
이는 다 너를 낮추시며 너를 시험하사
마침내 네게 복을 주려 하심이었느니라 (신명기 8:16).

겨울이 겨울 되게 하신 하나님 아버지, 감사합니다.
때로는 계절의 변화가 달갑지 않지만
그 변화로 자연이 돌아감에 감사합니다.
나에게 허락하신 것이 무엇이든 감사한 날로 살게 하소서.
나의 입술에서 불평을 제거하고 주님을 향한 찬양을 담게 하소서.

이스라엘 백성을 광야생활 중에 먹이고 입히셨던 하나님이
지금 나에게도, 우리 모두에게도 만나를 먹이실 것을 믿습니다.
때로는 더 풍성한 것, 더 화려한 것을 먹지 못할지도 모릅니다.
그러나 결국 이 모든 과정은 기본만 사는 삶 속에서
나를 낮추시며 겸손하게 하시려는 것임을 믿습니다.
하나님이 허락하신 환경에 감사하게 하소서.
하나님의 귀한 뜻을 이해하지 못한다 하더라도 순종하게 하소서.
결국 하나님은 가장 선한 길로 인도하심을 신뢰합니다.
어려움은 과정일 뿐이라는 믿음으로 감사하게 하소서.
주를 향한 신뢰로 오늘 떠오른 구름 기둥을 따라가게 하소서.

오늘도 일용할 양식을 채우시는 주님을 찬양합니다.
내가 원하는 만큼 주시지 않는 그 뜻에 감사합니다.
나의 육체와 영혼을 살리시는 주님의 계획에 감사를 드립니다.
나의 영의 양식이 되시는 예수 그리스도의 이름으로 기도합니다. 아멘!

12 | 17

여호와는 가난하게도 하시고 부하게도 하시며

> 여호와는 가난하게도 하시고 부하게도 하시며
> 낮추기도 하시고 높이기도 하시는도다
> (사무엘상 2:7).

나의 서는 자리에 함께 서시고,
나의 앉는 자리에 함께 앉으시는 하나님 아버지, 감사합니다.
어제 지었던 모든 죄악을 주님 앞에 내려놓습니다.
기억하지 못하는 모든 죄까지도 예수님의 보혈로 깨끗이 씻어주소서.
오늘도 가벼운 영혼으로 하루를 시작하게 하소서.

오늘도 성실한 하루 되기 원합니다.
매 순간 성실히 살아도 때론 가난을 벗어나지 못함을 불쌍히 여기소서.
노력해서 되지 않는 일을 만날 때 좌절할까 두렵습니다.
가난 속에서 낙망하지 말게 하소서.
지금이 나의 일평생 지속되는 것이 아님을 기억하게 하소서.
하나님의 손에서 때로는 가난하게, 때로는 부하게 하심을 믿습니다.
일부러 나를 가난하게 만들어 고통을 주시는 것이 아님을 믿습니다.

부조리한 세상 속 어느 곳에 있든지 하나님이 동행하심을 믿습니다.
나를 낮추기도 하시고 높이기도 하시는 하나님의 섭리를 신뢰합니다.
그래서 오늘도 좌절을 택하기보다 인내를 택하게 하소서.
부자여야만 행복하다는 세상의 공식에서 벗어나게 하소서.
사실이 아닌 일에 매여 나는 불행하다는 확신을 버리게 하소서.
나의 행복은 모든 곳에서 가능함을 믿고 소망을 갖게 하소서.
나의 기쁨 되시는 예수 그리스도의 이름으로 기도합니다. 아멘!

12 | 18

양 무리의 본이 되라

맡은 자들에게 주장하는 자세를 하지 말고
양 무리의 본이 되라
(베드로전서 5:3).

사랑으로 나를 인도하시는 하나님 아버지, 감사합니다.
싸늘한 날씨만큼이나 신선함을 주시니 감사합니다.
겨울을 지나며 하나님을 향한 생명력을 점검하게 하소서.
나의 경제력만 겨울을 대비하는 것이 아니라
나의 영혼도 겨울을 대비하게 하소서.
하나님이 주시는 강력한 생명력으로 겨울을 견디게 하소서.

하나님이 나에게 맡겨주신 사람들을 위해 기도합니다.
그들을 인도할 때에 예수님의 목자 되심을 기억하게 하소서.
나의 위치나 권위로써가 아니라 나의 마음으로 다스리게 하소서.
주장하는 자세로 하는 것이 권위라 생각하지 말게 하소서.
섬기면 내가 무시받는다는 세상의 원리를 따르지 말게 하소서.
세상에서는 낮아지는 것이 때로 무시를 받을 수 있습니다.
그럼에도 높아지려는 마음을 내려놓게 하소서.

세상의 원리와 하늘의 원리가 같다면 신앙을 실천할 필요가 없습니다.
세상의 원리와 반대로 가지만, 그래서 때로 손해를 보지만
그럼에도 불구하고 주장할 수 있을 때 주장하지 말게 하소서.
가정에서든, 직장에서든, 사회에서든 본이 되게 하소서.
하나님을 믿는 사람은 정말 다르다는 말을 듣는 하루 되게 하소서.
나의 본이 되신 예수 그리스도의 이름으로 기도합니다. 아멘!

12 | 19

나의 생명조차 조금도 귀한 것으로 여기지 아니하노라

내가 달려갈 길과 주 예수께 받은 사명
곧 하나님의 은혜의 복음을 증언하는 일을 마치려 함에는
나의 생명조차 조금도 귀한 것으로 여기지 아니하노라 (사도행전 20:24).

오늘도 주님의 길로 인도하시는 아버지, 감사합니다.
어떻게 살아야 할지 하나님께 묻고 하루를 시작합니다.
오늘을 향한 하나님의 뜻은 무엇입니까?
오늘 내가 반드시 해야 하는 사명은 무엇입니까?
아버지의 뜻을 내 마음 가운데 깨닫게 하여 주소서.

일평생 하나님을 위해 사는 일은 어렵다고 생각하지 말게 하소서.
하나님을 기억하며 충실한 하루를 산다면 그것이 인생임을 믿습니다.
하나님의 사명을 이루는 일은 거창한 것이 아니라
오늘의 사명을 행하는 것입니다.

일평생 순교할 만큼 거창한 일을 하지는 못하지만
오늘 달려갈 길을 가게 하소서.
모든 것을 버리고 선교지에 가지 않아도 된다면
오늘 내 자리에서 복음을 전하게 하소서.
작은 일부터 달려갈 걸음을 다하게 하소서.
나의 생명을 아끼지 않고 주님의 사명을 감당하기 원합니다.
생명을 요구하시지 않는 주님 앞에
더 편한 오늘의 사명조차 거절하지 말게 하소서.
오늘 마음을 다해 달려갈 길을 다 가게 하소서.
나의 길이 되시는 예수 그리스도의 이름으로 기도합니다. 아멘!

12 | 20

하나님의 은사와 부르심에는 후회하심이 없느니라

> 하나님의 은사와 부르심에는
> 후회하심이 없느니라
> (로마서 11:29).

오늘도 풍성한 은혜를 부어주시는 하나님 아버지, 감사합니다.
아침마다 주님을 노래하며 사랑을 고백합니다.
나의 사랑, 나의 모든 것 되시는 아버지를 찬양합니다.
어제도 우리를 지켜주셨으며, 오늘도 반석 위에 세우실 것입니다.
하나님을 향한 마음이 아버지를 기쁘시게 하기 원합니다.

보잘것없는 나에게도 하나님의 은사를 부어주시니 감사합니다.
아버지께서 주신 은사와 부르심에는 후회하심이 없다 하셨습니다.
기적을 베푸는 은사가 없어도, 병 고치는 은사가 없어도 감사합니다.
우리 모두에게 사랑할 수 있는 은사를 주셨으니
그 부르심에 응답합니다.
초자연적인 것만이 은사가 아님을 깨닫게 하소서.
오늘 사람을 사랑하고 품어주는 은사로 하루를 살게 하소서.
누군가의 필요를 발견하는 은사를 가졌다면 그 필요를 채우게 하소서.
온유한 말로 위로하며 격려하는 은사가 있다면 사람을 세우게 하소서.
화평케 하는 은사가 있다면 다툼을 그치고 평화를 이루게 하소서.

나에게 주신 성품과 은사로 오늘을 가득 채우게 하소서.
나에게 주신 모든 것 안에 나를 향한 부르심이 있음을 믿습니다.
오늘도 가장 쉬운 일부터 시작합니다.
나의 주 예수 그리스도의 이름으로 기도합니다. 아멘!

12 | 21

하나님이 우리를 구원하사 거룩하신 소명으로 부르심은

> 하나님이 우리를 구원하사 거룩하신 소명으로 부르심은
> 우리의 행위대로 하심이 아니요 오직 자기의 뜻과 영원 전부터
> 그리스도 예수 안에서 우리에게 주신 은혜대로 하심이라 (디모데후서 1:9).

높으신 하나님 아버지,
아침마다 나의 이름을 불러 깨우시며 나를 어루만지심에 감사합니다.
불 가운데를 지날 때에, 물 가운데를 지날 때에 나를 보호하셨습니다.
나를 구원하신 아버지의 은혜를 인해 찬양을 드립니다.
내가 한 일이 아무것도 없습니다.
아버지의 무조건적인 사랑으로 구원을 이루셨습니다.
그렇게 나를 부르신 그 소명에 응답하는 하루 되게 하소서.
이 은혜가 너무 커서 다른 고난이 보이지 않게 하소서.

십자가의 사랑을 가득 품고 인생을 살기 원합니다.
하루하루 일어나는 작은 일들에 집중하느라
구원의 감격을 내다버리지 말게 하소서.
그건 그거고, 필요한 건 또 필요한 것이라며
요구하는 삶을 버리게 하소서.

내가 받은 구원은 내 모든 부족함을 채우고도 넘치는 것입니다.
일평생 내 삶이 고난 가운데 있을지라도
감사할 수밖에 없는 엄청난 것입니다.
구원의 감격이 오늘도 나를 사로잡게 해주소서.
즐거운 부르심에 기쁘게 응답하며 감사하는 날 되게 하소서.
나를 위해 십자가 지신 예수 그리스도의 이름으로 기도합니다. 아멘!

12 | 22

하나님의 사랑에서 끊을 수 없으리라

> 내가 확신하노니 사망이나 생명이나 천사들이나 권세자들이나
> 현재 일이나 장래 일이나 능력이나 높음이나 깊음이나 다른 어떤 피조물이라도
> 우리를 우리 주 그리스도 예수 안에 있는 하나님의 사랑에서 끊을 수 없으리라
> (로마서 8:38-39).

하나님의 은혜로 하루를 시작하게 하신 아버지, 감사합니다.
어제의 모든 무거운 걱정, 근심을 내려놓고 주님 앞에 나아갑니다.
나의 걱정으로 무엇 하나 올바로 바꿀 수 없음을 고백합니다.
근심하는 시간에 기도하고 아버지의 지혜를 구하게 하소서.

오늘 내가 담대할 수밖에 없는 것은 주님의 사랑 때문입니다.
인생을 위협하는 어떤 것도 하나님 사랑에서 나를 끊을 수 없습니다.
사망도, 생명도, 어떠한 권세자도
나를 하나님으로부터 떨어뜨릴 수 없습니다.
현재 어려운 상황도, 미래의 암담한 안목도 그 사랑을 끊을 수 없습니다.
어떤 높은 장애물도, 어떤 깊은 수렁도
나를 아버지에게서 멀리하게 만들 수 없습니다.

완벽하신 하나님의 사랑이 나를 견고하게 붙들고 있음을 믿습니다.
나를 끌어안고 계신 아버지의 팔에서 어떤 것도 나를 빼앗지 못합니다.
하나님이 아닌 어떤 피조물도 나를 떼어낼 수 없습니다.
감사합니다. 감사합니다.
그 눈물겨운 뜨거운 사랑에 감사를 드립니다.
오늘 이 사랑의 힘으로 주저 없이 달려갑니다.
나를 끌어안고 놓지 않으시는 나의 아버지를 높여 찬양합니다.
나의 주 예수 그리스도의 이름으로 기도합니다. 아멘!

12 | 23

무슨 일을 하든지 마음을 다하여 주께 하듯 하고

> 무슨 일을 하든지 마음을 다하여 주께 하듯 하고
> 사람에게 하듯 하지 말라 이는 기업의 상을 주께 받을 줄 아나니
> 너희는 주 그리스도를 섬기느니라 (골로새서 3:23-24).

우리를 돌아보시는 하나님 아버지, 감사합니다.
한 해를 지나며 지나온 모든 것이 주님의 은혜임을 고백합니다.
연말을 지나면서 더욱 주님을 기억하게 하소서.
일할 수 있는 힘을 주신 아버지, 감사합니다.
재물 얻을 능력을 허락하신 아버지를 찬양합니다.
주신 것이 아무리 작은 것이라 하더라도 감사하게 하소서.
모든 것에 감사한 마음으로 사는 하루 되게 하소서.

일하는 곳에서 만나는 모든 사람에게 주께 하듯 하기 원합니다.
사람에게 하듯 하지 않고 주님을 섬기는 마음으로 하겠습니다.
나의 상은 사람에게 있는 것이 아니라 주님께 있기 때문입니다.
보이는 사람들은 때로 마음에 들지 않고, 때로 분노하게 합니다.
그래서 마음을 다하는 것이 쉽지 않음을 고백합니다.
사람을 보면 절대 주께 하듯 할 수 없음을 인정합니다.
그러니 이제 주님을 보게 하소서.
내게 주신 명령을 따라 그들을 주님으로 보며 섬기게 하소서.

오늘도 만나는 모든 사람을 귀히 여기겠습니다.
그들을 위해 할 수 있는 일이 있다면 주님께 하듯 하겠습니다.
그리고 모든 보상은 주님께 받겠습니다.
나의 주 예수 그리스도의 이름으로 기도합니다. 아멘!

12 | 24

지극히 높은 곳에서는 하나님께 영광이요

> 지극히 높은 곳에서는 하나님께 영광이요
> 땅에서는 하나님이 기뻐하신 사람들 중에 평화로다
> (누가복음 2:14).

높으신 하나님 아버지, 우리를 창조하신 아버지를 높여드립니다.
범죄하여 선악과를 따 먹고
사는 모든 날 동안 죄악에서 벗어나지 못한 인간에게 독생자를 보내어
그들을 구원하려 하신 아버지를 사랑하고 또 사랑합니다.
아무 한 일 없이 거저 받기만 하였습니다.

스스로 내어 차버린 하나님의 사랑과 천국의 기쁨을
다시 얻게 하시니 감사합니다.
그저 하나님의 권위와 능력으로 인간 따위를 돌보시지 않아도 되는데
다함없는 사랑으로 자신의 아들을 이 땅에 보내셨습니다.
감당할 수 없는 사랑에 경배와 찬양을 드립니다.
인간이 받을 수준의 사랑이 아님을 고백합니다.

"지극히 높은 곳에서는 하나님께 영광이요
땅에서는 하나님이 기뻐하신 사람들 중에 평화로다."
이 선포가 날마다 나의 입술에서 고백되게 하소서.
영광의 하나님이 이 땅에 오시기 위한 순종을 노래합니다.
아기 예수로 오신 하나님의 독생자를 통해 평화를 누립니다.
사탄의 손아귀에서 나를 건지신 그 능력의 사랑을 찬양합니다.
높고 높으신 하나님이 낮고 낮은 자리에 오심에 감동하고 감격합니다.
나에게 오신 예수 그리스도의 이름으로 기도합니다. 아멘!

12 | 25

하나님이 우리와 함께 계시다

> 보라 처녀가 잉태하여 아들을 낳을 것이요
> 그의 이름은 임마누엘이라 하리라 하셨으니 이를 번역한즉
> 하나님이 우리와 함께 계시다 함이라 (마태복음 1:23).

이 땅 가운데 여리디 여린 아기로 오신 예수님을 환영합니다.
이 길을 선택하시지 않아도 되었는데 굳이 선택하셨습니다.
임마누엘, 함께하기 위해 오신 예수님, 감사합니다.
나를 위해 이 험한 길을 오신 주님을 마음으로 모셔 들입니다.

고달픈 인생을 살면서 누구도 영원히 함께해주지 못했습니다.
그런데 신이신 예수님이 우리와 함께하기 위해 인간으로 오셨습니다.
천국 갈 수 있는 구원만으로도 감사한데, 구원만이 아니었습니다.
우리의 고통스런 삶 가운데 걸어오셨습니다.
그리고 나의 손을 붙들고 고난의 자리에 함께 앉아주셨습니다.
어떤 신이 낮은 인간의 모습으로 오겠습니까.
어떤 신이 천한 인간과 한자리에 앉아 함께하겠습니까.
너의 모든 것을 바치라는 거짓 신들과 달리
주님은 모든 것을 바쳐 나를 건지셨습니다.
누가 나를 이렇게 사랑할 수 있겠습니까.

주님을 찬양합니다.
아버지 하나님의 사랑을 일평생 노래합니다.
이 땅에 오셔서 우리의 더러운 자리에 그 거룩함을 묻으신
주님을 찬양합니다.
나의 구세주가 되신 예수 그리스도의 이름으로 기도합니다. 아멘!

12 | 26

항상 주의 일에 더욱 힘쓰는 자들이 되라

그러므로 내 사랑하는 형제들아 견실하며 흔들리지 말고
항상 주의 일에 더욱 힘쓰는 자들이 되라
이는 너희 수고가 주 안에서 헛되지 않은 줄 앎이라 (고린도전서 15:58).

하나님 아버지,
거룩하신 아버지께서 더러운 인간과 동행하여 주심에 감사합니다.
나의 정성과 몸과 영혼을 다하여 하나님을 섬기고 사랑하기 원합니다.
나의 노래가 되시며 나의 찬양이 되어주소서.

오늘 이 마음을 다하여 하루를 살겠습니다.
견실하여 흔들리지 않는 믿음을 가지겠습니다.
세상이 나더러 틀렸다고 하고 조롱하여도 흔들리지 않겠습니다.
언제나 주의 일에 힘쓰는 자가 되겠습니다.
주님을 위하는 길이 나를 위하는 길임을 믿고 확신합니다.

오늘 나의 수고가 하나님을 향한 것과 같게 하소서.
하나님 안에서 내가 하나님과 하나 될 때
내가 구하는 모든 것이 주의 뜻이 될 것을 믿습니다.
내가 행하는 모든 일이 주님의 늘어난 손이 되게 하소서.
하나님이 하실 일을 내가 대신 행하는 믿음의 자녀 되게 하소서.
하나님의 눈이 있는 곳을 나의 눈으로 찾아가게 하소서.
도움이 필요한 곳에 내가 있게 하소서.
사랑이 필요한 곳에 내가 있게 하소서.
복음이 필요한 곳에 내가 있게 하소서.
나의 주 예수 그리스도의 이름으로 기도합니다. 아멘!

12 | 27

네 구제함을 은밀하게 하라

**네 구제함을 은밀하게 하라
은밀한 중에 보시는 너의 아버지께서 갚으시리라**
(마태복음 6:4).

하나님 아버지, 오늘도 좋은 날을 주시니 감사합니다.
하나님이 만드신 모든 것은 선하기에
감사함으로 받으면 버릴 것이 없습니다.
오늘 주신 모든 것이 주님께로부터 온 것임을 믿습니다.
나에게 넉넉하게 주셨음을 믿고 감사합니다.

추운 겨울이 되어 어려운 사람들을 돌아보게 하소서.
내가 가진 것을 나누어 누군가를 따뜻하게 하소서.
나의 양식을 나누어 주린 자를 먹게 하소서.
나의 손을 펴 다른 사람들을 돌보는 날 되기 원합니다.
작은 것부터 큰 것까지 나누는 용기를 허락하소서.
사람에게 인정받으려고 구제하지 않겠습니다.
다른 사람에게 보이려고 구제하지 않겠습니다.
연말이라 티 내려고 구제하지 않겠습니다.
그저 믿는 자가 해야 하는 본분이기에 선을 행하기 원합니다.
주님이 주신 것이 많기 때문에 나누기 원합니다.

더 많아질 때까지 기다리는 탐욕을 버리게 하소서.
이미 많은 것을 가졌다는 사실을 인정하고 나누게 하소서.
하나님의 자녀로서 말이 앞서기 전에 행동으로 나누게 하소서.
나의 도움이 되시는 예수 그리스도의 이름으로 기도합니다. 아멘!

12 | 28

믿음에 굳게 서서 감사함을 넘치게 하라

> 그 안에 뿌리를 박으며 세움을 받아
> 교훈을 받은 대로
> 믿음에 굳게 서서 감사함을 넘치게 하라 (골로새서 2:7).

나의 믿음이 되시는 하나님 아버지,
오늘도 나를 지키셔서 건강한 몸으로 일어나게 하시니 감사합니다.
내가 원하는 만큼 건강하지 않다 하더라도 감사합니다.
지금 이만큼의 건강을 유지하는 것도 주님의 사랑입니다.
모든 것에 감사하며, 주신 것만큼 누리며 감사하겠습니다.

오늘도 나의 믿음의 뿌리가 견고하기를 소망합니다.
금방 자라도 뿌리가 약해 넘어지는 자 되지 말게 하소서.
더디 자라도 뿌리를 깊이 박게 하소서.
그래서 환난의 폭풍이 몰려와도 쓰러지지 않게 하소서.
감정으로 믿지 말고 아버지의 말씀으로 굳건히 서게 하소서.
분위기로 신앙생활 하는 것이 아니라
하나님을 알고 견고하게 서는 자 되게 하소서.

올 한 해도 주님 앞에 열심히 신앙생활 한다 했으나 부족합니다.
나의 게으름을 용서하소서.
내년을 준비하면서 무엇보다 말씀 위에 견고히 서기 원합니다.
다시 시작하는 마음으로 믿음을 붙듭니다.
우리 가족의 믿음이 모두 깊이 뿌리박는 견고한 믿음 되게 하소서.
이 땅 가운데 하나님의 나라가 견고해지게 하소서.
나의 주 예수 그리스도의 이름으로 기도합니다. 아멘!

12 | 29

옛날을 기억하라

> 옛날을 기억하라 역대의 연대를 생각하라 네 아버지에게 물으라
> 그가 네게 설명할 것이요 네 어른들에게 물으라
> 그들이 네게 말하리로다 (신명기 32:7).

나의 모든 인생을 인도하신 하나님 아버지, 감사합니다.
조상의 삶을 주도하셨던 아버지께서 지금 나의 인생도 인도하십니다.
지난 1년의 역사도 하나님이 면밀히 인도하셨습니다.
이 신앙의 역사를, 하나님의 일하심을 기억하게 하소서.

옛날을 잊어버리고 방자히 살지 말게 하소서.
하나님이 일하셨던 모든 것을 까맣게 잊는 일이 없게 하소서.
역대의 연대를 생각하며 부모님께 묻고
하나님의 일하심을 알게 하소서.
나만 사는 것이 아니라 대대손손 하나님이 일하셨음을 기억할 때
하나님은 영원히 변함없이 우리를 인도하심을 발견할 것입니다.

마치 나의 시간만 특별한 것처럼 여기는 교만을 버리게 하소서.
하나님이 하셨던 모든 일을 기억하며 세어보게 하소서.
그리고 더 큰 감사와 찬양을 올려드리게 하소서.
하나님의 일하심을 되짚어볼 때에
오늘 나의 고난도 이기게 하실 주님을 발견합니다.
그때를 건너게 하신 주님이 오늘 깊은 수렁을 건너게 하실 것입니다.
나의 조상을 지키셨던 하나님이 오늘 나를 지키심을 믿습니다.
나의 조상이 불렀던 찬양을 오늘 내가 부르며 신앙의 대를 잇습니다.
나의 역사가 되시는 예수 그리스도의 이름으로 기도합니다. 아멘!

12 | 30

태초에 하나님이 천지를 창조하시니라

> 태초에 하나님이
> 천지를 창조하시니라
> (창세기 1:1).

천지를 창조하신 하나님 아버지,
내가 존재하지도 않은 그 시간에 하나님은 존재하셨습니다.
말씀으로 빛을 만드실 때 나는 존재하지도 않았습니다.
그저 말씀 한마디로 거대한 바다의 경계를 정하시고 땅을 솟게 하셨습니다.
수많은 생명체를 만드시고 각자의 순리대로 운행하셨습니다.

아버지께서 만들어놓으신 것을
수천 년의 역사를 통해서도 다 이해하지 못합니다.
과학이라 이름하는 것으로 주님의 피조물 하나를 온전히 알지 못합니다.
그만큼 크고 놀라우신 하나님이 바로 나의 아버지이십니다.
오늘 이 크신 하나님을 향한 나의 마음이 작음을 용서하소서.
때로 방자하며, 때로 하나님을 무시함을 용서하소서.

하나님의 크심을 온전히 알 때, 나의 작음을 온전히 발견할 때에
나의 신앙이 올바른 자리로 갈 것을 믿습니다.
오늘 태초의 시간 속에서 천지를 만드신 하나님을 경외합니다.
두렵고 떨리는 마음으로 경배합니다.
먼지보다 작은 나를 만드시고 인도하시는 주께 온전히 나를 드립니다.
이 작은 인생을 다스리시고, 인도하시고, 함께하여 주소서.
나의 모든 것을 다 드려 주님을 경배합니다.
나의 주 예수 그리스도의 이름으로 기도합니다. 아멘!

자신을 하나님 앞에 드리기를 힘쓰라

> 너는 진리의 말씀을 옳게 분별하며
> 부끄러울 것이 없는 일꾼으로 인정된 자로
> 자신을 하나님 앞에 드리기를 힘쓰라 (디모데후서 2:15).

하나님 아버지, 한 해의 마지막 날입니다.
얼마나 두려운 한 해였는지요.
죽을 것 같은 수렁에 빠진 이 세상을 건지셨습니다.
당연했던 것들이 모두 주님의 은혜였음을 알게 된 1년이었습니다.
하나님이 아니시라면 당장도 살 수 없음을 고백합니다.

한 해 동안 지켜주신 주님의 은혜에 감사합니다.
그리고 또 내년 한 해를 주님께 의탁드립니다.
내년에는 더욱 진리의 말씀을 옳게 분별하게 하소서.
하나님 앞에 부끄러움이 없는 일꾼으로 서게 하소서.
나를 아낌없이 주님께 드릴 수 있는 기쁨의 자녀 되게 하소서.

나의 삶의 가장 큰 행복은 주님과 온전히 동행하는 삶입니다.
올해 그러했던 것처럼 내년에도 그런 시간으로 살게 하소서.
살아 있는 동안 주님을 위해 할 수 있는 모든 일을 하게 하소서.
세월을 아껴 의미 있는 삶을 향하여 주저하지 않고 가게 하소서.
혼탁한 세상에서 말씀에 굳게 서서 분별하는 신앙을 갖게 하소서.
내년에는 더욱 주님 앞에 자랑스러운 자녀가 되겠습니다.
말씀에 굳게 서겠습니다.
아낌없이 주님께 드리겠습니다.
나의 모든 것 되시는 예수 그리스도의 이름으로 기도합니다. 아멘!

사명선언문

너희가 흠이 없고 순전하여……세상에서 그들 가운데 빛들로
나타내며 생명의 말씀을 밝혀 _ 빌 2:15-16

1. 생명을 담겠습니다
만드는 책에 주님 주신 생명을 담겠습니다.
그 책으로 복음을 선포하겠습니다.

2. 말씀을 밝히겠습니다
생명의 근본은 말씀입니다.
말씀을 밝혀 성도와 교회의 성장을 돕겠습니다.

3. 빛이 되겠습니다
시대와 영혼의 어두움을 밝혀 주님 앞으로 이끄는
빛이 되는 책을 만들겠습니다.

4. 순전히 행하겠습니다
책을 만들고 전하는 일과 경영하는 일에 부끄러움이 없는
정직함으로 행하겠습니다.

5. 끝까지 전파하겠습니다
모든 사람에게, 땅 끝까지, 주님 오시는 그날까지
복음을 전하는 사명을 다하겠습니다.

서점 안내

광화문점 서울시 종로구 새문안로 69 구세군회관 1층
02)737-2288 / 02)737-4623(F)

강남점 서울시 서초구 신반포로 177 반포쇼핑타운 3동 2층
02)595-1211 / 02)595-3549(F)

구로점 서울시 동작구 시흥대로 602, 3층 302호
02)858-8744 / 02)838-0653(F)

노원점 서울시 노원구 동일로 1366 삼봉빌딩 지하 1층
02)938-7979 / 02)3391-6169(F)

분당점 경기도 성남시 분당구 황새울로 315 대현빌딩 3층
031)707-5566 / 031)707-4999(F)

일산점 경기도 고양시 일산서구 중앙로 1391 레이크타운 지하 1층
031)916-8787 / 031)916-8788(F)

의정부점 경기도 의정부시 청사로47번길 12 성산타워 3층
031)845-0600 / 031)852-6930(F)

인터넷서점 www.lifebook.co.kr